종합 스웨덴어

문법·강독·작문

한국외국어대학교 | 변광수 교수

HU:iNE

GRAMMATIK·LÄSNING·ÖVNINGAR **SVENSKA**

종합 스웨덴어

문법·강독·작문

변광수 지음

HU:iNE

들어가기

1974년 한국외국어대학에 스웨덴어과가 설치된 지 9년 만에 '스웨덴어 문법'(1983)이 나왔다. 그때는 우리말로 설명된 스웨덴어에 관한 책이 전무한 상태라서 급히 서둘렀던 관계로 내용도 부실하고 오자도 많아서 독자들에게 늘 미안한 마음이 끊이질 않았다. 그 후 내용도 대폭 보완하고 각 장마다 독해, 문법, 작문을 고르게 배정하여 이른바 삼위일체 관점에서 편성한 새로운 학습서를 문예림에서 출판하였다(2005). 이 책에는 독습자를 위해 예문마다 우리말 해석을 달고 각 장의 끝에는 강독, 문법, 작문의 연습 문제와 해답집(Facit)도 덧붙이었다. 또한 영어를 학습한 독자를 위해 영어와의 대조 설명도 덧붙이어 이해가 쉽도록 하였다.

이 책에서는 정확한 스웨덴어 사용에 필요한 제반 규정을 전통문법/학교문법의 테두리 안에서 품사별로 문법규칙과 사용례를 들어가며 설명하였다. 첫머리에는 외국어교육의 기본이 되는 발음, 강세, 성조에 관해 상당한 지면을 할애하였고 특히 그 용법이 다양하고 복잡하기로 이름난 전치사, 부사 부분에서는 가급적 예문을 많이 들어 용법상의 차이를 이해하는 데 도움을 주고자 하였다. 이 한 권의 책이 스웨덴어를 전공하는 대학생뿐만 아니라 학술연구나 교역관계로 스웨덴어를 배우려는 분에게 도움이 된다면 큰 보람으로 삼겠다.

이 책을 펴내는 데는 참고문헌란의 서적들에 힘입은 바가 크므로 이 자리를 빌어 원저자들에게 사의를 표한다. 아울러 원고를 정독하여 틀린 글자를 바로잡아 준 Jonas Thelander 선생의 노고에 감사한다.

2005. 2. 10 설날 연휴

북한산 기슭 정릉 서재에서

재판을 내면서

문예림에서 발행한 초판의 계약기간이 만료되어 이번에 한국외국어대 지식출판콘텐츠원에서 재판을 내게되었다. 강독 내용 중 시사성을 띤 부분은 새로운 자료로 대체하였고 그 외로도 일부 내용을 수정하였다. 이 책을 장기간 교재로 사용해 오면서 오자와 잘못된 곳을 지적해 준 김상열 교수와 변혜경 선생에게 고마운 인사를 전한다.

아울러 재판 준비를 위해 까다로운 음성기호를 비롯한 힘든 입력 작업과 녹음을 맡아 준 Neja Hardevik 씨, 산뜻한 새 책으로 꾸며준 출판부 장혜정 님의 노고에 위로를 전한다.

또한 노년의 건강을 늘 염려하고 챙겨준 아내의 정성에도 감사한다.

2022년 2월 3일
정릉 서재에서
변광수

차례

1

발음과 철자
Uttal och stavning

1.1 스웨덴어의 유래 (Svenskans ursprung)

스웨덴어(svenska)는 게르만어족의 한 갈래인 북게르만어파에 속한다. 여기에는 스칸디나비아 반도와 인근 도서에서 사용하는 제 언어들 즉 스웨덴어(svenska), 덴마크어(danska), 노르웨이어(norska), 아이슬란드어(isländska), 페로즈어(färöiska)가 속하며 이들을 통털어 북구어(de nordiska språken) 또는 스칸디나비아제어(the Scandinavian languages)라고 부른다. 이들 북구 제언어들은 Viking 시대(800-1060) 초기까지만 해도 북구조어(urnordiskan/Proto-Scandinavian)라는 단일 언어 형태를 이루고 있었으나 그 후 차츰 분기, 변화하기 시작하여 15세기 이후부터는 정치적 분할과 함께 각국의 개별 언어로 발전하기 시작했다. 그러나 오늘날 스칸디나비아 3개 국어(스웨덴어, 노르웨이어, 덴마크어)의 차이는 크게 보면 방언의 테두리를 벗어나지 못한다.

따라서 스웨덴, 노르웨이, 덴마크인들 사이에는 서로 의사 소통이 가능하나 이해의 정도는 똑같지 않다. 한 예로 덴마크인들은 스웨덴어를 잘 이해하나 스웨덴인들은 덴마크어를 잘 알아듣지 못하며 오히려 노르웨이어를 더 잘 이해한다. 한편 게르만어족의 다른 갈래인 동게르만어는 일찍이 사멸하였고 서게르만어에서 발달한 것이 오늘날 독일어, 네덜란드어, 영어이다.

스웨덴어의 문법 구조는 독일어보다 훨씬 간소화되었지만 영어보다는 복잡한 편이다. 어휘는 스웨덴의 고유어 이외에도 독일어, 프랑스어에서 온 차용어가 많고 근래에 와서는 외래어로서 영어가 큰 비중을 차지하고 있다. 또한 복합어가 많기 때문에 긴 단어가 많은 것도 어휘상의 특징이라 하겠다. 스웨덴어는 현재 1,035만 명 스웨덴 국민과 핀란드인 중 29만 명, 미국과 캐나다에 이주한 30만의 스웨덴 이민자들이 일상어로 사용하고 있다. 핀란드에서는 스웨덴어가 핀란드어와 나란히 공식 언어로 인정되어 있어서 전체 인구의 47%가 스웨덴어로 대화가 가능하다. 그 밖에도 약 540만 명의 노르웨이인과 580만 명의 덴마크인들이 스웨덴어를 이해한다.

스웨덴어의 계통관계를 정리해 보면 다음과 같다.

스웨덴어의 계통분류

- 인도 유럽어
  - 게르만어
    - 북게르만어 → 북구조어
      - 동북구어 → **스웨덴어**, 덴마크어
      - 서북구어 → 노르웨이어, 아이슬란드어
    - 동게르만어 → 고딕어
    - 서게르만어 → 독일어, 네덜란드어, 프리스어, 영어
  - 켈트어
  - 로망스어
  - 슬라브어
  - 발트어
  - 이란어
  - 인도어

1.2 알파벳 (Det svenska alfabetet)

스웨덴어의 알파벳은 로마자 26자에다 끝으로 3자를 추가하여 모두 29자이다.

알파벳		이름	알파벳		이름
A	**a**	[ɑ:] 아: **Adam**	**P**	**p**	[pe:] 페: **Peter**
B	**b**	[be:] 베: **Bertil**	**Q**	**q**	[kʉ:] 퀴: **Qvintus**
C	**c**	[se:] 쎄: **Cesar**	**R**	**r**	[ær] 애르 **Rudolf**
D	**d**	[de:] 데: **David**	**S**	**s**	[ɛs] 에스 **Sigurd**
E	**e**	[e:] 에: **Erik**	**T**	**t**	[te:] 테: **Tore**
F	**f**	[ɛf:] 에프 **Filip**	**U**	**u**	[ʉ:] 위이 **Urban**
G	**g**	[ge:] 게 **Gustav**	**V**	**v**	[ve:] 베: **Viktor**
H	**h**	[ho:] 호: **Helge/Harald**	**W**	**w**	[dubəlve:] 드블베: **Wilhelm**
I	**i**	[i:] 이: **Ivar**	**X**	**x**	[ɛks] 엑스 **Xerxes**
J	**j**	[ji:] 이이 **Johan**	**Y**	**y**	[y:] 위: **Yngve**
K	**k**	[ko:] 코: **Kalle**	**Z**	**z**	[se:ta] 쎄:타 **Zäta**
L	**l**	[ɛl:] 엘 **Ludvig**	**Å**	**å**	[o:] 오: **Åke**
M	**m**	[ɛm:] 엠 **Martin**	**Ä**	**ä**	[æ:] 애: **Ärlig**
N	**n**	[ɛn:] 엔 **Niklas**	**Ö**	**ö**	[ø:] 외: **Östen**
O	**o**	[ɷ:] 우: **Olof**			

1.3 모음 (Vokaler)

모음자는 a e i o u y å ä ö 9개이며 이 가운데 e i y ä ö를 약모음(전설모음), a o u å를 강모음(후설모음)이라 부른다. 스웨덴어 발음은 대체로 철자대로 발음하는 것을 원칙으로 하나 예외적인 경우도 상당히 있다. 아래에 각 모음자가 나타내는 음가의 종류를 발음기호로 [ ] 안에 표시하고 발음법을 보기를 들어 설명한다. 회색 글자로 쓰인 한글표기는 외래어표기법 규칙에 따른 것이 아니고 한글자모를 이용하여 스웨덴어 원음에 가깝게 표기한 것이다.

1.3.1 모음자와 발음

모음은 단어 상에서 길지 않으면 짧게 나타난다(1.3.3 참조). 이때 소리의 장단에 따라 음가에도 약간의 차이가 생긴다.

1) a

[ɑ:] 입을 크게 벌리고 혀를 뒤로 당기며 내는 긴 소리로 영어의 **father** 보다 약간 더 뒤쪽에서 나는 소리이다. 우리말의 '바:보' 에서 나는 [아:]에 가까운 소리이다. 약한 원순작용 (입술 둥글림)을 수반한다.

dag [ˊdɑ:g] (다:그) 낮 (cf. dagg 이슬)

mat [ˊmɑ:t] (마:트) 음식 (cf. matt 허약한)

[a] 입안의 앞쪽에서 나는 짧은소리로 영어의 이중모음 **my [mai]**, **how [hau]**에서 앞부분 소리와 같다.

katt [ˊkat:] (카트) 고양이

flicka [ˊfliˋ k:a] (훌리까) 소녀

2) e

[e:] 혀의 앞부분을 센입천장으로 향하여 올려서 내는 긴 소리다. 영어의 **pen**, **head**에서 나는 **[e]**보다 더 높은 위치에서 나며 혀의 긴장을 수반하다. 불어, 독어의 **e**에 가까운 소리다.

se [ˊse:] (쎄:) 보다 (cf. sett, se의 완료분사)

fel [´fe:l] (휄) 과오, 잘못

[e] 긴 [e:]보다 긴장이 풀린 짧은 소리로 혀의 위치가 약간 더 낮다.

eld [´eld] (엘드) 불(fire)

hem [´hem] (헴) 가정

hetta [´he`t:a] (헤따) 열(heat) (cf. heta (이름이) …라고 불리다)

penna [´pe`n:a] (펜나) 펜

그러나 스톡홀름과 중부스웨덴 지방에서는 이 소리를 짧은 [ɛ]로 대치하고 있다. 따라서 [´ɛld], [´hɛm], [´pɛ`n:a]와 같이 발음한다.

[ə] 비강세 어말음절의 -e, -el, -en, -er, -et 등에서 e는 중설모음 [ə]로 보통 발음된다. 영어의 finger의 e나 alike의 a와 같은 소리이나 좀 약간 더 높고 앞쪽에서 난다.

gosse [´gɔ`sə] (고오쎄) 사내아이

hatten [´hat:ən] (핫뗀) hatt '중절모'의 정형

fågel [´fo:gəl] (훠오겔) 새

[æ] e는 -r 앞에서 짧은 [æ]로 발음된다.

herr [´hær] (해르) Mr. …씨

verk [´værk] (배르크) 작품, 일

3) i

[i:] 영어 bee의 모음보다 혀의 앞부분을 약간 더 센입천장 쪽으로 치켜올린다. 이 소리는 긴장모음으로 길며 강조할 경우 마찰음 [j]로 끝나 이중모음처럼 발음된다.

bi [´bi:] (비:) 벌

vin [´vi:n] 또는 [´vi:jn] (비:ㄴ) 포도주

fin [´fi:n] 또는 [´fi:jn] (피:ㄴ) 좋은

[i] 영어의 sin의 [i]보다 더 닫힌 음가이다. 긴장이 풀린 이완모음으로 짧다.

vind [´vind] (빈드) 바람

mitt [´mit:] (밋트) 나의

4) o

[ɷ:]/[u:] 영어 moon의 모음과 비슷한 소리이나 원순작용이 강하며 입이 좁게 열린다. 이 소리는 길며 강하게 발음할 때는 양순마찰음 [β]로 끝난다. 이 소리 끝에 b나

p를 연상하게 되는 것은 바로 이 때문이다. 편의상 [uː]로 표기하기도 하나 음가는 다르다.

bo [´bɷː] 또는 [´bɷːβ] (부:) 살다, 거주하다

stor [´stɷːr] 또는 [´stɷːβr] (스투:르) 커다란

mor [´mɷːr] (무:르) 어머니

sol [´sɷːl] (쑬:) 태양

[ɷ] 짧게 낼 때는 입이 약간 더 열리고 마찰적 요소도 없어진다. [u]로 표기하기도 하나 음가는 다르다.

ost [´ɷst] (우스트) 치즈

bott [´bɷtː] (부트) 'bo 살다'의 완료분사

blomma [´blɷ`mːa] (불루마) 꽃

[oː] 우리말의 '보통 호박'에서 나는 [ㅗː]에 가까우나 원순작용이 더 강하고 입이 좁게 열린다.

son [´soːn] (쏜:) 아들

sova [´soː`va] (쏘:바) 잠자다

[ɔ] 영어 clock의 모음과 같은 소리이나 원순작용이 좀 더 강하다. 우리말의 [ㅗ]를 발음할 때보다 턱을 더 내리고 입을 크게 벌린다.

kopp [´kɔpː] (콥) 잔

klocka [´klɔ`ka] (클로까) 시계

5) u

[ʉː] 외국인들에게 가장 어려운 스웨덴어 특유의 모음이다. [eː] [øː]를 낼 때와 같은 혀의 위치에서 나는 전설모음이며 우리말의 [ㅟ]와 비슷하나 입술을 오므려 안쪽으로 당겨 발음하는 게 특징이다. 강세음절에서 이 모음은 항상 길고 양순마찰음으로 끝난다. 이 소리 끝에 p나 b를 연상하게 되는 것은 바로 이 때문이다.

hus [´hʉːs] 또는 [´hʉːβs] (휘:스) 집

ful [´fʉːl] (휠:) 추한, 더러운

du [´dʉː] 또는 [´dʉːβ] (뒤:) 너

[ʉ] 비강세음절에서 짧게 날 때는 마찰적 요소가 없어진다.

musik [mʉ´siːk] (뮤식:) 음악

[ɵ]　중설모음으로 영어 put의 u보다 약간 더 낮으며 항상 짧은 소리다. 긴 [ʉ:] 보다 입이 더 열리고 원순작용도 약하다.

dum [´dɵm:] (둠) 어리석은

rum [´rɵm:] (룸) 방

6) y

[y:]　혀의 위치는 모음 [i:]를 발음할 때와 같으나 동시에 입술을 아주 둥글게 하며 앞으로 내미는 대표적인 원순음이다. 불어의 u, 독어의 ü에 가까우나 입이 더 작게 열린다. 강세를 주어 발음할 때는 길고 마찰음 [j]로 끝나기도 한다. 우리말의 단모음 [위]와 비슷하나, 원순성이 더 강하다.

ny [´ny:] 또는 [´ny:j] (뉘:) 새로운

fyra [´fy:`ra] (휘:라) 넷

[y]　긴모음 [y:]보다 약간 더 낮고 긴장이 풀린 이완모음으로 짧다.

synd [´synd] (쒼드) 죄

nytt [´nyt:] (뉫트) 'ny'의 중성형

7) å

[o:]　철자는 다르지만 4)의 o[o:]와 똑같은 음가이다. 이중모음으로 발음하지 않도록 유의해야한다.

gå [´go:] [고:] 가다

år [´o:r] [오:르] 해, 년

[ɔ]　짧은 소리로 4)의 o[ɔ]와 동일한 음가이다.

åtta [´ɔt:`a] (오따) 여덟

lång [´lɔŋ:] (롱) 긴

8) ä

[ɛ:]　우리말의 '배구' '애국'의 [애:]에 가까운 소리로 길다.

räv [´rɛ:v] [래:브] 여우

äta [´ɛ:`ta] [애:따] 먹다

[ɛ]　음가는 위와 비슷하나 짧은 소리다.

häst [ˊhɛst] (해스트) 말(horse)

säng [ˊsɛŋ:] (쌩) 침대

[æ:] -r 앞에서 [æ:]로 발음된다. 우리말의 '이해' '연애'에서 [애]보다 더 낮은 위치에서 난다.

här [ˊhæ:r] (해:르) 여기

lära [ˊlæ:ˋra] (래:라) 가르치다

[æ] -r+자음 앞에서 나는 짧은 소리다.

värre [ˊvær:ə] (배레) 'dålig 나쁜' 의 비교급

färg [ˊfærj] (홰르이) 색깔

lärka [ˊlærˋka] (래르까) 종달새

9) ö

[ø:] 혀를 [e:] 위치로 하되 동시에 [y:]를 발음할 때처럼 입술을 동그려서 앞으로 내민다. 불어의 peu 에서 eu를 길게 낸 소리와 같다. 우리말의 '외상' '괴다' 에서 단모음 [ㅚ:]와 같다.

dö [ˊdø:] (되:) 죽다

öga [ˊø:ˋga] (외:가) 눈 (eye)

[œ] 강세음절에서 중자음이나 자음군 앞에서 또는 비강세음절에서 나타나는 짧은 소리다. [ɛ]의 원순음으로 [ø:]나 [y]보다 입이 더 열린다. 불어의 neuf 에서 eu와 비슷하며 우리말의 [애]를 낼 때 입을 크게 벌리고 입술을 동글리면 이 소리가 난다. 한국인에게는 힘든 모음이다.

höst [ˊhœst] (회스트) 가을

fötter [ˊfœt:ər] (훠떼르) 'fot 발' 의 복수

Göteborg [jœtəˊbɔrj] (예떼보르이) 도시 이름

중자음 rr 또는 권설음 앞에서 나는 짧은 모음으로 음가는 위 소리와 거의 같다.

dörr [ˊdœr] (되르) 문

större [ˊstœr:ə] 'stor 큰' 의 비교급

ört [ˊœrʈ:] (외ㄹ트) 약용식물

[œ:] -r 또는 권설음 [ʈ ɖ ɳ ʂ ɭ] (1.4의 22 참조) 앞에서 나는 긴 소리이다. [æ:]의 원순음으로 [œ]보다 훨씬 더 낮고 약간 뒤로 후퇴해 있다.

höra [ˊhœ:ˋra] (허:라) 듣다

öra [´œː`ra] (어:라) 귀

förde [´fœː`ɖə] (훠:ㄹ데) 'föra 이끌다' 의 과거

örn [´œːɳ] (어:ㄴ) 독수리

1.3.2 이중모음 (Diftonger)

이중모음이란 한 모음의 위치에서 다른 모음의 위치로 옮겨 가서 모음의 음색이 처음과 끝이 달라지는 모음을 말한다. 표준 스웨덴어에는 [iː(j)], [yː(j)], [ɷː(β)], [ʉː(β)]와 같은 경우를 들 수 있는데 이들을 제외하면 표준 스웨덴어에서는 이중모음은 없다. 다만 외래어 가운데 몇 가지 이중모음이 나타날 뿐이다.

eu [ɛu] Europa [ɛu´rɷːpa] (에우루:빠) 유럽

neutral [nɛu´traːl] (네우트랄) 중립의

au [au] augusti [au´gɵsti] (아우구스티) 팔월

auktion [auk´ʃɷːn] (아욱슌) 경매

aj [aj] maj [´maj] (마이) 오월

ej [ɛj] lejon [´lɛjɔ`n] (레이욘) 사자

(이 때 [j]는 거의 마찰이 없는 소리다.)

1.3.3 모음의 길이

단어 상에서 모음은 길지 않으면 짧게 나타난다.

1) 강세 있는 단음절어의 모음은 항상 길다.

nu [´nʉː] (뉘:) 지금

två [´tvoː] (트보:) 둘

vi [´viː] (비:) 우리들

2) 강세음절에서 모음자 뒤에 자음자가 하나 올 경우 그 모음은 길게 발음하며, 자음자가 하나 이상일 때 그 모음은 짧게 발음한다. 발음기호 상으로는 콜론 [ː]을 붙여 그 앞의 모음 또는 자음이 긴 것을 표시한다. 중자음일 경우 그 자음은 길다.

hat [ˊhɑ:t] (하:트) 증오 hatt [ˊhat:] (하트) 중절모자

mat [ˊmɑ:t] (마:트) 음식 matt [ˊmat:] (마트) 힘없는, 연약한

tal [ˊtɑ:l] (탈:) 연설, 숫자 tall [ˊtal:] (탈) 소나무

dam [ˊdɑ:m] (담:) 부인 damm [ˊdam:] (담) 먼지

lam [ˊlɑ:m] (람:) 마비된 lamm [ˊlam:] (람) 새끼양

hus [ˊhʉ:s] (휘:스) 집 höst [ˊhœst] (회스트) 가을

3) m과n은 어말 위치에 올 때 앞 모음이 짧은 경우라도 중자음으로 표시하지 않는다.

hem [ˊhem:] (헴) 가정, 집

rum [ˊrɵm:] (룸) 방

han [ˊhan:] (한) 그 남자

비강세 또는 부강세 음절의 모음은 항상 짧다. 그렇지만 분명히 발음하는 게 영어와 다른 점이다.

flicka [ˊfliˋk:a] (훌리까) 소녀

pojke [ˊpɔjˋkə] (포이께) 소년

지금까지 설명한 스웨덴어의 모음 위치를 모음사각도 상에 표시하면 아래와 같다.

스웨덴어 모음 위치

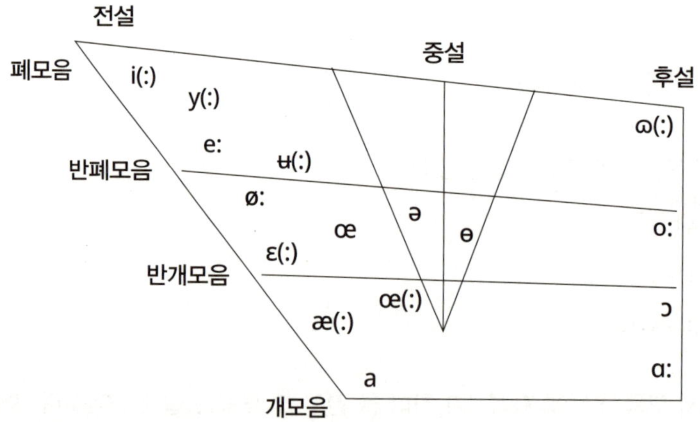

1.4 자음 (Konsonanter)

▷ 자음자와 발음

자음자는 하나 또는 하나 이상이 합치어 한가지 소리를 나타내는데 환경에 따라서 어느 자음자는 전혀 다른 소리를 표시하기도 한다.

1) b

[b] 영어의 [b]처럼 두 입술 사이에서 나는 소리다.

bal [ˈbɑːl] (발:) 무도회

bibel [ˈbiːbəl] (비:벨) 성경

[p] s, t 앞에서 b는 무성음 [p]로 소리 난다.

snabbt [ˈsnapt] (스납프트) 빠르게

observera [ɔpsærˈveːra] (옵쎄르베:라) 관찰하다

2) c

이 자음자는 보통 외래어에 나타난다.

[s] 전설모음 e, i, y 앞에서 [s]로 소리난다.

censur [sɛnˈsʉːr] (쎈슈:르) 검열

cylinder [syˈlindər] (쒸린데르) 실린더

[k] 모음 a와 자음 k, l, r 앞에서 [k]로 발음된다.

campa [ˈkamˋpa] (캄파) 야영하다 clown [ˈklaun] (클라운) 어릿광대

bock [ˈbɔkː] (복크) 숫염소

3) ch

외래어 중에서 ch는 [ɧ]로 발음한다. 스웨덴어의 [ɧ]는 좀 특이한 마찰음으로 [ʃ]에다 목구멍에서 나오는 [x](흐) 소리를 가미하여 낸다. [ʃ+x] = [ɧ]

[ɧ] choklad [ɧɷklˈɑːd] (슈클라:드) 초콜렛

chef [ˈɧɛːf] (셰:프) 상점주인, 사장, 기관의 장

[k] och [ɔk] (옥크) 또한, 그리고 (회화체에서는 [ɔ]로 발음한다.)

4) d

[d] 혀끝을 웃니 뒤쪽에 갖다대어 내는 잇소리다. 반면에 영어의 경우는 잇몸소리이다.

dag [ˊdg] (다:그) 날

bada [ˊbɑːˋda] (바:다) 목욕하다

rad [ˊrɑːd] (라:드) 열, 행렬

god [ˊgɷːd] (구:드) 좋은

[t] 소유격의 s앞에서 d는 무성음 [t]로 발음된다.

godsägare [ˊgɷtsˋɛːgarə] (구츠애:가레) 지주(地主)

gudstjänst [ˊgɵtsçˋɛnst] (구츠:셴스트) 예배

그 외로 뒤의 자음을 닮아 앞의 d음이 변하는 경우가 있다.

ledsen [ˊlɛssˋən] (랫센) 유감스러운, 슬픈

brådska [ˊbrɔssˋka] (브로스까) 급속, 신속

5) dj

[j] dj에서 d는 발음하지 않는다.

djur [ˊjʉːr] (유:르) 동물

djävul [ˊjeːˋvɵl] (얘:블) 악마

6) f

영어의 [f]발음과 같다.

fara [ˊfɑːˋra] (화:라) 타고가 다

luft [ˊlɵft] (루프트) 공가

7) g

[g] 후설모음 a, u, o, å와 다른 자음 앞에서, 그리고 어말 위치에서 [g]로 발음한다.

gata [ˊgɑːˋta] (가:따) 거리

saga [ˊsɑːˋga] (싸:가) 동화, 이야기

svag [ˊsvɑːg] (스바:그) 약한

helgon [ˊhɛlːˋgɔn] (헬곤) 성인(聖人)

gnaga [ˊgnɑːˋga] 쏠다, 갉다

[j] 전설모음 e, i, y, ä, ö앞에서 g는 [j]로 발음한다. 또 어말 위치에서 l, r 다음에 올 때도 이렇게 발음한다.

get [ˊjeːt](예:트) 산양

giva [ˊjiːˋva](이:바) 주다

gärna [ˊjæːˋɳa](야나) 기꺼이, 즐거이

göra [ˊjœːˋra](여:라) 하다, 만들다

Sverige [ˊsværjɛ](스배리예) 스웨덴

helg [ˊhɛlːj] (헬이) 공휴일

berg [ˊbærj] (배르이) 산

färg [ˊfærj] 색깔

Ingrid Bergman [ˊiŋrid ˊbærjman] (잉리드 배르이만) 여배우 이름

Björn Borg[ˊbjœːɳ ˊbɔrj] (비엔:보르이) 스웨덴 정구 선수

[k] 무성자음 s, t 앞에서 g는 흔히 [k]로 발음한다.

högst [ˊhœkst] (획스트) 가장 높은

dagsljus [ˊdaksˋjʉːs] (닥스유:스) 일광

sagt [ˊsakt] (싸크트) 'saga 말하다'의 완료분사

skogsfågel [ˊskɵksˋfoːgəəl] (스콕스포:겔) 숲 속의 새

[ŋ] 한 단어의 어간에서 n앞의 g는 [ŋ]으로 발음한다. (비교 tagna)

vagn [ˊvaŋːn] (방:느) 마차, 차

regn [ˊrɛŋːn] (랭 :느) 비

regna [ˊrɛŋːˋna] (랭:나) 비가 오다

lugn [ˊluŋːn] (룽:느) 평온

[ɧ] 불어에서 온 단어 중 e, i 앞에서 [ɧ]로 소리난다.

geni [ɧeˊniː] (셰니:) 천재

passagerare [pasaˊɧeːˋrarə] (파싸셰:라레) 승객, 여객

ingenjör [inɧənˊjœːr] (인셰녀 :르) 기사(技士)

tragedi [traɧəˊdiː] (트라셰디:) 비극

8) gj

[j] 첫 자음 g는 발음하지 않는다.

gjorde [ˊjɷːˋɖə] (유:데) 'göra하다' 의 과거

gjuta [ˊjʉːˋta] (유:따) 주조하다

9) h

[h] 영어의 h와 같다.

hitta [ˊhitːˋta] (히따) 찾아내다

behag [beˊhɑːg] (베하:그) 즐거움, 쾌감

10) hj

[j] 어두에서 첫 자음 h는 발음하지 않는다.

hjul [ˊjʉːl] (율:) 바퀴 (jul '크리스마스'와 발음이 같음)

hjärta [ˊjæˋʈa] (얘따) 심장, 마음

hjälp [ˊjɛlp] (옐프) 도움

11) j

[j] 혀의 앞쪽과 입천장 사이에서 나는 마찰음이다. [i]를 발음하다가 점차 혀를 입천장 가까이 올리면 여기서 마찰소리가 나는데 영어 'yes'의 y음과 비슷하나 더 강한 마찰을 수반하는 것이 보통이다.

jul [ˊjʉːl] (율:) 크리스마스

björn [ˊbjœːɳ] (비옌) 곰

jord [ˊjɷː ɖ] (유ㄹ:드) 지구, 땅

[ɧ] 불어에서 온 차용어 중에 [ɧ]로 발음되는 경우가 있다.

journal [ɧɷˊɳaːl] (슈날:) 잡지

projekt [prɷˊɧɛkt] (프로섹트) 계획

jackett [ɧaˊkɛtː] (샤캐트) 모오닝 코트, 프록코트

12) k

[k] 후설모음 a, o, u, å 앞에서는 [k] 로 발음한다.

kal [ˊkɑːl] (칼:) (머리가) 벗겨 진

ko [ˊkɷː] (쿠:) 젖소

kust [´kɵs:t] (쿠스트) 해안

kål [´ko:l] (콜:) 양배추

비강세 또는 약강세 음절의 **e**, **i** 앞에서도 **[k]**로 소리난다.

vacker [´vakər] (바께르) 아름다운

rike [´ri:`kə] (리:께) 나라

tråkig [´tro:`kig] (트로:끼그) 지루한

주의 p, t, k는 어중에서 두 모음 또는 유성자음 사이에 올 때 약한 유기음이나 무기음으로 소리 난다. 따라서 우리말의 ㅃ ㄸ ㄲ에 가깝게 들린다.

[ç] 전설모음 **e, i, y, ä, ö** 앞에서는 **[ç]**로 발음한다. 이 소리는 혓바닥의 앞쪽을 센입천장 가까이 갖다대어 그 사이를 공기가 통과할 때 나는 마찰음으로 독어의 **ich**의 끝소리와 같다. 그러나 독어의 **[ç]**보다는 오히려 **[ɧ]** **[ʃ]**에 더 가깝다.

kedja [´çe:`dja] (셰:자) 사슬

kind [´çind] (신드) 뺨

kyrka [´çyr`ka] (쉬르까) 교회

kär [´çæ:r] (섀 :르) 사랑하는, 친애하는

köra [´çœ:`ra] (셔:라) 운전하다

몇몇 외래어에서는 전설모음 앞에서도 **[k]**로 발음된다.

monarki [mɷnar´ki:] (모나르키:) 군주국

kö [´kø:] (꾀:) 줄, 열

kör [´kœ:r] (커:르) 합창단

13) kj

j는 발음하지 않는다.

[ç] kjol [´çɷ:l] (슐:) 스커트

Kjell [´çɛl] (셸) 남자 이름

14) l

영어의 **[l]**처럼 발음하나 표준 스웨덴어에는 '어두운 l' (dark l) 소리가 없다.

kalla [´ka`la] (칼라) 부르다

kul [´kʉ:l] (쿨:) 재미있는

15) lj

[j] 어두의 자음군 lj에서 l은 발음하지 않는다.

ljud [ˊjʉːd] (유:드) 소리

ljuga [ˊjʉːˋga] (유:가) 거짓말하다

ljus [ˊjʉːs] (유:스) 빛, 초(candle)

주의 다음 단어에서도 [l]은 소리 나지 않는다.

värld [ˊvæːɖ] (배:드) 세계

karl [ˊkɑːr] (카:르) 남자, 사내

karlakarl [ˊkɑːraˋkɑːr] (카:라카:르) 남성다운 남자

16) m

영어의 발음과 같다.

17) n

[ŋ] k 앞에서, 그리고 몇몇 불어에서 온 단어에서 [ŋ] 으로 발음된다.

tänka [ˊtɛŋˋka] (탱까) 생각하다

bank [ˊbaŋk] (방크) 은행

sjunka [ˊɧɵŋˋka] (슝까) 가라앉다

annons [aˊnɔŋs] (아농스) 광고

pension [paŋˊɧɷːn] (팡슌:) 연금

18) ng

[ŋ] 영어와 같이 [ŋ] 으로 발음한다.

lång [ˊlɔŋː] (롱) 긴

engelsk [ˊɛŋːəlsk] (앵엘스크) 영어의, 영국의

ängel [ˊɛŋːˋəl] (앵엘) 천사

(영어에서는 **longer, finger, English**와 같이 흔히 **[ŋ]** 다음에 **[g]** 소리가 뒤따르나 스웨덴어에서는 그렇지 않다.)

19) p

[p] 영어의 [p]와 같으나 강세음절의 모음 앞에서는 더 강한 유기음으로 발음된다.

park [ˊpark] (파르크) 공원

pund [ˊpənd] (푼드) 파운드

다음 단어들의 [p]는 발음하지 않는다.

psalm [ˊsalm] (쌀름) 찬송가, 성가

psaltare [ˊsaltaˋrən] (쌀따레) 시편

psykologi [ˊsykɔlɔˊgi] 심리학

20) q

[kv] 철자상으로는 u,v와 함께 qu, qv로 나타나며 주로 인명에 쓰인다.

Lindqvist [ˊlin(d)kvist] (린(드)키비스트) 인명(성씨)

Malmqvist [ˊmalmkvist] (말름키비스트) 인명(성씨)

21) r

[r] 혀끝을 웃잇몸에 가까이 대고 떨어서 내는 것과 목젖을 떨어서 내는 두 가지 방법이 있다. 후자는 남쪽지방 사투리 발음으로 한국인에게는 매우 어려우며 혀끝떨음 소리가 표준발음이다.

lära [ˊlæ:ˋra] (래:라) 가르치다

röd [ˊrø:d] (뢰:드) 붉은

주의 어말모음 다음의 r은 묵음 되지 않고 영어에서처럼 애매한 중립모음 [ə]로 바뀌지도 않는다.

보기 [ˊfiŋ:ər] finger (휭에르) 손가락

doktor [ˊdɔkˋtɔr] (독토르) 의사, 박사

far [ˊfɑ:r] (화:르) 아버지

mor [ˊmɷ:r] (무:르) 어머니

22) 권설음 (Retroflexa konsonanter)

치음 t, d, n, l, s앞에 r가 올 때는 이들의 조음위치가 훨씬 뒤로 옮겨져 혀끝을 웃잇몸 뒤쪽, 즉 거의 r 위치로까지 말아 올려 발음하게 된다. 이러한 방법으로 내는 소리를 권설음(捲舌音)

이라고 한다. 스웨덴어의 권설음은 5가지로 철자상으로는 **rt**, **rd**, **rn**, **rl**, **rs**로 나타나며 음성기호로는 각각 **[ʈ ɖ ɳ ɭ ʂ]**로 표시한다. 실제 발음에 있어서는 치음이 권설음으로 바뀌는 대신에 **[r]** 소리는 묵음된다. 다음 보기들을 비교해 보자.

치음 [t d n l s]	**권설음 [ʈ ɖ ɳ ɭ ʂ]**
stat [ˊstɑ:t] 국가	start [ˊstɑ:ʈ] 출발
bod [ˊbɷ:d] 가게, 점포	bord [ˊbɷ:ɖ] 책 상
vana [ˊvɑ:ˋna] 습관	varna [ˊvɑ:ˋɳa] 경고하다
kall [ˊkal:] 추운	Karl [ˊkɑ:ɭ] 칼(인명)
mosse [ˊmɔˋs: ə] 습지, 수렁	i morse [i ˊmɔˋʂ:ə] 오늘 아침

권설음 **[ʂ]**는 영어의 **[ʃ]**와 비슷하나 **[ʃ]**는 혀의 앞부분을 잇몸과 센입천장 가까이 접근시켜 그 사이를 공기가 통과할 때 나는 마찰음이고, 스웨덴어 **[ʂ]**는 혀끝을 웃잇몸 뒤쪽으로 말아 올려 내는 마찰음이다. 동시에 입술도 상당히 둥글어진다.

보기 först [ˊfœ:ʂʈ] (훠:슈트) 첫째번 kors [ˊkɔʂ] (코슈) 십자가

그 차이를 그림으로 표시하면 아래와 같다.

그림 발음기관

영어 [ʃ] **스웨덴어 [ʂ]**

하나의 말 토막을 이루는 단어를 사이에서 어두의 치음은 앞 단어 끝의 r와 융합하여 권설음을 만드는 예가 많다. 다시 말해 단어의 경계를 넘어서 권설음화가 일어나는 경우를 가리킨다.

för stor [fœˊʂʈɷ:r] **(훠슈투:르)** 너무 큰

för tidigt [fœˊʈi:dit] **(훠티:디트)** 너무 이른

Har ni hört? [hɑ:ɳiˊhœ:ʈ] **(하:니허트)** 당신은 들었습니까?

Kommer du? [ˊkɔməɖʉ] **(콤메 뒤)** 자네 오겠는가?

권설음 다음에 오는 치음(잇소리)은 동화작용에 의해 권설음으로 바뀐다.

torsdag [´tɷ:ʂɖa] (투슈:다) 목요일

förstå [fœ´ʂʈo:] (훠슈토:) 이해하다

Hur står det till? [hʉ:ʂʈo:ɖə´til:] (휘:슈토:데틸) 어떻게 지내십니까?

barndom [´bɑ:ɳ`ɖɷm] (반:둠) 어린 시절

23) s

[s] s는 항상 무성음 [s]로 발음하며 결코 유성음 [z]로 발음되는 경우가 없다.

resa [´re:`sa] (레:싸) 여행하다

ros [´rɷ:s] (루:스) 장미

spara [´spɑ:`ra] (스파:라) 절약하다

observera [ɔpsær´ve:ra] (옵새르베:라) 관찰하다

외래어 가운데 -(s)sion으로 끝나는 단어에서 -(s)si는 [ɧ]로 발음한다.

passion [pɑ´ɧɷ:n] (파슌:) 정열

pension [pɑŋ´ɧɷ:n] (팡슌:) 연금(年金)

mission [mi´ɧɷ:n] (미슌:) 선교회

24) sch, sj, skj, stj

[ɧ] 자음군 sch, sj, skj, stj는 구개치조 마찰음 [ɧ]로 발음한다. 스웨덴어 [ɧ]와 영, 독, 불어의 [ʃ]는 비슷하나 음가에는 약간의 차이가 있다. 영, 독, 불어의 [ʃ]는 혀끝을 잇몸을 향해 약간 치켜올리는 반면에 스웨덴어 [ɧ]는 혀끝을 낮추고 혀뿌리를 높이는 동시에 입술을 둥글게 내미는 점에 차이가 있다. 연구개 마찰음 [x](흐)를 수반하는 것이 이 소리의 특징이다 [ɧ] = [ʃ+x].

schack [´ɧak:] (솩) 장기

schema [´ɧe:ma] (쉐:마) 시간표

sjö [´ɧø:] (쉐:) 호수, 바다

sju [´ɧʉ:] (슈:) 일곱 7

skjorta [´ɧɷ:`ʈa] (슈:따) 샤쓰, 브라우스

skjuta [´ɧʉ:´ta] (슈:따) 쏘다

stjäla [´ʃɛ:`la] (쉘:라) 훔치다

stjärna [´ɧæ:`ɳa] (섀:나) 별

자음군 sc는 [s]로 발음한다.

scen [ˊseːn] (쎈:) 무대, 장면

25) sk

자음군 sk는 [ɧ]와 [sk] 두 가지 음가를 가지고 있다.

[ɧ] 강세를 받는 전설모음 e, i, y, ä, ö 앞에서 [ɧ]로 발음한다.

sked [ˊɧeːd] (쉐:드) 스푼

maskin [maˊɧiːn] (마쉰:) 기계

skynda [ˊɧynˋda] (쉰다) 서두르다

skära [ˊɧæːˋra] (쇄 :라) 자르다

skön [ˊɧøːn] (쉔:) 아름다운, 훌륭한

(예외: skiss [ˊskisː] 스켓치)

[sk] 어간의 후설모음 a, o, u, å 및 자음 앞에서, 그리고 어말 위치나 비강세 모음 앞에서는 [sk]로 발음한다.

skaka [ˊskɑːˋka] (스까:까) 흔들다

skog [ˊskɷːg] (스쿠:그) 숲, 산림

skur [ˊskʉːr] (스큐:르) 소나기

skåp [ˊskoːp] (스코:프) 찬장

skriva [ˊskriːˋva] (스크리:바) 쓰다 (write)

fisk [ˊfisk] (휘스크) 생선

färsk [ˊfæʂk] (홰슈크) 신선한

handske [ˊhanˋskə] (한스케) 장갑

(단 kanske [ˊkanˋɧə] (칸쉐) 아마도=kan ske 일이 발생할지도 모른다.)

fisken [ˊfiskən] (휘스껜) fisk의 정형

ruskig [ˊrəsˋki(g)] (루스끼그) 보기 흉한

(예외: människa [ˊmɛniˋɧa] (매니샤) 인간, 그러나 형용사형은 mänsklig [ˊmɛnskˋlig] (맨스클리그) 인간적 ; marskalk [marˊɧalk] (마르샬크) 원수 (元帥)

26) t

영어의 [t]는 혀끝을 웃잇몸에 갖다 대었다가 터트리는 치조(alveolar) 파열음이지만 스웨덴

어 [t]는 혀끝을 윗니 뒤쪽에 대고 내는 치음이다.

-ti 불어, 라틴어에서 온 단어 중에서 ti는 e, a 앞에서 [tsi]로 발음한다.

aktie [´ak(t)siə] (악치에) 주식(株式)

initiativ [initsia´ti:v] (이니치아티 :브) 선수, 주도권

어미 -tion에서 ti는 [ʃ], 때로는 [ɧ]로 발음한다.

lektion [lɛk´ɧɷ:n] (렉슌:) 학과, 수업

station [sta´ɧɷ:n] (스타슌:) 정거장

nation [nat´ɧɷ:n] (낫슌:) 국민, 대학의 향우회

th 자음군 th는 고유명사에만 나타나는데 [t]로 발음한다.

[t] Luther [´lət:ər] (루테르) 루터

Thomas [´tɷ:mas] (투:마스) 토마스

tj 자음군 tj는 [ç]로 발음하는데 이것은 [j]의 무성음이다 (12) 참조).

[ç] tjäna [´çɛ:`na] (섀 : 나) 봉사하다

tjugo [´çʉ:`gɔ] (슈 : 고) 스물

tjock [´çɔk] (속크) 두꺼운

tjuv [´çʉ:v] (슈:브) 도둑

불어에서 온 단어 중에 어말의 [t]가 묵음되는 예가 있다.

konsert [kɔn´sæ:r] (콘쌔:르) 음악회, 콘서트

kuvert [kʉ´væ:r] (큐배:르) 봉투

dessert [dɛ´sæ:r] (데쌔:르) 디저트, 후식

27) v

[v] 영어의 [v]와 같이 발음한다.

vatten [´vat:ən] (바텐) 물

tavla [´tɑ:v`la] (타불라) 그림(회화)

[f] s, t 앞에서는 무성음 [f]로 발음한다.

havsdjur [´hafs`jʉ:r] (하프스유:르) 바다 동물

hävt [´hɛft] (헤프트) häva(올리다)의 완료분사

28) w

[v] w는 인명, 지명에만 쓰이며 [v]로 발음한다. 실제로 철자 v와 w는 발음이 같기 때문에 동일한 글자로 취급되어 사전 배열에서도 w로 시작하는 단어는 V란에 끼어 있다.

Wasa [ˊvɑ:ˋsa] (바:사) 인명

Wien [ˊvi:n] (빈:) 지명

29) x

[ks] x는 [ks]로 발음하며 절대로 유성음 [gz]로 소리나지 않는다.

sex [ˊseks] (섹스) 여섯, 성(性)

exempel [ɛkˊsɛmpel] (엑쎔펠) 보기

examen [ɛkˊsa:mən] (엑싸멘) 시험

어미 -xion으로 끝나는 단어에서 xi는 [kɧ]로 발음한다.

reflexion [rɛflɛkˊɧɷ:n]

30) z

[s] z는 [s]로 발음한다.

zoologi [sɷɔlɔˊgi:] (쑤올로기:) 동물학

zon [ˊso:n] (쏜:) 구역, 지역

nazist [naˊsist] (나시스트) 나치주의자

1.5 음장 (Kvantitet)

스웨덴어에는 모음과 자음에 모두 음장(길이)이 있어 각각 장단의 구별이 가능하다. 스웨덴어의 음장은 대체로 음절구조와 강세에 의해서 결정된다. 강세음절에서 모음이 길면 후속 자음이 짧아지고, 모음이 짧으면 후속 자음이 길어져 모음과 자음의 길이는 서로 상보적 관계에 있다. 비강세 음절에서는 모든 음성이 짧다. 긴 소리는 [:]을 붙여 표시한다. 강세음절에서 모음 다음에 자음이 하나 오면 그 모음은 길고 중자음이나 자음군이 오면 그 모음은 짧다.

또한 강세음절에서 rd, rl, rn 앞의 모음은 항상 길며 경우에 따라서 rt 앞에서도 길다.

bord [ˊbɷ:ɖ] 책상, sorl [ˊso:ɭ] 졸졸 (시냇물), barn [ˊbɑ:ɳ] 아이, gjort [jɷ:ʈ] 'göra하다' 의 완료분사.

장모음 + 단자음	단모음 + 장자음
glas [ˊglɑ:s] 유리, 잔	glass [ˊglas:] 아이스크림
vis [ˊvi:s] 현명한	viss [ˊvis:] 일정한
kal [ˊkɑ:l] 벗겨진	kall [ˊkal:] 추운
telefon [teleˊfo:n] 전화	bitsk [ˊbitsk] 포악한

1.6 강세 (Tryckstyrka)

단어 내에서 한 음절을 다른 음절보다 힘주어 발음할 때 이를 가리켜 강세(stress)를 준다고 말하며 그 음절을 강세음절이라고 한다. 스웨덴어의 강세는 정도에 따라 3,2,1,0으로 4등급으로 분류된다. 발음기호상으로는 해당 음절 앞에 주강세는 [ˊ], 부강세나 약강세는 [ˋ]를 붙여 표시한다.

1) 주강세 (Huvudtryck)

(a) 스웨덴어 어휘 중 대다수가 첫 음절에 주강세를 가지는데 모든 단음절어와 어말관사를 붙인 단음절어 명사(정형명사)가 우선 여기에 속한다. 주강세는 강세등급 3으로 표시한다.

ny³ [ˊny:] 새로운	va³tten [ˊvat:ən] 물 (고대 스웨덴어 wathn)
bo³k [ˊbɷ:k] 책	bo³ken [ˊbɷ:kən] bok의 정형
hu³s [ˊhʉ:s] 집	hu³set [ˊhʉ:sət] hus의 정형

(b) be-, för-, ge-와 같은 전철 (prefix)로 시작하는 단어는 전철 다음 음절에 주강세가 온다. 즉 전철 be-, för-, de-, in-, im-, ko-, kon-, pre-, syn-, trans-, a-, mono- 따위에는 강세가 없다.

besö³ka [beˊsø:ka] 방문하다	beslu³ta [beˊslʉ:ta] 결정하다
förlå³ta [fœˊɭo:ta] 용서 하다	förä³ldrar [fœˊrɛ:ldrar] 부모
gehö³r [jeˊhœ:r] 관심,지지	gevä³r [jeˊvæ:r] 소총
delika³t [deliˊkɑ:t] 아주 맛있는	impopulä³r [impɔpʉˊlæ:r] 인기가 없는

(c) 불어, 라틴어에서 온 외래어와 -eri, -ori로 끝나는 단어는 주강세가 마지막 음절에 온다.

filoso³f [filɔ´so:f] 철학자	universite³t [ʉnivæʂi´te:t] 종합대학
stude³nt [stʉ´dɛn:t] 학생	cafe/kafé³ [ka´fe:] 커피집
fiskeri³ [fiske´ri:] 어업	konditori³ [kɔnditɷ´ri:] 제과점

(d) 어미 -essa, -inna를 가진 명사와, -era로 끝나는 동사는 끝에서 둘째 음절에 주강세가 온다.

prinse³ssa [prin´sɛs`:a] 공주	lärari³nna [læra´rin`:a] 여선생
stude³ra [stɵ´de:ra] 공부하다	telefone³ra [tɛləfɔ´ne:ra] 전화하다

2) 부강세 (Starkt bitryck)

부강세는 복합음조(accent II)와 결합하여 복합어의 뒷가지와 일정한 접미사에 온다. 강세등급 2로 표시한다.

① 복합어

ste³nhu²s [´ste:n~`hʉ:s] 벽돌집	a³rmba²nd [´arm~`band] 팔지
bo³khy²lla [´bɷ:k~`hyl:a] 책장	gu³ldri²ng [´gɵld~`riŋ:] 금반지
ma³tsa²l [´mɑ:t~`sɑ:l] 식당	blå³grö²n [´blo:~`grø:n] 청록색의

② 접미사 : -dom, -het, -lek, -skap, -bar, -sam, -aktig, -faldig

fa³ttigdo²m [´fat:ig`dɷm:] 가난

skö³nhe²t [´ɧø:n`he:t] 아름다움, 미

kä³rle²k [´çæ:`ɭe:k] 사랑

gra³nnska²p [´gran:`ska:p] 이웃, 인근

fly³ttba²r [´flyt:`bɑ:r] 옮길 수 있는

trö³ttsa²m [´trøt:`sam:] 지루한, 싫증나는

po³jka²ktig [´pɔjk`akti(g)] 사내아이 같은

tre³fa²ldig [´tre:`faldi(g)] 세배의, 삼중의

3) 약강세 (Svagt bitryck)

복합음조(accent II)를 가진 2음절어(복합어 제외)의 둘째 음절에 온다. 강세등급 1로 표시된다.

fli^{3}cka^{1} [ˊfliˋk:a] 소녀 ma^{3}mma^{1} [ˊmaˋm:a] 엄마 ka^{3}lla^{1} [ˊkaˋl:a] 부르다

ka^{3}nske^{1} [ˊkanˋɧə] 아마도 go^{3}sse^{1} [ˊgɔˋs:ə] 소년 go^{3}ssa^{1}r [ˊgɔˋs:ar] 소년들

다음절에서 주강세음절 뒤에 약세음절이 몇 개 잇달아 올 때는 주강세음절로부터 한 음절씩 건너서 약강세가 온다.

hä^{3}nde^{0}rna^{1} [ˊhɛndəˋɳa] hand '손의'의 복수정형

go^{3}ssa^{0}rna^{1} [ˊgɔs:aˋɳa] gosse '소년'의 복수정형

ka^{3}lla^{0}de^{1} [ˊkal:aˋdə] kalla '부르다'의 과거

u^{1}ni^{0}ve^{1}rsi^{0}te^{3}t [ˋʉnivˋæʂiˊte:t] 종합대학

bi^{1}bli^{0}o^{1}te^{0}ka^{3}ri^{0}e^{1} [ˋbibliˋɔteˊka:riə] 사서

4) 비강세 (Svagtryck)

비강세는 단음조(accent I)를 가진 2음절어의 둘째 음절에 오며 강세등급은 0으로 표시된다. 단음절명사의 어미는 대체로 비강세이며 다음절어에서는 어미가 약강세로 바뀐다.

da^{3}ge^{0}n [ˊdɑ:gən] dag '날'의 정형

ha^{3}nde^{0}n [ˊhandən] hand '손'의 정형

hä^{3}nde^{0}r [ˊhɛndər] hand의 복수

ta^{3}lade^{1} [ˊtɑ:laˋdə] tala '말하다'의 과거

beta^{3}lade^{1} [beˊtɑ:laˋdə] betala '지불하다'의 과거

u^{1}nive^{1}rsite^{3}te^{1}t [ˋʉnivˋæʂiˊte:ˋtet] universitet '종합대학'의 정형

1.7 음조악센트 (Tonaccent)

스웨덴어에는 단음조악센트(Accent I)와 복합음조악센트(Accent II)라는 두 종류의 고저 악센트가 있다. 앞의 것은 영어의 강세와 비슷하나 뒤 것은 스웨덴어와 노르웨이어에만 있는 특이한 악센트 유형이다. 이들은 한 단어가 고립되어 있을 때와 문장 중에 있을 때에 상

당한 변이를 보이나 여기서는 고립된 단어의 음조 형태만 살펴본다.

1) 단음조악센트 (Enkel musikalisk accent/Akut accent/Accent I)

대다수의 단음절어와 상당수의 2음절 이상의 단어에 나타난다. 단음절에서는 영어처럼 첫 음절에 강세가 오고 내림조이다. 아큐트악센트 또는 악센트 I형이라고도 부른다.

bok [ ] '책' hand [ ] '손'

2음절 이상의 단어에서는 강세음절에서 음조가 높았다가 비강세 음절에서 음조가 낮아진다.

handen	händerna	amerikanerna
[ˊhandən]	[ˊhɛndəɳa]	[amәriˊkɑnәˋɳa]
'hand' 의 정형	'hand'의 복수정형	'amerikan' 의 복수정형

위에서 굵은 선은 강세음절의 음조를, 굵은 점은 비강세음절의 음조를 각각 표시한다. 발음기호 안의 [ˊ]는 단음조악센트와 주강세의 위치를 동시에 표시한다. 음조악센트는 말하자면 강세(stress)와 고저(pitch)가 함께 어우러져 나타나는 악센트 유형이다. 단음조 악센트를 가진 단어를 유형별로 구분하면 아래와 같다.

① 단음절어

fot 발 gå 가다 tal 연설, 수 stark 강한

② 비강세어미 -el, -en, -er로 끝나는 2음절어

fågel 새 botten 밑바닥 seger 승리 vacker 예쁜

이들 중 어미 -er로 끝나는 단어의 2대 부류는 다음과 같다.

(a) 제3변화 명사의 복수형(2.3.3 참조)

fötter fot (발)의 복수 böcker bok (책)의 복수

bönder bonde (농부)의 복수 getter get (염소)의 복수

(b) 제2변화동사와 제4변화동사의 현재형(6.2.2와 6.2.4 참조)

köper 사다　　vänder 돌다

binder 묶다　　bjuder 초대하다

③ 단음조악센트를 가진 명사의 정형 (定形)

fågeln fågel (새)의 단수정형　　handen hand (손)의 단수정형

fötterna fot (발)의 복수정형

④ -re로 끝나는 형용사 및 부사의 비교급 (비교급 -are 형은 복합음조 악센트)

högre hög (높은)의 비교급　　lägre låg (낮은)의 비교급

större stor (큰)의 비교급

⑤ 대다수 국가 명칭

´Sverige 스웨덴　　´Norge 노르웨이　　´England 영국

´Holland 네덜란드　　´Danmark 덴마크　　´Tyskland 독일

´Frankrike 프랑스

⑥ 주강세가 첫 음절 이외의 다른 음절에 있는 외래어 대다수

stu´dent 학생　　biblio´tek 도서관　　universi´tet 대학

piáno 피아노　　A´merika 아메리카　　telefo´nera 전화하다

⑦ 접두사 be-, för-로 시작하는 동사 (어간이 -a로 끝나는 기본동사는 복합음조)

단음조	복합음조
be´tala 지불하다	´ta`la 말하다
för´söka 노력하다	´sö`ka 찾다

⑧ -sk로 끝나는 형용사

´komisk 희극적인　　´engelsk 영어의　　´nordisk 북구의

⑨ 요일 이름

´måndag 월요일　　´torsdag 목요일　　´lördag 토요일

2) 복합음조악센트 (Sammansatt musikalisk accent/Grav accent/Accent II)

2음절 이상의 단어에서 음조가 이중으로 상승 하락한다. 즉 첫 음절에 제1강세(주강세)가 오고 음조는 낮아졌다가 둘째 음절에 제2강세(약강세)가 오면서 음조는 다시 높아지다가 낮아진다. 이렇게 음조의 높낮이가 두 번이나 반복되기에 음조악센트의 굴곡이 단음절악센트의 경우보다 더 두드러지게 나타난다. 그라브 악센트 또는 악센트II형(accent II)이라고도 부른다. 복합음조는 제1강세음절 앞에 아큐트 악센트 [´]를, 2강세음절 앞에 그라브 악센트 [`]를 붙여 표시한다.

gata

[´ gɑː`ta] '거리'

kalla

[´ ka`lːa] '부르다'

talade

[´ tɑːla`də] tala(말하다)의 과거

flickorna

[´ flikːɷ`ɳa] flicka(소녀)의 복수정형

복합음조를 가진 단어를 유형별로 분류하면 아래와 같다.

① 스웨덴어 고유단어 중에서 첫 음절에 제1강세를 가진 다음절어의 대다수

flicka [´ fli`kːa] 소녀

flickor [´ fli`kːɷr] flicka의 복수

flickorna [´ flikːɷ`ɳa] flicka의 복수정형

lärare [´ læː`rarə] 선생

gammal [´ gɑ`mːal] 늙은

② -are로 끝나는 형용사 비교급과 -ast로 끝나는 최상급

starkare [´ star`karə] stark(강한)의 비교급'

starkast [´ star`kast] stark의 최상급'

③ 어간이 -a로 끝나는 원형동사와 그들의 굴곡형

tala [´ tɑː`la] 말하다

talade [´ tɑːla`də] tala의 과거

talat [´ tɑː`lat] tala의 완료분사

talande [´ tɑːlan`də] tala의 현재분사

binda [´ bin`da] 묶다

bundit [´ bən`dit] binda의 완료분사

bunden [´ bən`dən] binda의 과거분사

④ **복합어의 대다수**

stenhus [ˊste:nˋhʉ:s] 벽돌집

affärsman [aˊfæ:ʂˋman:] 사업가

Bergström [ˊbærjˋstrøm:] 인명(성씨)

주의 2개 이상의 단어로 구성된 긴 복합어의 악센트는 첫 가지의 주강세 음절에 제1강세가 오고 맨 뒷 가지의 주강세 음절에 제2강세가 온다.

järnvägsstation [ˊjæɳvɛks . staˋɧɷ:n] 철도역

högteknologiprodukt [ˊhø:gteknɔlɔgi . prɷˋdɵkt] 첨단기술 제품

⑤ **여성어미 -inna, -essa, -ska로 끝나는 명사**

lärarinna [læraˊriˋn:a] 여선생　　prinsessa [prinˊsɛˋs:a] 공주

sömmerska [ˊsøm:əˋʂka] 재봉사

⑥ **라틴어에서 온 -or로 끝나는 명사**

doktor [ˊdɔkˋtɔr] 의사, 박사 (또는 [ˊdɔktɔr])　　professor [prɷˊfɛˋs:ɔr] 교수

그러나 이들의 복수형은 단음조악센트를 가지며 강세의 위치도 바뀐다.

doktorer [dɔkˊtɷ:rər], professorer [prɷfəˊsɷ:rər]

이제까지 강세와 음조악센트에 대해서 따로 나누어 자세히 설명하였으나 실제 어휘상에서는 이들 두 요소가 동시에 어우러져 나타나기 때문에 그리 복잡하게 생각할 필요가 없다.

1.8 음조(성조)와 의미 (Ton och betydelse)

한 단어의 뜻이 음조악센트의 차이에 따라 달라지는 경우가 있다. 즉 소리가 같은 두 단어(동음어) 사이의 의미가 음조에 의해서 구별되는 것을 말한다. 다음 예들을 보자.

단음조악센트 [ˊ]

buren [ˊbʉ:rən] bur(새장)의 정형

slutet [ˊslʉ:tət] slut(끝)의 정형

värden [ˊvæ:ɖən] värd(주인)의 정형

anden [ˊandən] and(오리)의 정형

복합음조악센트 [ˊ ˋ]

buren [ˊbʉːˋrən] bära(짐지다)의 과거분사

slutet [ˊslʉːˋtət] sluta(닫다)의 과거분사

värden [ˊvæːˋɖən] värde(가치)의 복수정형'

anden [ˊanˋdən] ande(영혼)의 정형

1.9 강세 접두사와 접미사

1) 강세 접두사 : 다음의 접두사(prefix)에는 주강세가 온다.

o-, miss-, van-, gen-, er-, sam-, sär-, und-, till-, upp-, av-, in-, över-, under-

보기 ˊoˋlycklig, ˊmissförˋstå, ˊvanˋsköta, ˊgenˋsvar, ˊanˋkomma, érˋsätta, ˊsamarˋbeta, ˊsärˋskilja, ˊundˋvika, ˊtillˋbaka, ˊuppˋskatta, ˊavˋlida, ˊinˋställa, ˊöverˋgå, ˊunderˋsöka.

2) 강세 접미사 : 다음의 접미사(suffix)에는 주강세 또는 약강세가 온다.

-bar, -skap, -sam, -het, -dom, -lek, -aktig, -mässig, -al, -ant, -at, -ell, -era, -eri, -i, -ik, -ism, -ist, -it, -itet, -iär, -on, os, -tion, -s(s)ion, -är, -ör, -inna, -essa.

보기 ˊunderˋbar, ˊvänˋskap, ˊarbetˊsam, ˊvänligˋhet, ˊsjukˋdom, ˊkärˋlek, ˊpojkàktig, ˊvaneˋmässig, internatioˊnal, eleˊgant, appaˊrat, forˊmell, kommenˊtera, bryggeˊri, geˊni, botaˊnik, kapitaˊlism, kommuˊnist, tranˊsit, auktoriˊtet, premiˊär, forˊdon, narˊkos, kvalifikaˊtion, permiˊssion, konstˊnär, friˊsör, älskaˊrinˋna, prinˊsesˋsa.

1.10 비강세 접두사와 접미사

1) 비강세 접두사 : 다음의 접두사(prefix)에는 강세가 없다.

be-, för-, de-, in, im-, inter-, kon-, ko-, pre-, syn-, sym-, trans-, a-, mono-

보기 beˊtala, förˊstå, deklaˊrera, intreˊssant, impopuˊlär, interˊnordisk, konkuˊrrent, koopera´tiv, pre´dika, syn´tes, sym´patisk, transak´tion, ano´nym, mono´pol.

2) 비강세 접미사 : 다음의 접미사(suffix)에는 강세가 없거나 약강세가 온다.

-ig, -lig, -(n)ing, -ande, -ende, -else, -are, -ast, -a(verb), -en(perfekt particip), -or, -ar, -er(pluraländelser), -it(supinum), -is, -isk, -iker, re(komparativ), -erst, -en(slutartikel), -er(presens)

보기 ´san`dig, ´verk`lig, par´kering, ´sjung`ande, ´dö`ende, ´skri`velse, ´lä`rare, ´lät`tast, ´ta`la, ´skri`ven, ´fli`ckor, ´bi`lar, ´par`ker, ´sprung`it, ´godis, ´tragisk, ´komiker, ´mindre, ´innerst, ´bilen, ´åker

1.11 회화체의 발음 (Talspråkets uttal)

스웨덴어의 회화체는 형태와 발음에 있어서 문어체와 다른 점이 많다. 대표적인 몇 가지 특징을 들어보면 다음과 같다.

1) -ig로 끝나는 형용사에서 g는 발음하지 않는다.

trevlig [´tre:v`li] 즐거운 trevligt [´tre:v`lit] trevliga [´trevli`a]

2) 수사 끝에 -o는 [ə]로 발음하거나 때로는 전혀 발음하지 않는다.

nio [´ni:`ə] (니에) 9 tio [´ti:`ɛ] (티에) 10

trettio [´trɛ`t:i] (트레띠) 30 fyrtio [´fœ`ʈ:i] (훠띠) 40

3) 대명사 중에 여러 개가 이례적으로 발음된다.

jag [jɑ:g] > [jɑ:]/[ja] 나

mig [mi:g] > [mɛj] 나에게, 나를

dig [di:g] > [dɛj] 너에게, 너를

sig [si:g] > [sɛj] 자기에게, 자기를

de [de:] > [dɔm] 그들은

dem [dɛm] > [dɔm] 그들에게, 그들을

inget [iŋ:ət] > [iŋ:ə] 조금도 … 아닌(nothing)

jag är [ja ɛ:] I am

jag var [ja va:] I was

jag skall [ja skɑ:] I shall

något [´no:`gɔt] > [´no:`gə] 약간의, 어떤(something)

någon [´no:`gɔn] > [´nɔn] 어떤 사람 (someone)

någonting [´no: gɔn`tiŋ] > [´nɔn:`tiŋ] 어떤 것, 그 무엇(something)

4) 제1변화동사의 과거형은 부정법과 같이 발음한다. (특히 스톡홀름 지역에서 이런 경향이 많다.)

jag kastade > kasta´ [kasta] 나는 던졌다

vi ropade > ropa´ [rɷ:pa] 우리는 소리쳤다

5) 불규칙동사의 과거형

lade [lɑ:də] > la´ [lɑ:] 놓았다

sade [sɑ:də] > sa´ [sɑ:] 말했다

6) säga [sɛ:ga] > [sɛ:ja] 말하다 (현재형 säger [sɛj:ər])

7) 몇몇 동사는 부정법과 현재형에서 별도의 짧은 형을 사용한다.

bliva, bliver > bli, blir 되다

taga, tager > ta, tar 취하다, 얻다

bedja, beder > be, ber 요청하다

giva, giver > ge, ger 주다

8) 어말의 d, g, t는 모음 뒤에서 흔히 소리나지 않는다.

det [de:] 정관사(the) , 대명사(that, it)

god morgon [gɷ mɔr:ɔn] 안녕하세요? (good morning)

Vad är det för dag idag? [va ɛ: dɛ fœ dɑ: i dɑ:] 오늘이 무슨 요일이지요?

Hur många dagar tar det? [hʉːr mɔŋa dɑːr tɑː ɖɛ] 며칠이나 걸리나요?

9) 어말의 nd는 [n]으로 발음된다.

vind [vin] 바람 hund [hun] 개

1.12 M, N의 철자법 (Stavningen av m- och n-ljudet)

1) M의 철자법

어미변화의 결과로 m이 두 모음 사이에 올 때는 이를 겹쳐 쓴다. 모음 위에 [ˇ]는 짧은 모음을, [¯]는 긴 모음을 각각 표시한다.

en dǔ **m** idé 한 가지 어리석은 생각 (ˇ 꺽쇠 표시를 u 위에 얹임)

två dǔ **mm**a idéer 두 가지 어리석은 생각

ett stort ru**m** 큰 방 하나

Ru**mm**et är stort. 그 방은 크다

Erik glö**mm**er alltid pengar. 에릭은 항상 돈을 잊는다

Han glö**m**de dem igår. 그는 어제 그것들을 잊었다

주의 모음이 강세를 받아 길어질 때는 다음에 오는 m은 겹쳐 쓰지 않는다.

en bekvā̌**m** stol 안락 의자 한 개 (- ˇ 표시는 앞 모음 위에 얹음)

två bekvā̌**m**a stolar 안락 의자 두 개 ¯

ett stort problē**m** 큰 문제

Problē**m**et är stort. 그 문제는 크다

2) N의 철자법

두 모음 사이에 오는 n도 겹쳐 쓴다. 이 때 첫 모음은 짧다. 앞 모음이 짧을 경우 어말의 n도 겹쳐 쓴다.

en sǎ **nn** historia 진실의 역사

två sǎ **nn**a historier 실화 두 가지

John kǎ **nn**er henne. 욘은 그녀를 안다

주의 아주 흔히 쓰이는 몇 개의 단어는 어말 위치에서 앞 모음이 짧을 경우라도 n을 겹쳐 쓰지 않는다.

mă **n** 사람, 남자	Mă **nnen** är stor. 그 남자는 키가 크다.
vă **n** 친구	två vă **nner** 친구 두 사람

모음이 강세를 받아 길어질 때 그 다음에 오는 n은 겹쳐 쓰지 않는다.

f**ī****n** 예쁜	två f**ī****n**a stolar 좋은 의자 두 개
b**ē****n** 다리, 뼈	B**ē****n**et är långt. 다리가 길다.

3) 자음군의 축약

중자음 mm, nn 다음에 어미변화로 인해 다른 자음이 하나 더 추가될 때는 m이나 n 하나를 생략한다. 또한 복합어의 경우도 같은 자음이 3개 겹칠 때 하나가 탈락된다. 이것은 어중에서 자음이 둘 이상 겹치는 것을 기피하는 현상 때문이다.

nu**mm**er 수 number	nu**m**ret the number
so**mm**ar 여름 summer	so**m**rar 복수 summers
ga**mm**al 늙은 old	ga**m**la gammal의 복수, 정형
glö**mm**a 잊다 forget	glö**m**de glömma의 과거
kä**nn**a 알다 know	kä**n**de känna의 과거
na**tt**åg natt+tåg 야간열차	ä**gg**ula ägg+gula 달걀 노른자

1.13 분절법 (Stavelsedelning)

한 단어를 구성하고 있는 분절음(모음, 자음)을 음절단위로 구분하는 일은 스웨덴어에서 매우 중요하다. 그것은 음절경계를 알아야만 정확한 발음을 할 수 있기 때문이다. 음절을 나누는 데 알아야 할 몇 가지 기준은 다음과 같다.

1) 단일어에서 한 자음이 두 모음 사이에 올 때 그 자음은 둘째 모음에 부속된다.

ri-ka 부유한	ju-ni 6월	ju-li 7월
ja-nu-a-ri 1월	no-vem-ber 11월	de-cem-ber 12월

2) 두 모음 사이에 2개 또는 그 이상의 자음이 올 때 마지막 자음은 둘째 모음에 부속된다.

kom-mer 오다 ap-ril 4월 bör-jar 시작하다
feb-ru-a-ri 2월 au-gus-ti 8월 sep-tem-ber 9월
ok-to-ber 10월 här-li-ga 빛나는, 영광의 plöts-lig 갑자기
best-ri da 부인하다

3) sh[ɧ] 소리를 나타내는 자음군 sj, sch, sk, 또는 다른 자음군이 두 모음 사이에 올 때 자음군은 둘째 번 모음과 결합한다.

an-sjo-vis 멸치 젓
män-ska, män-ni-ska 인간 (그러나 형용사는 mänsk-lig).

4) äng[ŋ] 소리를 나타내는 ng와 x는 앞 모음과 결합한다.

ett fing-er 손가락 a finger fing-ret the finger fing-rar fingers
fing-rar-na the fingers väx-a 자라다

5) 복합어는 구성요소(형태소)를 경계로 음절이 구분된다.

klass-rum 교실 fram-gå 나타나다, 밝혀지다 mid-dag 한낮, 정오
för-mid-dag 오전 vän-lig-het 친절, 친밀

1.14 대문자 사용법 (Stor begynnelsebokstav)

대문자의 사용법은 영어와 같으나 스웨덴어에서는 다음의 경우에 대문자를 쓰지 않는다.

1) 요일, 달, 경축일 이름

måndag Monday 월요일 augusti August 팔월 jul Christmas 성탄절
påskdagen Easter 부활절

2)국적, 언어, 종교, 정당을 표시하는 명사와 형용사

en svensk a Swede 스웨덴인

en svensk bok a Swedish book 스웨덴 책

amerikaner Americans 미국인들

amerikansk American 미국의

Han talar koreanska. He speaks Korean. 그는 한국말을 한다.

Han är protestant. He is a Protestant. 그는 신교도이다.

Jag är socialdemokrat. I am a Social Democrat. 나는 사회민주당원이다.

3) 직위, 존칭을 나타내는 말

herr Lundberg Mr. Lundberg 룬드배르이 씨

fröken Johansson Miss Johansson 요한손 양

doktor Andersson Doctor Andersson 안데숀 박사

그러나 다음과 같은 경우에는 대문자를 사용한다.

1) 신 (神), 하느님을 가리키는 명사

Gud God 하느님　　Herren the Lord 주님　　Frälsaren the Savior 구세주

den Högste the Most High 천주, 하느님

2) 복합고유명사의 앞가지

Förenta staterna United States 미합중국

Förenta nationerna United Nations 유엔

3) 고대 스웨덴어 대명사 2인칭 복수I 'you'

서간문에서 친근감을 나타내는 대명사 2인칭 단수 Ni 'you', Eder 또는Er 'your'

1A. LÄSNING (강독)

HÄLSNINGSFRASER

1. Hej! [hɛj]/ Hej på dej![1]

2. God morgon! [ˊgɷmɔˋr:ɔn]

3. God dag! [gɷˊdɑ:d]

4. God middag! [gɷˊmiˋd:a]/

5. God afton! [gɷˊafˋtɔn]/

6. God natt! Sov gott![2]

7. Adjö! [aˊjø:]/

8. Hej då![3]

9. Välkommen!/Välkommen till oss!

10. Hur står det till?/Hur mår ni?

11. Tack, bara bra. Och själv då?

12. Ha en trevlig resa!/Lycklig resa!

13. Välkommen tillbaka (åter).

14. Sköt om dig (väl)!/Må så gott!

15. På återseende![4]

16. Ha det så bra!

17. Ha en trevlig (vecko)helg!

18. Hur går (det med) affärerna?

19. Tack det går bra.

20. Lycka till![5]

21. Tack så mycket!

22. Ursäkta mig! [ʉ:´ʂɛk`ta mɛj]/ /Å förlåt! [fœ´ɭo:t]/

23. Jag ber så mycket om ursäkt!

24. Ingen orsak [´ɷ`ʂɑ:k]/ /Varsågod(6)

25. Det var ingenting att tala om.

도움말

(1) 친구 또는 가까운 사이에서 언제나 건넬 수 있는 가벼운 인사말. 1960, 70년대 대학생들은 상대방의 인사에 대한 답례로 tjenare를 즐겨 사용함.
Tjenare, det var längesen!

(2) 밤늦게 마지막 나누는 인사가까운 사이에서 헤어질 때 인사.

(3) 불어 au revoir, 독어Auf Wiedersehen에 해당.

(4) 상대방의 하는 일이 잘 되기를 비는 덕담 인사.

(5) '천만에요.' varsågod은 상대방에게 무엇을 건네주며 '자 여기 있습니다' 라는 의미로도 쓰임.

주의 God dag, god dag! Adjö, adjö! 처럼 같은 인사말을 되풀이하면 보다 더 정중 한 인사 표현이 된다.

1B. ÖVNINGAR (연습문제)

1. 다음 인명, 지명들을 정확히 발음해 보시오.

1) Gert (남자)	2) Göran (남자)	3) Gösta (남자)
4) Gudrun (여자)	5) Kerstin (여자)	6) Wallqvist (성씨)
7) Göteborg (지명)	8) Gästrikland (지명)	9) Kivik (지명)
10) Skänninge (지명)	11) Skövde (지명)	12) Skara (지명)
13) Skurup (지명)	14) Växjö (지명)	15) Kiruna (지명)

2. 다음 단어의 악센트 위치를 밝히시오.

1) lokaltåg
2) kupong
3) kuvert
4) adress
5) förbjuda
6) parkera
7) cykel
8) cigaretter
9) husnyckel
10) intressant
11) förstå
12) samarbeta
13) tragisk
14) frisör
15) restaurang

3. 다음 단어들을 음절 단위로 나누시오.

1) länge
2) vackraste
3) pengar
4) alfabetet
5) minuter
6) osynlig
7) förmiddag
8) influensa
9) dagliga
10) övermorgon
11) trettionde
12) avbetalningen
13) skolklass
14) hjälper
15) karlarna

1C. ÖVERSÄTTNING (번역작문)

1. 그는 무엇을 하고 있습니까?
2. 그는 스톡홀름대학에서 스웨덴어를 공부하고 있습니다.
3. 그는 어디서 왔습니까?
4. 그는 영국에서 왔습니다.
5. 당신은 어디에서 일을 합니까?
6. 저는 자동차 정비소에서 일합니다.
7. 벵트손씨는 요리사입니다.

8. 그는 중국식당에서 일합니다.

9. 욘은 레스토랑에서 일하지만 요리사는 아닙니다.

10. 그는 악단에서 피아노를 칩니다.

도움말

1. 스웨덴어에는 현재진행형이 따로 없다.
2. '공부하다' 는 studera보다 läsa를 더 자주 쓴다.
3. '왔다' 가 출신 지역, 국가를 의미할 때는 현재형 kommer나 vara가 쓰인다.

1970년대 세계적 명성을 담아 놓은 ABBA 박물관

2

명사
Substantiv

2.1 명사의 성 (性 Genus)

스웨덴어의 모든 명사는 성(性)을 가지고 있다. 명사의 성은 크게 통성 (通性 utrum)과 중성(中性 neutrum)으로 구분된다. 통성은 다시 남성(maskulinum), 여성(femininum), 물성 (物性 realgenus) 등 세 가지로 세분된다. 남성과 여성은 주로 사람을 가리키는 명사이며 물성과 중성은 주로 동물 및 사물을 가리킨다.

통성	1) 남성(M) : 대명사 han(그 남자)으로 대치할 수 있는 것. pojken the boy	(어말관사 **-(e)n**)
	2) 여성(F) : 대명사 hon(그 여자)으로 대치할 수 있는 것. flickan the girl	
	3) 물성(R) : 대명사 den(그것)으로 대치할 수 있는 것. kartan the map	
중성	4) 중성(N) : 대명사det(그것)으로 대치할 수 있는 것. trädet the tree	(어말관사 **-(e)t**)

남성과 여성은 자연성(sex)에 의한 구분이요, 물성과 중성은 문법성(gender)에 의한 구분이다. 그러나 명사 끝에 붙이는 어말관사(slutartikel, terminal article)를 보면 통성에 속하는 명사는 모두 **-(e)n**이고, 중성에 속하는 명사는 **-(e)t**이기 때문에 명사를 **en-명사**(통성명사)와 **ett-명사** (중성명사) 두 가지로 나누는 것이 통례이다.

그런데 사물이나 동물을 나타내는 명사가 통성(물성)인지 중성인지를 알려면 일일이 사전을 찾아야 하지만 대략 다음과 같은 분류기준을 세울 수 있다.

2.1.1 통성(물성)명사 (En-명사)

① 달, 계절, 명절 이름

vår**en** 봄　　somma**ren** 여름　　höst**en** 가을
vinter**n** 겨울　　jul**en** 성탄절　　påsk**en** 부활절

② -ad, -are, -dom, -het, -ing, -lek, -ion으로 끝나는 명사

månad**en** 달 month　　hamma**ren** 망치　　barndom**en** 유년시절
skönhet**en** 아름다움　　skymning**en** 황혼　　kärlek**en** 사랑
nation**en** 국민, 나라

2.1.2 중성명사 (Ett-명사)

① **동물을 가리키는 명사는 대개 통성이지만 예외적으로 중성인 것도 있다.**

får**et** 양　　bi**et** 벌　　lejon**et** 사자

비교 hunden 개 hästen 말 haren 토끼 geten 염소

② **대륙, 나라, 주, 도시, 산 이름**

Europa, Asien, Sverige, England, Dalarna, Stockholm, London, Mont Blanc

③ **-eri, -on, -um으로 끝나는 명사**

bageri**et** 제과점　　helgon**et** 성인 聖人　　museum muse**et** 박물관

2.2 관사 (Artikel)

관사에는 부정관사(不定冠詞)와 정관사(定冠詞)가 있다.

2.2.1 부정관사 (Obestämd artikel)

부정관사에는 en과 ett 두 가지가 있는데 en은 통성명사 앞에, ett는 중성명사 앞에 붙인다. 기능은 영어의 부정관사(a, an)와 같다.

en + 통성명사	ett + 중성명사
en son 아들 (남성)	ett bord 책상
en dotter 딸 (여성)	ett hus 집
en skola 학교 (물성)	ett träd 나무

2.2.2 정관사 (Bestämd artikel)

영어의 the에 해당하는 스웨덴어 정관사는 명사 끝에 첨가되는 어말관사이다. 통성명사 끝에는 **-(e)n**, 그리고 중성명사 끝에는 **-(e)t**를 각각 붙인다. 어말관사는 명사를 한정하는 정관사의 역할과 동시에 명사의 성(性)을 표시해 주는 두 가지 기능을 가진다. 부정관사는

복수형이 없지만 어말관사는 복수형이 따로 있다.

어말관사 단수형

통성 (utrum)	중성 (neutrum)
son**en** the son	bord**et** the table
park**en** the park	djur**et** the animal

주의 명사가 모음으로 끝날 때는 **-n**과 **-t**만 붙인다. flicka**n**, öga**t**

어말관사 복수형

① 제1변화 명사 복수형 제2변화 명사 복수형 제3변화 명사 복수형	**+na**	skolor**na** the schools stolar**na** the chairs parker**na** the parks
② 제4변화 명사 복수형	**+a**	äpple**na** the apples
③ 제 5변화 명사 복수형	+ **-en** + **-na**	hus**en** the houses lärar**na** the teachers

위에서 본 바와 같이 스웨덴어의 관사는 명사의 성과 수에 따라 각기 다른 형을 취하기 때문에 a(an)와 the로 통일된 영어 관사보다 약간 더 복잡하다. 지금까지 설명한 바를 간추려 보면 다음과 같다.

스웨덴어 관사 일람

관사	부정관사		en+통성명사 : **en** son a son
			ett+중성명사 : **ett** hus a house
	정관사 (어말관사)	단수	통성명사+(e)n : son**en** the son
			중성명사+(e)t : hus**et** the house
		복수	명사복수형+na : stolar**na** the chairs
			명사복수형+a : äpple**na** the apples
			명사복수형+en : hus**en** the houses

(1) 어말관사 단수형(단수정형)을 붙일 때 유의할 점

▷ 통성명사 (En-명사)

① 비강세 어미 **-en**으로 끝나는 통성명사는 어말관사를 붙일 때 **-e**를 생략한다.

en sägen a legend 전설 sägn**en** the legend

② 약강세 어미 **-el**, **-er**로 끝나는 명사(Accent II) 끝에는 **-n**만 붙인다.

en nyckel a key 열쇠 nyckel**n** the key
en dotter a daughter 딸 dotter**n** the daughter
en syster a sister 누이 syster**n** the sister
en moder a mother 어머니 moder**n** the mother

③ 어미 **-or**로 끝나는 라틴어 계통의 단어에도 **-n**만 붙인다.

en rektor a principal, rector 교장, 총장
rektor**n** the principal, the rector
en professor a professor 교수
professor**n** the professor

④ 다음 명사에는 어말관사를 붙이지 않는다.

(a) 동사에서 유래된 추상명사로서 어미가 -n으로 끝나는 단어.

början 시작 längtan 동경 ansökan 신청
anmälan 신고 predikan 설교

(b) 어미가 -en으로 끝나는 몇몇 통성명사.

examen 시험 fröken 미혼여성, Miss
orden 교단종교, 훈장 borgen 보증인

▷ 중성명사 (Ett-명사)

① 비강세 어미 -el, -en, -er로 끝나는 중성명사는 어말관사 앞에서 -e를 생략한다.

ett exempel 예, 보기 exempl**et** the example
ett tecken a mark 표식 teckn**et** the mark
ett fönster a window 창문 fönstr**et** the window

vatten water 물　　　　vattn**et** the water

(예외: ett papper 'a paper 종이'　pappe**r**et 'the paper')

② -eum, -ium 으로 끝나는 라틴어는 어말관사 앞에서 -um을 생략한다.

ett museum a museum 박물관　　　　muse**et** the museum

ett gymnasium a gymnasium 고등학교　　　　gymnasi**et** the gymnasium

ett observatorium an observatory 천문대　　　　observatori**et** the observatory

(2) 어말관사 복수형(복수정형)을 붙일 때 유의할 점

① 비강세 어미 -el, -en, -er로 끝나는 중성명사는 어말관사 복수형 앞에서 **-e**를 생략한다.

segel sails 돛 → à segl**en** the sails

vapen weapons 무기 → à vapn**en** the weapons

fönster windows 창문 → à fönstren the windows

② 다음 중성명사의 복수정형은 문어체와 다른 회화체가 따로 쓰이기도 한다.

	문어체	회화체	
hus houses	hus**en**	hus**ena**	the houses
fönster windows	fönstr**en**	fönstr**ena**	the windows
ögon eyes	ögon**en**	ögon**a**	the eyes
öron ears	öron**en**	öron**a**	the ears
huvud heads	huvud**ena**	huv**ena**	the heads

(부정형복수 huvuden의 회화체는 huven)

2.2.3 관사의 용법

(1) 어말관사(정관사) (Bestämd artikel)

스웨덴어의 어말관사 용법은 대체로 영어의 정관사 용법과 같으나 다음과 같은 경우에 다르다.

① 추상명사가 일반적 의미를 나타낼 때 관사를 취한다.

Konst**en** är lång, liv**et** är kort. Art is long, life is short. 예술은 길고 인생은 짧다.

Tid**en** läker alla sår. Time heals all scars. 세월이 지나면 모든 상처는 아문다.

Kärlek**en** är blind. Love is blind. 사랑은 맹목적인 것이다.

Tappa inte mod**et**. Dont lose courage. 용기를 잃지마라.

그러나 속담, 제목 전치사구에서는 추상명사 끝에 관사를 붙이지 않는다.

Tid är pengar. Time is money. 시간은 돈이다.

Krig och fred. War and peace. 전쟁과 평화

Om konst och industri. On art and industry 예술과 산업에 관하여

② 명사가 집단 전체를 가리킬 때

Lejon**et** är ett rovdjur. 사자는 육식동물이다.

Delfin**en** är ett klokt djur. 돌고래는 영리한 동물이다.

③ 직함이나 호칭으로 쓰이는 명사에

Advokat**en** kommer strax. 변호사님이 곧 오십니다.

Var så god och sitt, professor**n**! 교수님 앉으십시오.

그러나 친족명이 호칭으로 쓰이면 관사를 붙이지 않는다.

Farfar, kom hit! 할아버님, 이리 오세요.

④ 계절, 요일, 명절, 식사 등의 이름 끝에는 어말관사를 붙인다.

Jag tycker om vår**en**. I like spring. 나는 봄을 좋아한다

Om lördagar**na** gör vi utflykter. On Saturdays we go on excursions. 매주 토요일에 우리는 소풍을 간다.

Jag tillbringade jul**en** hos mina föräldrar. I spent Christmas with my parents. 나는 성탄절을 부모님 집에서 보냈다.

Jag brukar ta en promenad före frukost**en**. I generally go out for a walk before breakfast. 나는 대개 아침 식사 전에 산책을 한다.

Hon föddes fredag**en** den 2 maj. She was born on Friday, May 2nd. 그녀는 5월 2일 금요일에 출생했다.

⑤ 거리, 광장, 공원, 공공장소 이름에 어말관사를 붙인다.

Jag bor på Kungsgata**n**, nära Hötorg**et**. 나는 회토르옛 근처 쿵스가탄에 삽니다.

Hon gick längs Strandväg**en**. 그녀는 스트란드배겐 거리를 따라 걸었다.

Humlegård**en** ligger mitt i stadens centrum. 후믈레고르덴(스톡홀름) 공원은 시내 중심부에 있다.

Han går i kyrka**n** (skola**n**). 그이는 교회(학교)에 다닌다.

⑥ **척도를 표시하는 말에도 어말관사를 붙인다. 영어에서는 부정관사를 쓴다.**

Tomaterna kostar 20 kronor kilo**t** (=per kilo). The tomatoes cost 20 kronor a kilo. 토마토가 1 킬로그램에 20 크루나이다.

Dessa strumpor kostar 40 kronor par**et** (=per par). These socks cost 40 kronor a pair. 이 양말은 한 켤레 40 크루나이다.

이와 비슷하게 비율, 빈도를 표시하려면 때를 나타내는 명사 끝에 어말관사를 붙이고 그 명사 앞에는 전치사 i또는 om을 붙인다.

Det händer endast en gång **om** år**et** (**i** månad**en**). It only happens once a year a month. 그 일은 일 년(한 달)에 단 한 번 일어난다.

Han kommer hem två gånger **i** vecka**n**. He comes home twice a week. 그는 일주일에 두 번 집에 온다.

Tåget går 100 kilometer **i** timm**en**. The train travels 100 km an hour. 기차는 한 시간에 100km를 달린다.

⑦ **신체의 일부나 소유물을 표시할 때 명사에 어말관사를 붙인다. (영어에서는 인칭대명사의 소유격을 사용한다.)**

Jag fryser om fötter**na**. My feet are cold. 나는 발이 시렵다.

Hon skakade på huvud**et**. She shook her head. 그녀는 머리를 저었다.

Han lyfte på hatt**en**. He raised his hat. 그는 모자를 쳐들었다.

Jag stoppade hand**en** i ficka**n**. I put my hand in my pocket. 나는 손을 호주머니속에 넣었다.

Han tog av sig skor**na**. He took off his shoes. 그는 구두를 벗었다.

⑧ **båda '양쪽 다', vardera '각각', ingendera '어느 쪽도 ~ 아니다' 다음에 오는 명사는 어말관사를 취한다.**

Båda pojkar**na** drunknade i sjö**n**. 사내아이들이 둘 다 호수에서 익사하였다.

Båda sidor**na** krävde ersättning. 양쪽 모두 보상을 요구하였다.

På vardera sida**n** om gatan. 길 양편에.

Ingendera part**en** ville ge vika. 어느 쪽도 항복하려 하지 않았다.

⑨ 다음과 같은 구에서는 한정형 명사(어말관사 명사)를 사용한다. (영어에서는 비한정형을 쓴다.)

hela dag**en** all day 온 종일

hela natt**en** all night 밤새껏

om dag**en** by day 낮에

om natt**en** by night 밤에

blind på ena ög**at** blind in one eye 한쪽 눈이 먼

hälft**en** av landet half of the country

till namn**et** by name

till utseend**et** by sight

(2) 어말관사(정관사)를 사용하지 않을 경우

① 가족, 호텔, 배 이름

Vi är bjudna till **Ohlssons**. We have been invited to the Ohlssons. 우리는 울손씨 댁에 초대 받았다.

Vi reste till Helsingfors med **Siljan**. We sailed for Helsinki in the Siljan 우리는 실랸 편으로 헬싱키로 항해하였다.

Vi brukar bo på **Hilton** eller **Hyatt**. We usually stay at the Hilton or Hyatt. 우리는 보통 힐튼이나 하야트 호텔에서 지낸다.

② 다음과 같은 경우 스웨덴어는 어말관사를 붙이지 않지만 영어는 정관사를 사용한다.

Vi steg av vid fel (rätt) **station**. We got off at the wrong right station. 우리는 역을 잘못 제대로 내렸다.

Hotellet ligger på höger(vänster) **sida**. The hotel is on the right left hand side. 호텔은 바른편왼편에 있다.

Han spelar **piano (gitarr)**. He plays the piano the guitar. 그는 피아노(기타)를 친다.

Hon kom följande **dag**. She came the following day. 그녀는 다음날 왔다.

(3) 부정관사 (Obestämd artikel) 사용

① 명사가 형용사의 수식을 받을 때는 형용사 앞에 부정관사(en, ett)를 붙이고, 전치사구나 형용절의 수식을 받을 때는 명사 앞에 부정관사를 붙인다.

Han har **en** intressant bok. 형용사 그는 재미있는 책이 한 권 있다.

Han har **en** bok med många bilder. 전치사구 그는 그림이 많은 책이 한권 있다.

Han har **en** bok som är intressant. 형용절 그는 재미있는 책이 한권 있다.

② 인명, 지명 앞에 부정관사를 붙이면 같은 종류 또는 유사한 것을 의미한다.

Han är **en** Cicero i vältalighet. 그는 웅변술이 마치 시세로와 같다.

Han dog som **en** Socrates. 그는 쏘크라테스처럼 죽었다.

(4) 부정관사를 생략할 경우

① 국적, 종교, 직업, 연령 등을 나타내는 명사가 서술어로 쓰일 때

Ibsen är norrman, Strindberg är svensk. 입센은 노르웨이 사람이고 스트린드베리는 스웨덴 사람이다.

Mannen var protestant, hans hustru katolik. 그 남자는 신교도였고, 부인은 구교도였다.

Hans far var läkare. 그의 부친은 의사였다.

주의 명사를 수식하는 말이 있을 때는 그 앞에 부정관사가 첨가된다.

Hans far var **en** berömd läkare. 그의 부친은 유명한 의사였다.

Hennes mor var **en** vacker skådespelerska. 그녀의 어머니는 아름다운 여배우였다.

② 물질명사, 추상명사 앞에서

Kött är närande. 고기는 영양가 있다.

Frihet vill vi ha. 우리는 자유를 원한다.

③ 접속사 som이 '자격' 을 표시하는 의미로 사용될 때 그 다음에 오는 명사 앞에서 부정관사는 생략된다. 이때 som은 전치사적 기능을 가진다.

Han arbetade som slav. 그는 노예로서 일했다.

Han lever som tiggare. 그는 걸인으로 산다.

(그러나 som이 '~처럼' 의 비교의 뜻으로 쓰일 때는 명사 앞에 부정관사를 붙인다.)

Han arbetade som **en** slav. 그는 노예처럼 일했다.

Han lever som **en** tiggare. 그는 걸인처럼 산다.

Som pojke simmade han som **en** fisk. 사내아이로 그 아이는 물고기처럼 헤엄쳤다.

④ **감탄사로 쓰인 vilken 다음이나, hur +형용사 다음의 명사 앞에서 부정관사는 쓰지 않는다.**

Vilken härlig utsikt! What a splendid view! 얼마나 멋진 전망이냐!

Vilket dåligt väder! What bad weather 무슨 날씨가 이래!

Hur stort misstag jag än har gjort, så har du gjort ett ännu större. However great a mistake I have made, you have made a greater one. 내가 큰 실수를 했다 하더라도 너는 더 큰 실수를 저질렀다.

2.3 명사의 복수형 (Substantivens pluralregler)

명사의 복수형은 단수형에 5가지의 다른 어미를 붙여서 만든다. 이들 복수어미에 따라서 명사를 5가지 유형으로 구분한다.

제1변화명사	복수어미	**-or**
제2변화명사	복수어미	**-ar**
제3변화명사	복수어미	**-er**
제4변화명사	복수어미	**-n**
제5변화명사	복수어미(단수와 동일형)	

2.3.1 제1변화명사 -or (1:a deklinationen)

	단수	복수
부정형	**en** flick**a** a girl 소녀	två flick**or** two girls
정형	flick**an** the girl	flick**orna** the girls

en skola a school 학교	skol**or** schools
skol**an** the school	skol**orna** the schools
en docka a doll 인형	dock**or** dolls

dockan the doll　　dockorna the dolls

주의 모음으로 끝나는 명사에 어말관사나 복수어미를 붙일 때는 어말모음을 탈락시킨다.

제1변화에 속하는 명사들은 모두 통성명사(**en**-명사)들이다.

① -a로 끝나는 2음절 이상의 명사는 어미 -a를 떼고 -or를 붙여 복수를 만든다.

en blomma 꽃 → blommor　　en tavla 그림 → tavlor

en kyrka 교회 → kyrkor　　en lärarinna 여교사 → lärarinnor

en prinsessa 공주 → prinsessor　　en gata 거리 → gator

(예외: en historia (역사) → historier)

② 자음으로 끝나는 몇 개의 명사도 여기에 속한다.

en ros 장미꽃 → rosor　　en åder 혈관 → ådror

en svan 백조 → svanar　　en toffel 방신 → tofflor

2.3.2 제2변화명사 -ar (2:a deklinationen)

	단수	복수
부정형	**en** häst a horse 말	två häst**ar** two horses
정형	häst**en** the horse	häst**arna** the horses

en bil a car 자동차　　bil**ar** cars

bil**en** the car　　bil**arna** the cars

en pojke a boy 소년　　pojk**ar** boys

pojk**en** the boy　　pojk**arna** the boys

제2변화에 속하는 명사들도 모두 통성명사(**en**-)들이다.

① 어말음절이 비강세 또는 약강세를 가진 명사들로서 어말모음을 떼고 복수어미를 붙인다.

en gosse 소년 → gossar　　en tanke 생각 → tankar

en syster 누이 → systrar　　en himmel 하늘 → himlar

en afton 저녁 → aftnar　　en morgon 아침 → morgnar/mornar

en djävul 악마 → djävlar   en öken 사막 → öknar

② -dom, -ing, -ling, -ning으로 끝나는 명사

en sjukdom 질병 → sjukdomar   en drottning 여왕 → drottningar
en egendom 재산 → egendomar   en köping 작은 도시 → köpingar
en yngling 젊은이 → ynglingar   en kyckling 병아리 → kycklingar

③ 자음으로 끝나는 단음절어의 대다수

en prins 왕자 → prinsar
en dal 계곡 → dalar
en hatt 중절모 → hattar

④ 모음으로 끝나는 몇 개의 단음절어

en sjö 바다, 호수 → sjöar   en bro 다리 → broar
en ö 섬 → öar   en by 마을 → byar

⑤ 복수형에서 어간모음이 변하는 (omljud) 명사

en moder 어머니 → mödrar   en dotter 딸 → döttrar

2.3.3 제3변화명사 -er (3:e deklinationen)

	단수	복수
부정형	**en** dam a lady 부인	två dam**er** two ladies
정형	dam**en** the lady	dam**erna** the ladies

en tand a tooth   tänd**er** teeth
tand**en** the tooth   tänd**erna** the teeth
ett konditori a bakery   konditori**er** bakeries
konditori**et** the bakery   konditori**erna** the bakeries

제3변화에 속하는 명사는 통성명사(**en**-명사)와 중성명사(**ett**-명사)가 있다.

① 자음으로 끝나는 단음절어 통성명사의 대다수. 복수형은 복합음조(악센트 II)를 가진다.

en bön 기도 → böner

en färg 색깔 → färger

en gräns 경계 → gränser

en park 공원 → parker

② 복수형에서 어간모음이 변하는 통성명사

en hand 손 → händer

en and 오리 → änder

en son 아들 → söner

en bok 책 → böcker

en bonde 농부 → bönder

en broder 형제 → bröder

en fot 발 → fötter

en rot 뿌리 → rötter

en natt 밤 → nätter

en stång 막대기 → stänger

en strand 해안 → stränder

en stad 도시 → städer

en ledamot 의원 → ledamöter 예외: ett land 나라 → länder

③ -ad, -nad, -när, -skap, het, -else로 끝나는 통성명사

en månad 월, 달 → månader

en byggnad 건축물 → byggnader

en konstnär 예술가 → konstnärer

en kunskap 지식 → kunskaper

en hemlighet 비밀 → hemligheter

en händelse 사건 → händelser

④ 어말음절에 강세가 있는 통성명사

주로 외래어로서 모음 -é, -i로 끝나는 것과 자음으로 끝나는 것이 있다.

en armé 육군 → armeer

en idé 사상, 생각 → ideer

en akademi 학술원 → akademier

en melodi 멜로디 → melodier

en metall 금속 → metaller

en nation 국가 → nationer

en advokat 변호사 → advokater

en parfym 향수 → parfymer

⑤ 어말음절에 약강세를 가진 -arie, -ire -or로 끝나는 외래어 통성명사

en bibliotekarie 사서 → bibliotekarier

en aktie 주식 → aktier

en doktor 박사, 의사 → doktorer

en professor 교수 → professorer

⑥ 어말모음에 주강세를 가진 외래어 중성명사

ett bryggeri 양조장 → bryggerier
ett kafé 카페 → kafeer
ett kompani 보병중대 → kompanier
ett konditori 제과점 → konditorier

⑦ -eum, -ium으로 끝나는 라틴어계 중성명사

ett museum 박물관 → museer
ett gymnasium 고등학교 → gymnasier

⑧ 모음으로 끝나는 몇 개의 통성명사에는 복수형을 만들 때 r만을 붙인다.

en hustru 아내 → hustrur
en jungfru 처녀 → jungfrur
en ko 젖소 → kor
en sko 구두 → skor
en tå 발가락 → tår
그러나 en fru 부인 → fruar

⑨ -er, -el로 끝나는 통성명사

복수어미를 붙일 때는 어말 음절의 -e를 떼어버린다.

en fabel 우화 → fabler
en muskel 근육 → muskler
ett mirakel 기적 → mirakler
en regel 법칙 → regler

⑩ 항상 복수형으로 쓰이는 명사

finanser 재정
grönsaker 채소
kalsonger 남성용 팬츠
specerier 식료품류
viktualier 식료품

2.3.4 제4변화명사 -n (4:e deklinationen)

	단수	복수
부정형	**ett** äpple an apple 사과	två äpple**n** two apples
정형	äpple**t** the apple	äpple**na** the apples

ett bo a nest — bo**n** nests
bo**et** the nest — bo**na** the nests
ett bi a bee — bi**n** bees
bi**et** the bee — bi**na** the bees

모음으로 끝나는 소수의 중성명사가 제4변화에 속한다. 복수정형 어미가 **-a**인 점에 유의하라.

① **모음으로 끝나는 단음절어**

ett frö 씨앗 → frön
ett knä 무릎 → knän
ett trä 목재 → trän
ett fä 가축 → fän
ett spö 장대 → spön

② **모음으로 끝나는 다음절어**

ett rike 나라 → riken
ett dike 개천 → diken
ett konto 거래계좌 → konton
ett foto 사진 → foton
ett hjärta 심장 → hjärtan
ett yrke 직업 → yrken
ett piano 피아노 → pianon

③ **추상명사로 전용된 현재분사 (중성명사)**

ett anförande 연설 → två anföranden
ett meddelande 통지 → två meddelanden

주의 사람, 직업을 표시하는 몇 개의 명사는 5변화명사에 속하며 따라서 (부정형) 복수 어미가 없다 (2.3.5의 ③ 참조).

④ **아래 두 가지 명사는 이례적으로 변화한다.**

	단수	복수
부정형	**ett** öga an eye 눈	ög**on** eyes
정형	ög**at** the eye	ög**onen** the eyes
부정형	**ett** öra an ear 귀	ör**on** ears
정형	ör**at** the ear	ör**onen** the ears

2.3.5 제5변화명사 - (단수 복수 동형)(5:e deklinationen)

	단수	복수
부정형	**ett** hus a house 집	två hus two houses
정형	hus**et** the house	hus**en** the houses

en domare a judge 판사	domare judges
domar**en** the judge	domar**na** the judges

단복 동형으로 복수형에 영()의 어미를 붙인다고 생각할 수도 있다. 여기에 속하는 명사는 대개 중성명사이나 통성명사도 있다. 복수정형어미로는 중성명사가 **-en**, 통성명사가 **-na** 이다.

① 자음으로 끝나는 중성명사 대다수 (-um은 제외), 복수정형 어미는 -en이다.

ett djur 동물	djur	ett träd 나무	sträd
ett barn 아이	barn	ett glas 유리잔	glas
ett krig 전쟁	krig	ett ljus 촛불	ljus
ett namn 이름	namn	ett tåg 기차	tåg
ett ägg 달걀	ägg		

② -are로 끝나는 통성명사로 직업이나 도구를 나타낸다.

en lärare 선생	lärare	en läkare 의사	läkare
en bagare 제과업자	bagare	en bärare 짐꾼	bärare
en kypare 급사	kypare	en rökare 흡연자	rökare
en ångare 기선	ångare	en kikare 쌍안경	kikare

③ 명사로 전용된 몇 개의 현재분사 (사람, 직업을 표시, 통성명사)

en studerande 학생	två studerande
en sökande 신청자	sökande
en ordförande 회장	två ordförande
en främmande 이방인	främmande

④ **-er로 끝나는 국적, 직업을 표시하는 명사**

indier 인도 사람　　perser 페르시안　　belgier 벨기에인
rumänier 루마니아인　　botaniker 식물학자　　musiker 음악가
fysiker 물리학자

⑤ **도량형 단위**

en fot 피트　　en mil 마일　　ett ton 톤

이상 설명한 5종류의 명사들이 차지하는 비율은 사용빈도가 가장 높은 1000 단어를 대상으로 조사한 결과 다음과 같이 나타났다(Basic Swedish Grammar p.24).

1 변화명사	en blomma	två blommor	12%
2 변화명사	en arm	två armar	37%
3 변화명사	en kostym	två kostymer.	21%
4 변화명사	ett äpple	två äpplen	4%
5 변화명사	ett glas	två glas	26%
			100%

2.3.6 명사의 복수변화에서 유의할 점

① **다음 명사들은 불규칙적인 복수형을 가진다.**

	단수	복수
부정형	en man a man 남자	två män two men
정형	mannen the man	männen the men

en gås a goose 거위　　gäss [jɛ:s] geese
gåsen the goose　　gässen the geese
en mus a mouse 생쥐　　möss mice
musen the mouse　　mössen the mice
en fader a father 아버지　　fäder fathers
fadern the father　　fäderna the fathers

en broder a brother 형제	bröder brothers
brodern the brother	bröderna the brothers

② 단음절어 중에서 '단모음+n, m'으로 끝나는 명사는 부정형복수, 정형단수 및 복수형에서 자음을 겹쳐 -nn, -mm으로 쓴다.

en mun 입	→	munnar mouths
munnen the mouth	→	munnarna the mouths
en vän 친구	→	vänner friends
vännen the friend	→	vännerna the friends
en man 남자	→	män/mannar men
mannen the man	→	männen the men
ett rum 방	→	rum rooms
rummet the room	→	rummen the rooms
ett hem 가정	→	hem homes
hemmet the home	→	hemmen the homes

(다만 rum, hem은 부정형에서 단복 동형으로 m을 겹쳐 쓰지 않는다.)

③ 단수에서 -a로 끝나는 명사가 복수에서 -er로 되는 예

en historia	historier	historien (단수정형)
en materia	materier	materien (단수정형)
en prisma	prismer	prisman (단수정형)

④ 단수어미 -um, 복수어미 -a로 끝나는 명사

ett faktum fakta; ett centrum centra

⑥ 복수어미 -ina로 끝나는 명사

diktamen	diktamina (정형은 단복동형diktamen)
examen	examina (정형은 단복동형examen)

⑦ 복수형이 다른 동음이의어(同音異義語)

en bok	<	böcker 책 bokar 너도밤나무	en våg	<	vågor 물결 vågar 저울
en bal	<	baler 무도회 balar 꾸러미, 짐	en bas	<	baser 기본, 토대 basar 저음, 베이스
en bank	<	banker 은행 bankar 제방, 둑	en börs	<	börser 증권거래소 börsar 지갑
en gång	<	gånger 횟수 gångar 통로	en mask	<	masker 가면 maskar 지렁이
en vals	<	valser 왈츠 valsar 로울러	ett land	<	länder 국가, 나라 land 토지

2.4 남성명사와 여성명사 (Maskulina och feminina substantiv)

2.4.1 남성과 여성명사의 모양이 전혀 다른 것

en man 남자	en kvinna 여자
en herre 신사	en dam 숙녀
herr 미스터	fru 미세스(Mrs.)
en farbror 숙부	en faster 숙모
en son 아들	en dotter 딸
en gosse 소년	en tös 소녀
en bror 형제	en syster 자매
en tupp 수탉	en höna 암탉
en bock 숫염소	en get 염소
en hund 수캐	en hynda 암캐
en katt 숫고양이	en katta 암고양이
en gubbe 노인	en gumma 노파

2.4.2 남성명사에 여성어미를 붙이는 것

en svensk 스웨덴인	en svenska 스웨덴 여자
en engelsman 영국인	en engelska 영국 여자
en fransman 프랑스인	en fransyska 프랑스 여자
en tysk 독일인	en tyska 독일 여자
en sångare 가수	en sångerska 여가수
en lärare 선생	en lärarinna 여선생
en greve 백작	en grevinna 백작 부인
en författare 작가	en författarinna 여류 작가
en hertig 공작	en hertiginna 공작 부인
en prins 왕자	en prinsessa 공주

2.5 명사의 소유격 (Genitivform)

2.5.1 명사의 소유격은 명사 끝에 -s를 붙여 표시하는데 부정형 단수 복수, 정형 단수 복수에 모두 붙일 수 있다. -s앞에 소유격부호(')가 없는 점에 유의해야 한다.

en pojke 한 소년 → en pojke**s** bok 한 소년의 책

pojkar 소년들 → pojkar**s** bok 소년들의 책

pojkarna 그 소년들 → pojkarna**s** bok 그 소년들의 책

Min far**s** bil står där. 내 아버지의 차가 저기에 서 있다.

2.5.2 -s로 끝나는 고유명사에는 소유격부호(')만 붙이거나 av, på 등의 전치사로써 소유관계를 표시한다.

Nils´ penna 닐스의 펜

Wigforrs´minnen 비그포르스의 회고록

doften **av** en ros 장미꽃 향기

Richmond är namnet **på** en ros. Richmond는 장미꽃의 이름이다.

2.5.3 라틴어의 -us로 끝나는 명사는 라틴어 소유격 -i를 그대로 쓴다.

Krist**i** födelse 그리스도(Kristus)의 탄생

Krist**i** himmelsfärdsdag 그리스도 승천일

Paul**i** brev till romarna 바울(Paulus)이 로마인에게 보낸 편지

2.5.4 스웨덴어의 소유격 -s는 유생명사 뿐만 아니라 무생명사, 추상명사에도 붙일 수 있다.

flicka**ns** föräldrar 그 소녀의 부모 lampa**ns** storlek 램프의 크기

sanningen**s** röst 진리의 목소리 bordet**s** ben 책상의 다리

2.5.5 지나간 요일, 계절, 명절 따위를 표현할 때는 전치사 i와 함께 명사의 소유격이 쓰이며 특히 옛 소유격 앞에는 till이 온다. 일부 명사는 -s 앞에 -a를 추가한다.

i söndag**s** 지난 일요일에 i vintr**as** 지난 겨울에 i vår**as** 지난 봄에

i jul**as** 지난 성탄절에 i påsk**as** 지난 부활절에

gå till skog**s** 숲속으로 가다 gå till torg**s** 장터로 가다 8.1.23의 ⑦ 참조

2.5.6 명사처럼 쓰이는 형용사와 분사 끝에도 소유격의 -s를 붙인다.

de rika**s** arrogans 부자들의 오만 de fattiga**s** röst 가난한 자들의 위안

den gamle**s** tacksamhet 그 노인의 감사

de studerandena**s** ekonomi 그 학생들의 경제사정

2.6 복합명사 (Sammansatta substantiv) 조어법

2.6.1 복합명사가 많은 것이 스웨덴어의 특징 중에 하나이다. 영어로는 분리해서 쓰는 단어도 스웨덴어로는 복합어 형태로 쓰인다.

en bokhylla 책장 a book shelf

en järnvvgsstation 철도역 a railway station

en husläkare 가정의(家政醫) a family doctor

regnväder 비가 오는 날씨 rainy weather

2.6.2 복합명사의 성(性)은 마지막 단어의 것을 택한다.

ett land+en väg = **en** landsväg 간선도로

ett barn+en säng= **en** barnsäng 아기 침대

en docka+ett hem= **ett** dockhem 인형의 집

2.6.3 복합명사의 구성방식은 다음과 같다.

① en industri + ett land = ett industriland 공업국가

Sverige + ett besök = ett Sverigebesök 스웨덴 방문

en dag + ett hem = ett daghem 탁아소

② 첫 단어 끝에 소유격 -s를 붙인다.

moder + kärlek = moderskärlek 어머니의 사랑

kärlek + roman = kärleksroman 연애소설

③ 두 단어 사이에 연결 모음을 삽입한다.

cn kung + ctt rikc - ctt kung**a**rikc 왕국

en familj + en försörjare = en familj**e**försörjare 가족부양자

barn + vård = barn**a**vård 아동보육

④ 첫 단어가 -a로 끝나면 이것을 옛 소유격 어미-u 또는 -o로 바꾼다.

en vara + ett hus = ett var**u**hus 백화점

en saga + en bok = en sag**o**bok 동화책

en kyrka + en gård = en kyrk**o**gård 교회묘지

⑤ 첫 명사의 마지막 모음을 탈락시킨다.

en pojk**e** + en vän = pojkvän 남자 친구

en flick**a** + ett rum = ett flickrum 여자아이 방

en res**a** + en dräkt = en resdräkt 여행 복장

2A. LÄSNING (강독)

Hemma hos professor Lundström

På Drottninggatan 48 i Stockholm bor professor Lundström. Där har han en lägenhet på fem rum och kök. Han har ett vardagsrum, en matsal, ett sovrum, ett arbetsrum och ett musikrum.

I vardagsrummet har han en matta, en soffa, ett bord, en tv-apparat och en kristallkrona. Mattan är från Afghanistan, soffan är från England, bordet är från Spanien, tv:n är från Korea och kristallkronan är från Böhmen.[(1)]

I sovrummet har han förstås en säng. Den kommer från Sverige. Dessutom har han både en elektrisk väckarklocka och ett gökur. Väckarklockan är från Hong Kong och gökuret från Schweiz.

I arbetsrummet har han bl.a.[(2)] ett skrivbord, en läderfåtölj, en matta, en bokhylla och en tavla av van Gogh. Skrivbordet kommer från Tyskland, fåtöljen från England, mattan från Kina, bokhyllan från IKEA i Skärholmen och tavlan av van Gogh från Holland. Den är väldigt dyr.

I musikrummet har professorn instrument från hela världen, t.ex. ett piano, en trumma, en flöjt, en sitar, en gitarr, en fiol och ett dragspel. Pianot kommer från Tyskland trumman från Argentina och fiolen och dragspelet från Sverige.

Varför samlar professorn instrument?

Han är professor i musikhistoria!

도움말

어떤 명사가 대화에 처음 등장할 때는 부정형을 쓴다. Han har **en** tavla.

그 명사가 다시 등장하면 명사의 정형을 쓴다. Tavla**n** kommer från Holland.

명사의 성수에 따라 대명사로 바꿔 쓰기도 한다.

Han har en tavla. Varifrån kommer **den**?

Han har ett bord. Varifrån kommer **det**?

주의 약강세 또는 비강세 어미로 끝나는 통성명사는 어말관사를 붙일 때 **-e**를 생략하고 **-n**만 붙인다. 비강세 어미로 끝나는 중성명사는 어말관사 앞에서 어말 모음 -e를 생략한다(2.2.2의(1) 참조).

en-명사 : professor**n**, vinter**n**, cykel**n**

ett-명사 : vatten - vatt**net**, fönster - fönst**ret**, kapitel - kapit**let**

m/n 겹자음 : (단모음+ m / n+어말관사) rum - rum**met**, vän - vän**nen**

(1) Böhmen : 체코의 수도 Prag가 위치한 Elbe강 상류지방.

(2) bl.a. = bland annat ~ 따위 ; ~ 등등.

2B. GRAMMATIKÖVNING (문법연습)

1. 다음 명사 변화에서 빈칸을 채우시오. (아래 보기 참조)

부정관사	부정형	정형	대명사
en	*bok*	*boken*	*den*
ett	*bord*	*bordet*	*det*
( )	( )	soffan	( )
( )	fåtölj	( )	den
en	säng	( )	( )
( )	äpple	( )	( )
ett	kök	( )	( )
( )	tröja	( )	( )
-	kaffe	( )	det
en	cigarett	( )	( )

( )	tavla	( )	( )
( )	skrivmaskin	( )	( )
ett	instrument	( )	( )
( )	( )	flöjten	( )
-	aptit	( )	den
( )	( )	gatan	( )
( )	( )	dagen	( )
( )	gitarr	( )	( )
( )	( )	romanen	( )
( )	sallad	( )	( )
( )	( )	bokhyllan	( )
( )	( )	skjortan	( )
ett	skrivbord	( )	( )
( )	fönster	fönstret	( )
( )	professor	( )	han/hon
( )	rum	( )	( )
( )	vän	( )	( )
( )	kapitel	( )	( )

2. 주어진 명사에 알맞은 관사를 붙이어 빈칸을 채우시오.

보기 flicka (5 år) Familjen Larsson har **en flicka** och **en pojke**.
pojke (4 år) **Flickan** är 5 år och **pojken** är 4 år.

1) gumma (sjuk) Det bor ________ och ________ här.
gubbe (frisk) ________ är sjuk men ________ är frisk.

2) radio (dålig) Lena har ________ och ________.
lampa (bra) ________ är dålig men ________ är bra.

3) mössa (200 :-)	I fönstret finns det ________ och ________.
kappa (1000 :-)	________ kostar 200 kronor och ________ 1000 kronor.
4) klocka (gammal)	På väggen hänger det ________ och ________.
tavla (ny)	________ är gammal men ________ är ny.
5) läkare ("Doktorn")	Vi säger "Doktorn" till ________ och "Syster" till ________.
sjuksköterska ("Syster")	________.
6) kontor (litet)	Åke arbetar på ________ och Karin arbetar på ________.
sjukhus (stort)	________ är ganska litet men ________ är stort.
7) vykort (2 kronor)	Eva köper ________ och ________ i kiosken.
frimärke (1:25 kronor)	________ kostar 2 kronor och ________ 1 krona 25 öre.
8) halsband (silver)	Per ger Lisa ________ och ________.
ring (guld)	________ är av silver och ________ av guld.
9) piano (till höger)	Åsa har ________ och ________.
skåp (till vänster)	________ står till höger i hennes rum och ________ till vänster.
10) mjölk	Barnen fick ________ och ________ på eftermiddagen.
bullar	De tyckte att ________ var kall och god och att ________ var härliga.

3. 아래의 2개 명사를 결합하여 복합명사를 만드시오.

1) en flicka + en skola
2) ett trä + ett hus
3) ett universitet + ett bibliotek
4) ett barn + en säng
5) en stad + ett hotell
6) en tidning + en kiosk

7) en vänskap + en förening

8) en vecka + en helg

9) en kvinna + en kamp

10) en vara + ett lager

2C. ÖVERSÄTTNING (번역작문)

1. 엘리자벳은 학생[(1)]이다.
2. 그녀는 스무살인데 미국에서 왔습니다.
3. 그녀는 텍사스에 있는 대학에서 스웨덴어를 공부하고 있지만 지금은 스톡홀름에 살고 있습니다.
4. 그녀는 스톡홀름 중심부에[(2)] 아파트 하나를 가지고 있습니다.
5. 아침에는 지하철을 타고[(3)] 대학에 갑니다.
6. 그녀는 거기서 온 종일 무엇을 합니까?
7. 그녀는 강의를 듣거나[(4)] 도서관에 앉아서 필기를 합니다.
8. 때때로 그녀는 작문[(5)]을 쓰거나 번역을 합니다.
9. 종종 그녀는 아침 8시부터 일을 시작합니다.
10. 자명종은 6시면 울리는데 그녀는 그것을 싫어합니다.

도움말

(1) 직업을 나타내는 명사 앞에 관사를 붙이지 않는다.
(2) 중심부에 : mitt i ; i centrum
(3) 지하철을 타다 : åka tunnelbana
(4) 강의를 듣다 : gå på en föreläsning
(5) 작문 : uppsats

1477년 창립된 북유럽 최초의 중세대학 웁살라(Uppsala)대학교. 위 본관 건물은 1877년에 건립되었다.

3

형용사
Adjektiv

형용사란 사물의 성질, 상태가 어떻다고 설명하는 품사로서 그 쓰임에는 부가적(附加的) 용법과 술어적(術語的) 용법 두 가지가 있다. 형용사는 명사(또는 주어)의 성과 수에 일치하는데 이를 가리켜 형용사변화라고 한다.

3.1 부가적 용법 (Attributiv ställning)

형용사(분사 포함)가 명사 앞에 와서 그 명사를 수식하는 경우를 말한다. 이때 형용사는 부정형(不定形)과 정형(定形)의 두 가지 형태로 나타난다.

3.1.1 부정형어미 (Obestämd form)

명사가 부정형, 즉 어말관사를 취하지 않고 대신 부정관사(en/ett)를 앞세울 때는 이를 수식하는 형용사는 다음과 같이 변화한다. 이를 가리켜 형용사의 강변화라고도 한다.

② 통성 단수에는 어미를 붙이지 않는다. en gul färg 노란색
③ 중성 단수에는 **-t**를 붙인다. ett gul**t** blad 노란 잎
④ 복수에는 **-a**를 붙인다 (양성동일). två gul**a** färger 두 가지 노란색들

3.1.2 정형어미 (Bestämd form)

명사가 정형, 즉 어말관사를 취할 때는 이를 수식하는 형용사는 명사의 성, 수에 관계없이 모두 어미 -a를 취한다. 이때는 형용사 앞에 **형용사의 정관사** 또는 **독립 정관사**(fristående bestämd artikel)라고 부르는 **den**(통성), **det**(중성), **de**(복수)를 붙인다. 이를 가리켜 형용사의 약변화라고도 부른다. 영어 정관사 the의 기능을 스웨덴어에서는 형용사 앞에 오는 독립정관사와 명사 끝에 오는 어말관사가 함께 수행하는 셈이다.

① 통성 정형 : den gul**a** färgen 그 노란 색
② 중성 정형 : det gul**a** bladet 그 노란 잎
③ 복수 정형 : de gul**a** färgerna 그 노란색들

3.1.3 부가적 형용사의 배열 순서

성질이 다른 2개 이상의 형용사가 명사를 수식할 때는 다음과 같은 배열 순서에 따라 위치가 결정된다.

총체	한정	소유	수량	선택	비교	성질	명사
Alla	dessa	mina	många	andra	sådana	svenska	böcker

예문 Alla mina två söta barn är snälla. 귀여운 내 두 아이는 모두 착하다.

3.2 술어적 용법 (Predikativ ställning)

(1) 명사의 성과 서술형용사의 어미가 일치할 때.

형용사가 술어동사 다음에 위치하여 주어나 목적어를 설명해 주는 경우를 말한다. 형용사는 일반적으로 동사 vara, bli 다음에 와서 주격보어 (subjektiv predikatsfyllnad)의 구실을 하며 주어의 성, 수에 일치하여 **부정형 어미(통성 –ø, 중성 -t, 복수 -a)**를 취한다.

Färgen är gul. 그 색깔은 노랗다.

Bladet är gul**t**. 그 잎은 노랗다.

Färgerna är gul**a**. 색깔들은 노랗다.

또한 목적어를 설명할 때는 이를 목적보어(objektiv predikatsfyllnad)라고 하며 형용사는 목적어의 성, 수에 일치하여 부정형 어미를 취한다.

Han målar **stolen** grön och **bordet** gul**t**. (그는 의자는 녹색으로, 책상은 노란색으로 칠한다.)

Mannen gjorde **oss** glad**a**. (그 남자는 우리를 기쁘게 했다.)

(2) 명사의 성, 수와 서술형용사의 어미가 일치하지 않을 때.

① 음식의 맛을 설명할 때는 주어는 부정형으로 쓰고 서술 형용사는 보통 단수 중성어미를 취한다. 음식 자체보다 먹는 행위에 의미를 두기 때문이다. 문장의 축약형으로 볼 수 있다.

Sill är **gott**. 청어는 맛이 좋다. (=Att äta sill är gott.)

Ärter är **gott**. 완두콩은 맛이 있다. (=Att äta ärter är gott.)

Blodpudding är **äckligt**. 선지푸딩은 구역질이 난다.

② 교과목 명칭 다음에 오는 서술형용사는 중성단수형을 쓴다.

Engelska är tråki**gt**. 영어는 지겹다.

Ishockey är populär**t** i Sverige. 아이스하키는 스웨덴에서 인기가 있다.

③ 관사 없이 쓰인 주어 다음에 오는 서술형용사는 중성단수형을 쓴다.

Politik är roli**gt**. 정치는 재미가 있다.

Är sprit farli**gt**? 알콜은 위험한가?

Bil är dyr**t**. (=Att ha bil är dyr**t**.) 자동차는 비싸다.

Stövlar är omodern**t**. (=Det är omodern**t** att gå i stövlar.) 장화는 구식이다.

그러나 명사에 어말관사나 수식어를 붙여 의미가 보다 명확해질 때는 서술형용사의 어미는 일치의 규칙에 따른다.

Engelskan är tråkig. 영어는 지겹다.

Svensk ishockey är populär. 스웨덴의 아이스하키는 인기가 있다.

Den färska sillen var **god**. 싱싱한 청어는 맛이 있다.

De gula ärterna var god**a**. 노란 완두콩은 맛이 좋다.

De svarta stövlarna är omodern**a**. 검은 장화는 구식이다.

④ man, folk는 문맥상의 의미로 보아 단수 또는 복수로 쓰이는데 서술형용사의 어미도 이에 따라 결정된다.

Man var enig/enig**a** om beslutet. 그 결정에 합의했다.

Man var tvungen/tvungn**a** att göra något. 무엇인가를 하지 않으면 안되었다.

Folk är mer intresserad**e** av idrott än politik. 사람들은 정치보다 스포츠에 더 관심이 많다.

Svenska folket är uttråkad**e**. 스웨덴 사람들은 재미가 없다.

다만 folk 앞에 부가어가 오면 단수형으로 취급한다.

vanlig**t** folk 보통 사람들 (vanliga folk가 아님)

lite(**t**) folk 적은 사람들 (få folk가 아님)

ung**t** folk 젊은 사람들 (unga folk가 아님)

⑤ 중성형 주어가 사람을 표시할 때는 서술형용사는 통성어미(-Ø)를 취하며, 이를 받는 대명사는 han 또는 hon으로 한다. 이는 예외적으로 자연성이 문법성을 압도하는 경우이다.

Det unga statsrådet var **säker** på sin sak. **Hon** hade läst på. 젊은 각료는 자신의 일에 대해 확실히 알고 있었다. 그녀는 그것을 충분히 검토했다.

Affärsbiträdet blev **orolig**. **Han** hade stulit pengar. 가게 점원은 불안해졌다. 그는 돈을 훔쳤다.

3.3 형용사어미 변화표 (Schema över adjektivet och dess böjnings-mönster)

위에서 설명한 형용사의 용법에 따른 어미 변화를 정리하면 아래와 같다.

[도표1]

	부가적 용법		술어적 용법
	부정형	정형	
	(단수)	(단수)	(단수)
통성	en dyr_ bil	den dyr**a** bilen	En bil / Bilen ⎤ är dyr_.
중성	ett billig**t** hus	det billig**a** huset	Ett hus / Huset ⎤ är billig**t**.
	(복수)	(복수)	(복수)
통성	två dyr**a** bilar	de dyr**a** bilarna	Två bilar / Bilarna ⎤ är dyr**a**.
중성	två billig**a** hus	de billig**a** husen	Två hus / Husen ⎤ är billig**a**.

주의 현재분사, 과거분사도 흔히 명사 앞에서 형용사처럼 쓰인다. 현재분사를 만드는 방법에 대해서는 동사 6.3.8의 ①을, 과거분사는 ②을 각각 참조하라. 현재분사의 어미는 변하지 않는다.

ett nybygg**t** hus 새로 지은 집

ett skrik**ande** barn 우는 아이

den målad**e** dörren 칠을 한 문

den köpt**a** bilen 구입한 자동차

en nybygg**d** villa 새로 지은 단독주택

en gå**ende** docka 걷는 인형

det målad**e** huset 칠을 한 집

den stängd**a** dörren 닫힌 문

3.4 불규칙 형용사 (Adjektiv med oregelbunden böjning)

3.4.1 중성단수(부정형) 어미를 붙일 때 유의할 점

① 강세모음으로 끝나는 형용사는 중성단수에서 -tt를 붙인다. 이때 앞 모음은 짧아진다.

통성	중성	복수
blå 푸른	blått	blåa
fri 자유의	fritt	fria
ny 새로운	nytt	nya
grå 회색의	grått	gråa
slö 태만한	slött	slöa
rå 날것의	rått	råa

② 비강세 어미 en-으로 끝나는 형용사는 n-을 떼고 -t를 붙인다.

통성	중성	복수
öppen 열린	öppet	öppna
liten 작은	litet	små
egen 자기의	eget	egna
trogen 충실한	troget	trogna

③ 자음 +t로 끝나는 형용사는 중성형에서 -t를 더 붙이지 않는다.

통성	중성	복수
fast 견고한	fast	fasta
brant 가파른	brant	branta
stolt 자랑스런	stolt	stolta
svart 검은	svart	svarta

④ 장모음 +t로 끝나는 단음절 형용사에는 -t를 하나 더 붙인다. 그 결과 앞 모음은 짧아진다.

통성	중성	복수
vit 하얀	vitt	vita
söt 단맛의	sött	söta
blöt 젖은	blött	blöta

het 더운	hett	heta
våt 축축한	vått	våta

⑤ 기본형이 -tt로 끝나는 형용사는 중성형도 같은 형태를 가진다.

통성	중성	복수
lätt 가벼운, 쉬운	lätt	lätta
trött 피곤한	trött	trötta
matt 연약한	matt	matta

⑥ 자음+d로 끝나는 형용사는 중성형에서 -d를 떼고 -t를 붙인다.

통성	중성	복수
blind 장님의	blint	blinda
mild 온화한	milt	milda
hård 단단한	hårt	hårda
rund 둥근	runt	runda
ond 악한	ont	onda
vild 야생의	vilt	vilda

⑦ 장모음+d로 끝나는 형용사는 중성형에서 -d 대신 -tt를 붙인다.

통성	중성	복수
bred 넓은	brett	breda
röd 빨간	rött	röda
glad 기쁜	glatt	glada
god 좋은	gott	goda

⑧ -nn으로 끝나는 형용사는 중성형에서 뒤의 -n을 떼어 버리고 -t를 붙인다.

통성	중성	복수
sann 진실의	sant	sanna
tunn 얇은	tunt	tunna
grann 화려한	grant	granna

⑨ 다음 형용사는 중성 단수 부정형으로는 쓰이지 않는다.

lat 게으른, rädd 두려운, höger 오른편의, vänster 왼편의, norra 북쪽의, södra 남쪽의

3.4.2 형용사에 복수어미, 정형어미를 붙일 때 유의할 점

① 비강세 또는 약강세 음절 -al, -el, -en, -er로 끝나는 형용사는 복수어미와 정형어미 -a를 붙일 때 자음 앞의 모음을 생략한다. 이는 음절이 하나 더 늘어나는 것을 피하기 위해서이다.

통성	복수/정형
gammal 늙은	gaml**a** (m이 하나인 점에 유의)
ädel 고귀한	ädl**a**
mogen잘 익은	mogn**a**
tapper 용감한	tappr**a**
vaken 잠깬	vakn**a**

② liten (작은)의 변화

부정형
- en liten flicka (통성) 작은 소녀
- ett lite**t** barn (중성) 작은 아이
- två **små** flickor (barn) (복수) 두명의 작은 소녀들(아이들)

정형
- den **lilla** flickan (통성) 그 작은 소녀
- det **lilla** barnet (중성) 그 작은 아이
- de **små** flickorna (barnen) 그 작은 소녀들(아이들)

③ 남성을 표시하는 형용사에는 **-a** 대신에 옛 남성어미 **-e**를 붙인다.

(a) 감탄문, 시구 (詩句), 연설 따위에 나오는 호칭에서.

God**e** gud! 아이구 큰 일이야!

Kär**e** vän (Sven)! 다정한 벗 (스벤)에게!

그러나 Kär**a** Eva! 여성명사 앞에서

(b) 명사처럼 쓰이는 형용사 끝에.

den blind**e** 맹인, den gaml**e** 노인

그러나 den blind**a** 여자맹인, den gaml**a** 노파

(c) 인명 다음에 와서 칭호처럼 쓰이는 형용사에.

Peter den stor**e** 페테르 대제, Erik den helig**e** 성(聖) 에릭

그러나 Katarina den stor**a** 카타리나 대제(여황제)

3.4.3 항상 변화하지 않는 형용사

다음 형용사들은 뒤에 오는 명사의 성, 수, 부정형, 정형에 상관없이 언제나 같은 형태로 쓰인다.

① **-a, -e, -s**로 끝나는 형용사.

bra 좋은, stilla 조용한, äkta 진짜의, udda 홀수의, samtida 당대의, nutida 현대의, forntida 옛날의, extra 가외의, gängse 현행의, öde 황량한, ense 일치된, inbördes 상호의, gammaldags 구식의, stackars 가엾은

보기 en bra karl 좋은 사나이, ett bra svar 훌륭한 대답, en stilla afton 조용한 저녁, ett samtida dokument 당대의 기록물, gängse priser 현행 가격, en öde ö 황량한 섬, stackars barn! 가엾은 아이, stackars människor! 불쌍한 사람들, det nutida Stockholm 현재의 스톡홀름, medelålders biträde 중년의 보조원

② 형용사로 쓰이는 현재분사 **(-ande, -ende)**

ett lekande barn 노는 아이

en talande docka 말하는 인형

en gående person 걸어가는 사람

den hotande katastrofen 위협적인 재난

③ 기타

fordom 옛날의, fjärran 먼, fordomdags 옛날에, i fjärran land 먼 나라에

3.4.4 형용사의 소유격

형용사가 명사로 쓰일 때는 소유격의 **-s**를 붙일 수 있다.

den okände**s** ansikte 낯선 사람의 얼굴

Han är de fattiga**s** vän. 그는 가난한자들의 친구다.

Vi tror på det goda**s** slutliga seger. 우리는 선(善)의 최후 승리를 믿는다.

3.5 형용사의 부정형과 정형이 쓰이는 자리
(Adjektivets obestämda form och bestämda form efter vissa ord)

형용사는 명사 앞에서는 **부가적**(attributiv)으로 사용되고 (en **stor** båt), 동사 뒤에서는 **술어적**(predikativ)으로 사용된다 (båten är **stor**). 술어적으로 쓰일 때는 항상 부정형어미 (obestämd form)를 취한다(3.2 참조). 그러나 부가적으로 쓰일 때는 부정형어미를 취할 때도 있고, 정형어미(bestämd form)를 취할 때도 있다 (3.1 참조).

3.5.1 부정형 어미를 취할 때

명사가 부정형일 때(어말관사가 없을 때) 이를 수식하는 형용사는 부정형 어미를 취하며 특히 아래의 품사들 다음에 오는 형용사는 반드시 부정형 어미를 취한다. 보기는 3.5.4의 [도표2] 참조.

① 부정관사	en, ett
② 수사	två, tre, fem
③ 부정대명사	någon, ingen, varje
④ 의문대명사	vilken, vilket

3.5.2 정형어미를 취할 때

명사가 정형일 때(어말관사를 가질 때) 이를 수식하는 형용사는 **정형어미(-a)**를 취한다. 그리고 지시대명사 den här, det här, de här 와 den där, det där, de där 다음에 오는 형용사도 정형어미를 취한다.

katolsk**a** kyrkan 가톨릭 교회	svensk**a** folket 스웨덴 국민
den här stor**a** tårtan 이 커다란 케이크	den där röd**a** boken 저 붉은 책
det här vit**a** huset 이 하얀 집	de där ny**a** skorna 저 새 구두

3.5.3 명사는 부정형, 형용사는 정형어미를 취할 때

① 소유대명사 / 명사의 소유격 / 관계대명사 소유격 / 다음에서

hans stor**a** våning 그의 큰 아파트

flickans röd**a** klänning 소녀의 빨간 옷

Damen, vars lill**a** hund skäller hela dagen, är stendöv. 하루 종일 짖어대는 저 작은 개의 안주인은 완전히 귀가 먹었다.

주의 형용사 egen(자기의)은 소유격 다음에서도 부정형어미를 취한다. (그 이유는 정형어미 -a를 붙여 egna로 하면 단수형, 복수형의 구별이 없어지기 때문이나.)

hans ege**n** våning 그 자신의 아파트

vårt ege**t** hus 우리들 자신의 집

deras ege**t** fel 그들 자신의 과오

mina egn**a** böcker 내 자신의 책들 (egna는 복수형)

② 한정대명사 den … som, det … som, de … som의 구문에서

주의 den/det/de과 som 사이에 오는 명사에는 어말관사가 붙지 않는다.

den stor**a** bil som jag köpte i går 내가 어제 산 큰 자동차

det fin**a** hus som såldes förra veckan 지난주에 팔린 좋은 집

③ 형용사 följande 'the following', nästa 'the next', samma 'the same' 다음에서

följande god**a** idé 다음과 같은 좋은 생각

nästa gul**a** hus 다음 번 노란 집

samma röd**a** klänning 똑같은 빨간 옷

④ 감탄문에서 인칭대명사 다음에

Jag olycklig**a** människa! 불행한 이 사람

Du gaml**a**, du fri**a** 오랜 역사, 오랜 자유 (스웨덴 애국가 가사)

⑤ 호칭이나 편지 첫머리에

Kär**a** (kär**e**) vän! 친애하는 벗　　Kär**a** du! 사랑하는 당신에게!

Bäst**a** fru Andersson! 경애하는 안데숀씨 부인께!

⑥ 수사(서수)나 그와 비슷한 말이 형용사처럼 쓰여 부정관사 다음에 올 때

en först**a** början 처음 시작　　ett andr**a** pris 두 번째 상

en sist**a** hälsning 마지막 인사

3.5.4 수식어의 유형에 따른 형용사의 어미 변화

형용사의 부정형, 정형이 쓰이는 자리 (수식어+형용사+명사)

[도표2]

통성		중성		복수(양성동일)	
I. 형용사 부정형+명사 부정형					
en ingen någon en annan en sådan vilken	fin bil	ett inget något ett annat ett sådant vilket	fin**t** hus	två inga några andra sådana vilka flera alla få	fin**a** bilar fin**a** hus
II. 형용사 정형+명사 정형					
den den här den där	fin**a** bil**en**	det det här det där	fin**a** hus**et**	de de här de där	fin**a** bilar**na** fin**a** hus**en**
III. 형용사 정형+명사 부정형					
min hans mannens Peters vars denna samma nästa följande föregående	fin**a** bil	mitt hans mannens Peters vars detta samma nästa följande föregående	fin**a** hus	mina hans mannens Peters vilkas dessa samma nästa följande föregående	fin**a** bilar fin**a** hus

3.5.5 형용사의 정관사(독립정관사) den, det, de을 생략할 경우

① 지명, 지역 이름 앞에서

Engelska kanalen 영국해협 the English Channel

Förenta staterna 미합중국 the United States

Atlantiska oceanen 대서양 the Atlantic Ocean

Svarta havet 흑해 the Black Sea

Stilla havet 태평양 the Pacific Ocean

Koreanska halvön 한반도 the Korean Peninsula

Södra Sverige 남부 스웨덴 the South of Sweden

Vilda västern 광야의 서부 the Wild West

Gamla stan 가믈라스탄 (Stockholm의 옛 시가지)

② 기관명이나 제목 앞에서

Kungliga slottet 궁성 the Royal Palace

Svenska Akademien 스웨덴 학술원 the Swedish Academy

Skandinaviska Banken 스칸디나비아 은행 the Scandinavian Bank

Tekniska högskolan 공과대학 the Technical College

Vita huset 백악관 the White House (비교 : 하얀 집)

Röda korset 적십자사 the Red Cross

Första kapitlet 제1장 Chapter 1

Franska revolutionen 프랑스 혁명 the French Revolution

③ hela (전부의, 모든), halva (절반의), dubbla (이중의, 두배의). förra (이전의, 전번의), sista (마지막의), själva (자신의), båda (양쪽의) 따위 형용사 앞에서

Han sov hela dagen. 그는 온종일 잤다.

Halva huset brann ner. 집이 반쯤 불에 탔다.

Jag har betalt dubbla summan. 나는 갑절이나 지불했다.

Hon var där förra veckan. 그녀는 지난 주에 거기에 있었다.

Båda pojkarna kan simma. 사내애들은 둘 다 수영을 할 수 있다.

그러나 hela, halva, båda 뒤에 다른 형용사가 이어질 때는 둘째 번 형용사 앞에다 독립정관사를 붙인다.

hela **den** svensk**a** nation**en** 스웨덴 전국

halva **den** norsk**a** befolkning**en** 노르웨이 인구 절반

båda **de** ny**a** sängar**na** 새 침대 둘 다

반면에 명사가 부정형이면 형용사 앞에 부정관사를 붙인다.

Det tog **en** hel dag. 그 일은 온종일 걸렸다.

Han har bott **ett** helt år i Stockholm. 그는 스톡홀름에서 꼬박 일년을 살았다.

3.5.6 독립관사와 어말관사의 생략

아래 어구에서는 독립정관사와 명사의 어말관사를 모두 생략한다.

på följande sätt 다음과 같은 방법으로

på samma gång 동시에

nästa vecka/år 다음 주/해

med största nöje 아주 기쁘게

utan minsta svårighet 조금도 어려움 없이

ovannämnda adress 위에 언급한 주소

nedan angivna dag 아래 제시한 날짜

närslutna skrivelse 동봉한 통지문

3.5.7 국명 및 국명 표시 형용사 (독립관사와 어말관사의 생략)

국명	국명표시 형용사	남자	여자	언어
Amerika (미합중국)	amerikansk	en amerikan	en amerikanska	
Belgien (벨기에)	belgisk	en belgier	en belgiska	
Brasilien (브라질)	brasiliansk	en brasilian	en brasilianska	
Danmark (덴마크)	dansk	en dansk	en danska	danska
England (영국)	engelsk	en engelsman	en engelska	engelska
Finland (핀란드)	finsk	en finne	en finska	finska
Frankrike (프랑스)	fransk	en fransman	en fransyska	franska

Holland (네덜란드)	holländsk	en holländare	en holländska	holländska
Iran(이란)	iransk	en iranier	en iranska	iranska (=persiska)
Irland (아일랜드)	irländsk	en irländare	en irländska	irländska
Island (아이슬란드)	isländsk	en isländare	en isländska	isländska
Italien (이탈리아)	italiensk	en italienare	en italienska	italienska
Japan (일본)	japansk	en japan	en japanska	japanska
Kanada (캐나다)	kanadensisk	en kanadensare	en kanadensiska	
Kina (중국)	kinesisk	en kines	en kinesiska	kinesiska
Korea (한국)	koreansk	en korean	en koreanska	koreanska
Nordkorea (북한)				
Sydkorea (남한)				
Norge (노르웨이)	norsk	en norrman	en norska	norska
Polen (폴란드)	polsk	en polack	en polska	polska
Ryssland (러시아)	rysk	en ryss	en ryska	ryska
Schweiz (스위스)	schweizisk	en schweizare	en schweiziska	
Spanien (스페인)	spansk	en spanjor	en spanska	spanska
Sverige (스웨덴)	svensk	en svensk	en svenska	svenska
Tyskland (독일)	tysk	en tysk	en tyska	tyska
Ungern (헝가리)	ungersk	en ungrare	en ungerska	ungerska
Österrike (오스트리아)	österrikisk	en österrikare	en österrikiska	

3.6 형용사의 비교 (Adjektivets komparation)

형용사는 성질, 상태의 정도를 나타내기 위해 그 모양을 바꾸는데 이를 형용사의 비교 (komparation)라 하며, 비교 방식에는 원급 (positiv), 비교급 (komparativ), 최상급 (superlativ) 세 가지가 있다. 형용사의 비교방식을 유형별로 나누어 보면 아래와 같다.

3.6.1 비교형 -are, -ast

원급(통성)에 **-are, -ast**를 붙이어 각각 비교급, 최상급을 만든다. 이때 비교급, 최상급의 음조는 Accent II이다(1.7 (2)의 ③ 참조).

원급	비교급	최상급
rik 부유한	rik**are**	rik**ast**
billig 값싼	billig**are**	billig**ast**
dum 우둔한	dumm**are**	dumm**ast**

주의

(a) 비강세음절 -el, -en, -er로 끝나는 형용사는 e-를 떼고 -are, -ast를 붙인다.

adel 고귀한	ädl**are**	ädl**ast**
trogen 충실한	trogn**are**	trogn**ast**
vacker 아름다운	vackr**are**	vackr**ast**
enkel 간단한	enkl**are**	enkl**ast**

(b) 비강세의 -a도 떼어 버리고 -are, -ast를 붙인다.

ringa 사소한, 보잘것없는	ring**are**	ring**ast**

3.6.2 비교형 -re, -st

원급에 **-re, -st**를 붙이어 비교급, 최상급을 만든다. 형용사의 어간모음이 변하는 것(omljud)이 특징이다.

원급	비교급	최상급
stor 큰	stör**re**	stör**st**
ung 어린, 젊은	yng**re**	yng**st**
låg 낮은	läg**re**	läg**st**
lång 긴	läng**re**	läng**st**
tung 무거운	tyng**re**	tyng**st**
hög 높은	hög**re**	hög**st**
få 소수의	fär**re**	
små 작은	smär**re**	

3.6.3 불규칙적 비교형

다음 형용사들은 불규칙적인 비교형을 가지고 있다.

god/bra 좋은	bättre	bäst
	godare①	godast
dålig 나쁜	sämre	sämst
	värre②	värst
gammal 늙은, 오래된	äldre	äldst
liten 작은	mindre	minst
många 많은(수)	fler(a)	de flesta
mycken 많은(양)③	mer(a)	mest [ɛ]④
nära 가까운	närmare	närmast

① 음식의 맛이 좋다고 할 때는 godare, godast를 쓴다.

② sämre, sämst는 좋은 점을 기준으로 비교할 때 쓰고 värre, värst는 나쁜 점을 기준으로 비교할 때 쓰인다.

보기 Eva var sjuk igår. 에바는 어제 아팠다.
I dag är hon sämre. 그녀는 오늘 더 아프다.
Kalle är svår att ha i klassen. 칼레는 반에서 골칫거리다.
Han är t.o.m. värre än sin bror. 그 애는 자기 형보다 더하다니까.
Kalle är den värsta eleven i klassen. 칼레는 반에서 제일 나쁜(골치 아픈) 학생이야.

③ mycken은 다음에 오는 명사의 성, 수에 관계없이 주로 중성 단수형인 mycket [mykə]로 사용된다.

보기 mycket vin 다량의 포도주
mycket mat 많은 음식
mycket folk 많은 사람들

④ mest (den mesta, det mesta)는 단수명사와 함께, de flesta는 복수명사와 함께 쓰인다.

보기 den mesta tobaken 대부분 잎담배, den mesta tiden 대부분 시간
de flesta pojkar 대다수 소년들
de flesta passagerarna 대다수 승객들

3.6.4 -ad, -ande / -ende, -isk

-ad, -ande / -ende, -isk로 끝나는 형용사와 형용사로 쓰이는 분사를 비교할 때는 앞에다 **mera, mest**를 붙여서 비교급, 최상급을 각각 만든다(과거분사의 어미변화는 6.3.8의 ② 참조).

원급	비교급	최상급
älskad 사랑스러운	mera älskad	mest älskad
intresserad 흥미 있는	mera intresserad	mest intresserad
tröttande 피로하게 하는	mera tröttande	mest tröttande
förstående 이해심 있는	mera förstående	mest förstående
typisk	mer(a) typisk	mest typisk

주의 열등(劣等) 비교에 있어서는 **mindre** (liten의 비교급), **minst** (liten의 최상급)를 형용사 앞에 붙인다.

dyr 비싼　　mindre dyr 덜 비싼　　minst dyr 가장 덜 비싼

3.6.5 원급은 없고 비교급, 최상급만 가진 형용사

원급	비교급	최상급
____	främre 앞쪽의	främst 맨 앞쪽의
____	bakre 뒤쪽의	bakerst 맨 뒤쪽의
____	inre 안쪽의	innerst 맨 안쪽의
____	yttre 겉쪽의	ytterst 맨 겉쪽의
____	nedre 아래쪽의	nederst 맨 아래쪽의
____	övre 위쪽의	överst 맨 위쪽의

예문 De sitter på **främre** parkett. 그들은 극장의 앞 좌석에 앉아있다.

Yttre Mongoliet ligger öster om Ryssland. 외몽고는 러시아의 동쪽에 위치해 있다.

Det finns ett tryckfel på (den) **översta** raden. 맨 윗줄에 오자(誤字)가 하나 있다.

3.6.6 비교구문 형식

① **동등 긍정구문에는 'lika + 원급 + som' 을 쓴다.**

Han är **lika** lång **som** jag. 그는 나만큼 크다.

Min far är **lika** gammal **som** din. 나의 아버지는 너의 아버지와 연세가 같다.

Han kom **samma** dag **som** du åkte iväg. 그는 네가 떠나던 그날에 왔다.

② 동등 부정구문에는 'inte (icke) så + 원급 + som'을 쓴다.

Han är **inte så** lång **som** jag. 그는 나만큼은 크지 않다.

③ 차등구문에는 '비교급 + än'을 쓴다.

Han är **längre än** jag. 그는 나보다 키가 더 크다.

Sverige är **större än** Danmark. 스웨덴은 덴마크보다 더 크다.

주의

(a) 비교구문에서는 영어처럼 보통 술어동사를 생략하는데 인칭대명사는 주격을 쓰는 것이 원칙이나 구어체에서는 특히 1인칭과 2인칭에서 목적격을 사용하기도 한다.

Du är yngre än **jag/mig**. 너는 나보다 더 나이가 어리다.

Jag är lika glad som **du/dig**. 나는 너와 똑같이 기쁘다.

그러나 술어동사가 생략되지 않으면 인칭대명사는 주격을 사용해야 한다.

Du är yngre än **jag är**.

Jag är lika glad som **du är**.

(b) 3인칭의 소유관계를 나타내는 비교구문에서는 술어동사가 생략되면 재귀 소유대명사를 쓰고 술어동사가 나타나면 인칭대명사의 소유격을 쓴다.

Han är längre än **sin** fru. 그는 자기 아내보다 더 크다.

Hon skrev mer än **sin** bror. 그녀는 자기 동생보다 편지를 더 많이 쓴다.

Han är längre **än hans fru är**.

Hon skrev mer än **hennes bror gjorde**.

④ '~하면 할수록 더 ~하다'의 구문은 'ju + 비교급~desto + 비교급' 을 사용한다.

Ju längre **desto** (dess) bättre. 길면 길수록 더 좋다.

Ju mer man har, **desto** (dess) mer vill man ha. 많이 가질수록 더 원한다.

3.7 비교급과 최상급의 모양 (Komparativ-och superlativformer)

3.7.1 비교급의 모양 (Komparativformer)

비교급의 모양은 성, 수, 부정형, 정형, 부가적 위치, 술어적 위치에 상관없이 항상 일정하다.

① 부가적 위치

	부정형	정형
단수	en vackr**are** blomma 더 예쁜 꽃	den vackr**are** blomman
	ett vackr**are** rum 더 아름다운 방	det vackr**are** rummet
복수	vackr**are** blommor 더 예쁜 꽃들	de vackr**are** blommorna
	vackr**are** rum 더 아름다운 방들	de vackr**are** rummen

② 술어적 위치

Vår skola är äld**re** och stör**re**. 우리 학교가 더 오래되고 크다.

Mitt hus är äld**re** och stör**re**. 내 집이 더 오래되고 크다.

Dessa blommor är vackr**are**. 이 꽃들이 더 예쁘다.

3.7.2 최상급의 모양 (Superlativformer)

최상급의 모양은 부정형과 정형 두 가지가 있다.

① 부정형(obestämd form)

최상급의 부정형은 성, 수에 관계없이 형용사의 원급에 **-ast** 또는 **-st**를 붙이며, 이것은 단지 술어적 위치에서만 사용된다.

Blomman är vackr**ast**. 그 꽃은 가장 아름답다.

Rummet är vackr**ast**. 그 방은 가장 아름답다.

Blommorna är vackr**ast**. 그 꽃들은 가장 아름답다.

De här äpplena är mogn**ast**. 이 사과들이 제일 잘 익었다.

Det där trädet är hög**st**. 저 나무가 제일 높다.

② 정형(bestämd form)

최상급이 **-ast**로 끝날 때는 성, 수에 관계없이 정형어미 **-e**를 붙이고, **-st**로 끝날 때는 **-a**를 붙인다. 정형은 원칙적으로 부가적 위치에서만 사용된다.

den vackr**aste** blomman 가장 아름다운 꽃

det vackr**aste** rummet 가장 아름다운 방

de vackr**aste** blommorna 가장 아름다운 꽃들

den stör**sta** sjön 가장 큰 호수

det stör**sta** landet 가장 큰 나라

de stör**sta** sjöarna 가장 큰 호수들

③ 최상급이 술어적으로 쓰일 경우라도 때로는 정형변화를 하는데, 특히 뒤에 형용절이나 형용구가 올 때는 반드시 정형어미를 취한다.

Den här blomman är den vackr**aste**. 이 꽃은 가장 아름다운 것이다.

Det där berget är det hög**sta**. 저 산은 가장 높다. The mountain is the tallest.

De här blommorna är de vackr**aste** jag har sett. 이 꽃들은 내가 본 것 중에서 가장 아름답다.

Den sjön är den stör**sta** i Sverige. 그 호수는 스웨덴에서 가장 큰 것이다.

④ 몇몇 관용어구에서는 최상급이 부정형명사와 함께 쓰이며 동시에 독립정관사도 앞에 붙이지 않는다. 이를 가리켜 절대최상급이라고 부른다.

i bästa (värsta) fall 최선(최악)의 경우에, 기껏해야

i första hand 우선, 맨 먼저

i högsta grad 상당히

i sista hand 마지막으로, 최후로

i minsta detalj 아주 작은 데까지

med största nöje 아주 기꺼이

med varmaste hälsningar 다정한 안부를 전하며 (편지를 끝맺을 때 쓰는 인사말, with warmest greetings)

3.7.3 절대 비교급 (Absolut komparativ)

실제 비교의 뜻은 없고 ‘비교적 큰 편’ 이라든가 ‘비교적 약한 편’ 이라고 표현할 때 쓰는

비교급을 절대비교급이라고 한다.

en läng**re** tid 상당한 시간 | ett stör**re** belopp 상당한 액수

en yng**re** herre 좀 젊은 신사 | en äld**re** dam 나이 든 부인

3.8 형용사의 명사화 (Adjektivets substantiviska användning)

3.8.1 형용사가 단독으로 쓰일 때

<단수>

en bekant 아는 사람

en anhörig 직계가족 한 사람

den blinda/blinde 그 장님(여자/남자)

den sjuka/sjuke 그 환자(여자/남자)

det nya 새로운 것

det kända 알려진 것

det svåraste 가장 어려운 것

<복수>

två bekanta 두 명의 친지

två anhöriga 직계가족 두 사람

de blinda 그 장님들

de rika och de fattiga 부자와 빈자

de sjuka och de friska 병자와 건강한 자

de gamla och de unga 노인과 젊은이

de stora och de små 큰 것들과 작은 것들

3.8.2 명사로 쓰이는 형용사의 소유격 -s

Han är de blinda**s** vän. 그는 장님들의 친구다.

Tänk på de fattiga**s** väl! 가난한 자들의 복지를 생각해 보시오.

den okände**s** ansikte 저 낯선 사람의 얼굴

Karl den store**s** rike 칼 대제의 제국

Erik den helige**s** död 성(聖) 에릭의 죽음

3.9 옛 격어미의 잔존형 (Kvarstående gamla kasusändelser)

명사의 경우와 같이 형용사에도 몇몇 관용어구에서 옛 격어미의 잔존형이 남아 쓰이는 예가 있다.

① 옛 남성 단수 대격 (ackusativ) -an

på ljus**an** dag 대낮에, i rätt**an** tid 제 시간에,
i ljus**an** låga 활활 타오르는

② 옛 중성 단수 여격 (dativ) o

Håll till god**o**! 자 드시오, i god**o** 우호적으로, i all**o** 모든 점에서,
till full**o** 완전히, 가득히

③ 소유형용사의 옛 남성 단수 여격 om

i sin**om** tid 제 때에

3A. LÄSNING (강독)

Lund eller Stockholm?

Elizabeth Rönmark bor hos sina föräldrar utanför Eskilstuna.[(1)] Hon är mycket intresserad av konst och vill bli arkitekt eller inredningsarkitekt.

Häromdagen fick hon svar på sin ansökan om studieplats. På Tekniska Högskolan i Stockholm kommer hon inte in, men hon kan få börja på arkitekturlinjen i Lund(fotnot) i stället. Hon kan också få plats på en kurs i konstvetenskap på Stockholm universitet.

Det är ett svårt val: antingen arkitektur i Lund[(2)] eller konstvetenskap i Stockholm! Hon diskuterar frågan med sina föräldrar och vänner. Stockholm är förstås mycket större än Lund. Det finns mycket fler affärer, biografer, teatrar, muséer, diskotek osv. i Stockholm. Dessutom är det närmare hem till Eskilstuna. Å andra sidan är allting troligen dyrare i Stockholm, och resorna[(3)] längre. I Lund kan man alltid cykla till centrum på mindre än 15 minuter. Lund är äldre, mindre och lugnare. Staden har 94,000 invånare och ca 44,000 studenter. Studenterna märks[(4)] alltså mycket mer i Lund än i Stockholm och man träffar oftare bekanta ute på stan. Kanske känner man sig mindre isolerad i en liten stad. Vidare ligger Lund längre söderut, så våren kommer tidigare och sommaren är längre.

Ibland är livet kanske tråkigt och händelselöst i en småstad som Lund, men då kan man ju åka till Köpenhamn. Där finns det ännu fler konserter, utställningar och nöjen[(5)] än i Stockholm. Tyvärr känner Elizabeth inte en enda människa i Lund. Däremot har hon många bekanta i Stockholm. Hon börjar nog läsa i Stockholm i alla fall. Men hon är inte säker ännu. Är inte arkitekturlinjen nyttigare ändå? Hjälp! Vem kan ge henne ett gott råd?

도움말

이 글에서는 여러 종류의 비교급이 많이 쓰이고 있다. 용법의 차이에 유의할 필요가 있다. 스웨덴의 대학 입시는 내신성적을 근거로 여러 대학의 계열학과에 복수 지원할 수 있다.

(1) Eskilstuna : 수도 Stockholm으로부터 서쪽으로 116km 떨어진 Mälaren호수의 서쪽 끝에 위치한 중소 공업도시, 인구 약 70,000.

(2) Lund : 스웨덴 남부의 대학도시, Lund대학은 Uppsala대학 다음으로 오래된 중세 대학으로 1668년에 창립되었다.

(3) 여기서 resor는 '여행'이 아니고 '통학거리'를 의미한다.

(4) märks는 märka의 현재수동으로 '눈에 뜨인다' 는 뜻.

(5) 오락 또는 향락거리.

3B. GRAMMATIKÖVNING (문법문제)

1. 주어진 형용사, 명사의 올바른 형을 써넣으시오.

1) svart, väska	Varifrån kommer den där ______________________?
2) ny, bil	Hur går din ______________________?
3) gammal, kavaj	Han har alltid samma ______________________.
4) vacker, flickvän	Vad heter Olles ______________________?
5) ung, lärare	Vi ska få en ______________________ i svenska.
6) spansk, lexikon	Var kan jag hitta ett ______________________?
7) blå, skjorta	Jag har kastat mina ______________________.
8) nybyggd, hotell	Vad heter det ______________________ på Stortorget?
9) snäll, mamma	Har du träffat hans ______________________?
10) underbar, villa	De har en ______________________.
11) färsk, fisk	Har ni ______________________?
12) grön, matta	Vems är den där ______________________?
13) koreansk, elev	Har du någon ______________________ i din klass?
14) brun, stol	Har du sett de ______________________ här?
15) gul, hus	Vi bor i ett av de ______________________ på Bygatan.
16) liten, barn	Olle och Ida har tre ______________________.
17) varm, tröja	Har du ingen ______________________ som jag kan få låna?
18) röd, sko	Var är mina ______________________?
19) vänlig, man	Har du träffat Lenas ______________________?
20) dum, fråga	Jag är trött på alla ______________________.

2. 주어진 형용사, 명사의 올바른 형을 써넣으시오.

Ett klassfoto

1) gammal, foto - Titta här, Jonas. Här är mitt ______________.

Kan du gissa vilken flicka jag tyckte bäst om?

2) ljus, hår - Var det hon där? Hon med det ______________?

- Nej, det var det inte.

3) rutig, jacka - Men då var det hon där borta med den ______________?

- Nej, det är också fel!

4) stor, glasögon - Då måste det vara hon med de ______________!

- Hon till höger?

- Nej, nej, nej! Helt fel!

- Jag ger upp! Vem var det?

5) stor, röd, mun - Hon där till vänster med den ______________.

6) vit, klänning och den ______________.

7) stor, kärlek Det var min ______________. Hon gifte sig sen med

8) bäst, elev skolans ______________. Och det var inte jag! Tyvärr!

3. 주어진 형용사의 비교급을 써넣으시오.

1) kort Det är ______________ väg till apoteket än till fruktaffären.

2) lång Det är ______________ väg till fruktaffären än till apoteket.

3) billig Den här asken är ______________ än den där.

4) dyr Den där asken är ______________ än den här.

5) gammal Lundberg är två år ______________ än Nordkvist.

6) ung Nordkvist är två år ________________ än Lundberg.

7) varm Det är ________________ på sommaren än på vintern.

8) kall Det är ________________ på vintern än på sommaren.

9) bra Han kände sig ________________ före festen än efter.

10) dålig Han kände sig ________________ efter festen än före.

11) tung Det stora paketet är ________________ än det lilla.

12) stor Vår våning är ________________ än deras.

13) liten Deras våning är ________________ än vår.

14) hög Uppsala domkyrka är ________________ än Storkyrkan.

15) låg Storkyrkan är ________________ än Uppsala domkyrka.

4. 주어진 형용사의 최상급을 써넣으시오.

보기 billig Den här asken än billig**ast**.

Den billig**aste** asken kostar 20 kronor.

1) dyr Den här asken är ________________.

Den ________________ asken kostar 50 kronor.

2) stor Asken med 100 tabletter är ________________.

Den ________________ asken innehåller 100 tabletter.

3) djup Vilken sjö är ________________ i Sverige?

Den ________________ sjön i Sverige heter Hornavan.

4) ung Birgitta är ________________.

Fru Ströms ________________ flicka heter Birgitta.

5) varm Det är ________________ i juli.

	Den ________ månaden är juli.
6) kall	Det är ________ i januari.
	Den ________ månaden är juli.
7) gammal	Vilket universitet är ________ i Sverige?
	Sveriges ________ universitet ligger i Uppsala.
8) hög	Vilket fjäll är ________ i Sverige?
	Det ________ fjället i Sverige heter Kebnekaise.
9) bra	Vilket TV-program var ________?
	Det ________-programmet var en pjäs av Pär Lagerkvist.
10) dålig	Vilken film var ________?
	Den där spökhistorien var världens ________ film.

5. 주어진 불규칙 형용사의 알맞은 형을 써넣으시오.

보기 öppen	Det är öppet
1) naken	Ett ________ barn.
2) rutten	Usch, äpplet är ________.
3) egen	Min flicka har ________ rum.
4) stulen	Mitt pass är ________.
5) öppen	Affärerna är inte ________.
6) vuxen	Mina barn är ________.
7) mogen	Bananerna är inte ________.
8) vaken	De är inte ________.
9) naken	Vi badade ________.

10) stulen Pengarna är ____________.

11) enkel Problemet är ____________.

12) välkommen Ni är ____________.

13) egen Skriv ____________ meningar.

14) ledsen De var ____________.

15) vissen Blommorna är ____________.

16) galen De är ____________.

17) säker Är ni ____________ på det?

18) blå Havet är ____________.

19) ny Han har ett ____________ lexikon.

20) grå Livet är ____________ ibland.

21) bred Mitt bord är ____________.

22) röd Stopp! Det är ____________.

23) god Åh, det var ____________.

24) vit Min pappa har ____________ hår.

6. 'liten'의 올바른 형을 넣으시오.

1) Åh, jag behöver en ____________ paus.

2) Vi har köpt ett ____________ hus på landet.

3) Var är den ____________ bruna väskan?

4) Min bror har tre ____________ katter hemma.

5) Den här skjortan är för ____________. Jag behöver en större.

6) När barnen var ____________ bodde vi i Gävle.

7) Min ________ dotter är sjuk i dag.

8) Telefonen står på det ________ bordet i sovrummet.

9) Var är de ________ skedarna som vi har till efterrätten?

10) Ditt lexikon är för ________! Du måste köpa ett större.

7. 다음 빈칸에 소유대명사 sin, sitt, sina, hans, hennes, deras 중 하나를 골라 넣으세요.

Tor Löfgren bor med [1]________ fru och [2]________ två pojkar i en modern trerumsvåning i Norrköping. För några år sedan köpte han och [3]________ fru en liten stuga på landet. Varje vårsöndag brukar han åka dit med [4]________ familj. När skolan slutar i juni reser [5]________ fru ut med barnen. Det finns varken vatten, elektriskt ljus eller telefon i [6]________ (their) lilla stuga, men hans fru får hjälp av [7]________ man och av barnen. [8]________ man bär vatten, och pojkarna bäddar [9]________ sängar. Ibland tar Tor [10]________ metspö för att gå och fiska och efter några timmar kommer han med fisk till [11]________ fru. Trots att stugan inte är modern tycker både han och [12]________ familj, att det inte finns något härligare än [13]________ (their) stuga på landet. I augusti börjar skolan, och då måste familjen Löfgren lämna [14]________ sommarparadis och flytta in i [15]________ moderna stadsvåning igen.

3C. ÖVERSÄTTNING (번역작문)

1. 스웨덴은 노르웨이보다 더 크고 인구도 더 많다.

2. 그러나 노르웨이는 산이 더 높고[(1)] 기름도 더 많다.

3. 나와 내 형은 많이 다르다. 그는 나보다 키도 더 크고[(2)] 힘도 더 세다.

4. 한국에서 제일 높은 산은 북한에 있다.

5. 세계에서 가장 추운 곳은 북극지방[(3)]에 있다.

6. 스웨덴은 유럽에서 가장 큰 나라 중에 하나이다.

7. 더 큰 나라는 스페인, 프랑스, 독일뿐이다.

8. 울로프는 자기가 반에서 제일 잘 생기고[(4)] 공부도 잘 한다고 생각한다.

9. 여자아이[(5)]가 사내아이보다 더 착하고, 축구가 배구보다 더 즐겁다.

10. 이 학교에서 누가 노래를 제일 잘 하느냐? 오스카르가 모든 다른 이보다 훨씬 더 잘한다.

11. 네 형제들 중 누가 제일 나이가 많으냐?

12. 내 형이 나이가 제일 많은데 나보다 3살 위이다.

도움말

(1) '더 높은 산' 처럼 비교급으로 표현하면 더 간편하다.
(2) '키가 크다' 는 vara lång.
(3) '북극지방' 은 Arktis.
(4) '잘 생기다, 예쁘다' 에는 남녀 상관없이 vacker를 쓸 수 있다.
(5) 명사가 통칭적으로 쓰여 종류 전체를 가리킬 때는 무관사 복수형(부정형 복수)로 쓰이기도 한다.

호수 위의 스톡홀름 시청사

MEMO

4

수사
Räkneord

4.1 기수와 서수 (Grundtal och ordningstal)

수사에는 기본 수를 나타내는 기수(基數)와 차례를 나타내는 서수(序數)가 있다. 기수는 en/ett를 제외하고는 변화하지 않으며, 형용사 역할을 하지만 모양은 다르다. 한편 서수는 형용사이면서 순서를 표시한다.

4.1.1 기수 (Grundtal)

0 noll [nɔl]
1 en/ett
2 två
3 tre
4 fyra [ˊfyːˋra]
5 fem
6 sex
7 sju [ɧʉː]
8 åtta [ˊɔˋta]
9 nio [ˊniːˋɷ]
10 tio [ˊtiːˋɷ]
11 elva [ˊɛlˋva]
12 tolv [tɔlv]
13 tretton
14 fjorton [ˊfjɷːˋʈɔn]
15 femton
16 sexton
17 sjutton [ˊɧɷːˋʈɔn]
18 arton [ˊɑːˋʈɔn]

19 nitton
20 tjugo [ˊɕʉːˋgə]
21 tjugoen/tjugoett
22 tjugotvå
23 tjugotre
29 tjugonio
30 trettio [ˊtrɛˋti]
35 trettiofem
40 fyrtio [ˊfœˋʈi]
46 fyrtiosex
50 femtio
57 femtiosju
60 sextio
70 sjuttio [ˊɧɷˋti]
80 åttio
90 nittio
99 nittionio
100 (ett) hundra
101 (ett) hundraen

4.1.2 서수 (Ordningstal)

[den] [det]

1. första/ förste
2. andra/ andre
3. tredje [tre:djə]
4. fjärde [fjæ:ɖə]
5. femte
6. sjätte [ˊɧɛtə]
7. sjunde [ˊɧɷndə]
8. åttonde [ɔtɔndə]
9. nionde
10. tionde
11. elfte
12. tolfte
13. trettonde
14. fjortonde
15. femtonde
16. sextonde
17. sjuttonde
18. artonde

[den] [det]

19. nittonde
20. tjugonde [ˊçʉ:ˋgɔndə]
21. tjugoförsta(e)
22. tjugoandra(e)
23. tjugotredje
24. tjugofjärde
30. trettionde
40. fyrtionde
50. femtionde
60. sextionde
70. sjuttionde
80. åttionde
90. nittionde
100. (ett) hundrade
101. hundraförsta
123. hundratjugotredje
456. fyrahundrafemtiosjätte
1000. (ett) tusende

[읽는 법]

123	ett hundra tjugotre
1,000	(ett) tusen
1,567	ettusen femhundra sextiosju
25,348	tjugofemtusen trehundra fyrtioåtta
1,001	(ett) tusenen
10,000	tiotusen

4.2 숫자와 셈 (Räknetalen)

기수와 서수를 활용하여 여러 가지 방법으로 수와 셈을 표시한다.

4.2.1 기수에 -dubbel, -faldig를 붙여 '몇배의' '몇겹의'

tvådubbel, tvåfaldig 2배의, 2중의, tiofaldig 10배의, 10중의

Han är dubbelt så gammal som sin son. 그는 자기 아들보다 나이가 갑절 많다.

Hon är trefaldig svensk mästare. 그녀는 스웨덴의 3중 선수권 보유자이다.

4.2.2 기수에 -tal을 붙여 '약' 의 뜻

ett tiotal elever 약 10명의 학생

ett hundratal personer 약 100여명의 사람

4.2.3 기수에 -tals를 붙여 어림수

tiotals barn 수십명의 아이들

hundratals studenter 수백명의 학생들

tusentals åskådare 수천명의 관중들

4.2.4 분수 (Bråktal)

1/2 en halv/ ett halvt ; en halv kaka 케이크 반쪽, ett halvt äpple 사과 반쪽

1/3 en tredjedel ; en tredjedels meter 3분의 1미터

1/4 en fjärdedel/ en(ett) kvarts ; ett kvarts kilo smör 버터 4분의 1킬로그램

1/8 en åttondel ; åttondelsnot 8분 음표

2/3 två tredjedelar ; Jag har läst två tredjedelar av boken. 나는 그 책의 3분의2를 읽었다.

3/4 tre fjärdedelar/ tre kvarts ; tre kvarts år 9개월

2/7 två sjundedelar

1/20 en tjugondel

1/21 en tjugoendel

8/32 åtta trettiotvåondelar

1 ½ en och en halv (halvannan) ; Jag sov i en och en halv timme. 나는 1시간 반 동안 잤다.

2 ½ två och en halv ; Huset har kostat två och en halv miljon att bygga. 그 집을 짓는 데 250만 (크루나)가 들었다.

분자(täljare)는 **기수**로, **분모**(nämnare)는 **서수+del**로 표시하는데 분자가 1일 때는 분모어미가 -del, 2 이상일 때는 -delar로 된다. 이때 -de로 끝나는 서수는 de를 떼고 -del, -delar를 붙인다. (단 fjärdedel, sjundedel은 예외).

예컨대 tjugonde는 de를 떼고 나서 tjugon에다 -del, -delar를 붙인다. 또한 분모가 21, 32와 같이 1자리 서수가 först, andra일 때는 분모의 숫자를 tjugoen, trettiotvå(n)로 한 다음 -del, -delar를 붙인다. 다시 말해 1/21을 en tjugoförstadel이라고 하지 않는다. 특히 분수 전체를 명사 앞에 오는 수량 형용사로 볼 때는 비록 분자가 2 이상이라도 분모는 -delar라 하지 않고 서수 + dels로 표시한다.

Han äger två tredjedels hyreshus i Gävle. 그는 예블레에 있는 임대주택의 3분지 2를 소유하고 있다.

4.2.5 연대 (年代)

연대는 두 자리씩 끊어 읽는다.

1965 nittonhundra sextiofem 19백 65

1580 femtonhundra åttio 15백 80

세기(世紀)는 기수+talet으로 읽는다.

på 80-talet på åttio-talet, 80년대에

1900-talet 1900년대

4.2.6 날짜는 den+서수

날짜를 표시할 때는 서수 앞에 den을 붙인다.

I dag är (det) den 5(femte) maj. 오늘은 5월 5일이다.

Jag är född den 8(åttonde) mars 1968. 나는 1968년 3월 8일에 태어났다.

Stockholm, den 3 juni 1982 (den tredje juni nittonhundra åttiotvå) 1982년 6월 3일 스톡홀름에서 (편지 맨 윗줄에 쓰는 장소, 날짜)

4.2.7 황제, 왕의 이름에는 서수

Oskar I Oskar den först**e**, 오스카르 1세

Karl II Karl den andr**e**, 칼 2세

Louis XIV Louis den fjortonde, 루이 14세

4.2.8 제~장, 제~절, 제~조, 제~면 따위는 기수로 표시

Kapitel 5 (kapitel fem, 제5장), §10 (paragraf tio, 제10절), Artikel 12 (artikel tolv, 제12조), Sid. 25 (sida(n) tjugofem, 제25면)

4.2.9 나이 (연령)

기수 + år + gammal로 표시한다.

Hur gammal är du? 몇 살이냐?

Jag är 23 år gammal. 나는 23세이다.

Han gifte sig vid 30 års ålder. 그는 30세 때에 결혼했다.

Hon dog vid 50 års ålder. 그녀는 50세 때에 죽었다.

4.2.10 수식 읽기

3+5=8 tre [plus / och] fem [är / gör / är lika med] åtta

5-3=2 [fem minus tre / tre ifrån fem] [är / blir / är lika med] två

2x2=4	två gånger två	är blir är lika med	fyra
4÷2=2	yra delat med två två i fyra	är blir är lika med	två

4.2.11 양수사 (量數詞 Måttsord)

ett par 2,3개 ; två par skor 구두 두 켤레

ett dussin 1 다스 ; ett dussin knivar 과도 한 다스

ett tjog 20개 ; ett tjog ägg 달걀 20개

4.3 월, 요일 이름 (Namn på månader och veckodagar)

4.3.1 월 (月) 이름

januari 1월, februari 2월, mars 3월, april 4월, maj 5월, juni 6월, juli 7월, augusti 8월, september 9월, oktober 10월, november 11월, december 12월

4.3.2 요일 (曜日) 이름

söndag 일요일, måndag 월요일, tisdag 화요일, onsdag 수요일, torsdag 목요일, fredag 금요일, lördag 토요일

주의 월, 요일 이름은 첫 자를 대문자로 쓰지 않는다.

Vilket datum är det idag?/Vad är det för datum idag?/Vad har vi för datum? 오늘이 며칠이에요?

Det är den femtonde oktober. 10월 15일입니다.

Vad är det för dag idag? 오늘은 무슨 요일입니까?

Det är lördag. 토요일입니다.

4.4 시계 보는 법 (Att läsa klockan)

4.4.1 시간은 klockan(kl.) +기수로 표시

Hur mycket är klockan nu?
Vad är klockan nu?] 지금 몇시입니까?

Klockan är ett/två/tre. 1/2/3시입니다.

때로는 대신에 Hon을 쓰기도 한다. 그러나 대명사 Det는 쓰지 않는다.

Hon är ett/två/tre.

'~을 지나서'의 뜻으로는 전치사 **över**를 쓰고 **'~전'** 의 뜻으로는 **i**를 쓴다. 또 **'몇 시 반 (30분)'** 을 말할 때는 'halv + 그 다음에 올 시 수'를 표시한다.

Klockan är två över ett. 1시 2분입니다.

en kvart över tre 3시 15분(요즘에는 kvart 앞의 en을 빼고 쓰기도 한다.)

halv två 1시 반(30분) ; halv elva 10시 반(30분) ;

(en) kvart i fem 5시 15분전 ; tio i två 2시 10분전

한가지 특이한 점은 3시 25분 또는 35분을 가리킬 때 '3시 반 5분 전' 이라든가 '3시 반 5분 후' 식으로 표현하는 방식이다.

fem i halv fyra 3시 25분 ; fem över halv fyra 3시 35분

precis/nästan två 정각/거의 2시 ; Han kom hem precis två. 그는 정각 2시에 집에 왔다.

Hur dags är ni hemma? 몇 시에 집에 있습니까?

Vi är hemma strax före/efter tre. 우리는 3시 직전/직후 집에 있습니다.

시계 보기 그림

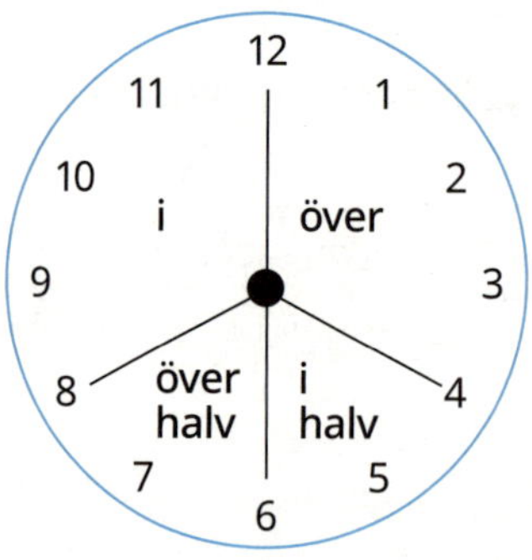

열차나 비행기 시간을 알릴 때는 보통 하루 24시간을 기준으로 말하며 읽을 때는 10단위 숫자 사이에 och를 넣는다. 그러나 뒷가지 숫자가 0으로 시작하면 och를 뺀다.

Tåget ska vara här (klockan) 11:55 (elva och femtifem). 기차는 11시 55분에 여기에 도착한다.

Planet anländer (klockan) 13:15 (tretton och femton). 비행기는 13시 15분에 도착한다.

Tåget går (klockan) 12:05 (tolvnollfem). 기차는 12시 05분에 떠난다.

4.4.2 '몇 시에' 라고 표현할 때는 그 앞에 전치사 없음

Han vaknar klockan 6 på morgonen. 그는 아침 6시에 잠이 깬다.

Föreställningen börjar kl. 7. 공연은 7시에 시작한다.

4.4.3 '~시경' 이라고 할 때는 'vid+기수+tiden'

Han kommer hit vid sextiden. 그는 6시경에 여기로 옵니다.

Solen sken igen vid middagstid. 정오 때쯤 해가 다시 났다.

4.4.4 '몇 시에 ~하느냐' 라고 물을 때는 'hur dags', 'när' 또는 'vid vilken tid'

Hur dags ska jag komma? 몇 시에 올까요?

Vid vilken tid ska jag vara där? 몇 시에 거기에 가 있어야 되나요?

4.5 명사처럼 쓰이는 수사 (Substantiviska räkneord)

4.5.1 기수(1-12)에 어미 -a를 붙여 명사처럼 쓰며 다시 정형어미 -n, 복수 어미 -or를 붙여 그 숫자가 표시하는 대상물을 지시

noll-a, ett-a, två-a, tre-a. fyr-a, femm-a, sex-a, sju-a, ått-a, ni-a, ti-a, elv-a, tolv-a.

en ett**a**, etta**n**, ett**or** 1학년 ; en två**a**, tvåa**n**, två**or** 2학년

Mattias går i tre**an** och hans lillebror går i ett**an**. 마티아스는 3학년이고 그의 남동생은 1학년이다.

Det finns tre femm**or** i rummet. 그 방에는 5학년 학생 세 명이 있다.

Han skriver så slarvigt att hans ni**or** ser ut som fyr**or**. 그는 글씨를 아주 막 써서 그의 9자는 4자처럼 보인다.

4.5.2 en femma, en tia는 각각 5크루나 (krona), 10크루나 지폐 한 장

4.5.3 -an은 버스나 전차 또는 병동, 아파트를 가리킴

Kalle åker sju**an** (7:an) till arbetet. 칼레는 7번을 타고 직장에 간다.

Jag bor i trettifemm**an** (35:an). 나는 35동에 산다.

Om du tar 22:**an** så är du här på en kvart. 22번을 타면 15분만에 이곳에 올 수 있다.

4A. LÄSNING (강독)

På Statens Järnvägar[1]

Bill	Kan jag få en enkel[2] till Oslo?
Expediten	Man måste ha sittplatsbiljett. När vill du åka?
Bill	Sju och trettiosex imorgon bitti. Eller finns det någon billigare biljett[3] förresten?
Expediten	Nej, det är den billigaste biljetten tyvärr.
Bill	Vad[4] synd, men då får jag väl ta sju-tåget då.
Expediten	Då blir det 559 (femhundrafemtionio) kronor.
Bill	Går det bra med kort?
Expediten	Ja, då. Slå in PIN-koden här.
Bill	Vilket spår går tåget från?
Expediten	Det står på tavlan där borta. Spår tolv tror jag.
Bill	Tack så mycket!
(på tåget)	
Bill	Ursäkta! Vilken plats har jag?
Konduktören	Det står på biljetten. Vagn 65 (sextifem), plats 37 (trettisju). Det är längre fram i tåget.[5] Du ska till Oslo. Byte i Hallsberg.
Bill	Och finns det restaurangvagn på tåget?
Konduktören	Det gör det. Den är längre bak i tåget.
Bill	När kommer vi till Hallsberg?
Konduktören	Kl 09.25 (nio och tjugofem).
Bill	Och när är vi framme i Oslo?
Konduktören	Kl 14.05 (fjorton noll fem).
Bill	Tack för hjälpen!

도움말

(1) Statens Järnvägar (SJ) 스웨덴 국영철도
(2) en enkel 편도 승차권 tur och retur (왕복 승차권)
(3) billigare biljett 더 싼 승차권
(3) vad 감탄사
(4) i tåget: i와 på는 모두 장소를 표시하는 전치사이나 i는 좀더 넓은 공간을, på는 비교적 좁은 표면적 공간을 가리키지만 그 차이는 명확하지 않아 관례적 용법에 따르는 수밖에 없다. (비교: Lena sitter i stolen. 안락의자/ Lena sitter på stolen. 보통의자)

4B. GRAMMATIKÖVNING (문법연습)

다음 물음에 답하시오.

1. Hur mycket är klockan? (10시)

2. Vad är klockan? (9시 30분)

3. När går tåget till Kiruna? (19:05)

4. När går bussen? (8시 20분전)

5. När går färjan till Köpenhamn? (5시 15분)

6. När kommer flygplanet från London? (18:45)

7. När kommer nästa plan? (10시 35분)

8. När kommer vi fram till Malmö? (7시 25분)

4C. ÖVERSÄTTNING (번역작문)

1. 그녀의 시계는 3분 더 빨리 간다.

2. 그의 시계는 4분 더 늦다.

3. 그들의 시계는 맞지 않는다.

4. 내 시계는 맞지 않는다.

5. 펠레의 자명종은 서있다. 그것은 안 간다.

6. 그는 나에게 몇 시냐고 묻는다.

7. 펠레는 시계를 맞추고 밥을 준다.

8. 교회시계가 8시를 친다.

9. 몇시에 커피휴식을 합니까?

10. 오전 10시 30시분과 오후 2시 50분에 합니다.

11. 어제는 며칠이었습니까?

12. 내일은 며칠이지요? 6월 27일입니다.

13. 생일이 언제입니까? 12월 16일입니다.

14. 어제는 무슨 요일이었지요? 목요일이었습니다.

15. 오늘이 7월 15일입니까? 예, 그렇습니다. 아니오, 그렇지 않습니다.

5

대명사
Promina

5.1 인칭대명사 (Personliga pronomina)

명사 대신에 쓰이는 품사를 **대명사**라고 하며, 말하는 이, 듣는 이 또는 그 이외의 사람이나 사물을 구별하는 데 쓰이는 대명사를 인칭대명사라고 부른다.

인칭대명사

수	인칭	주격	소유격	목적격
단수	1인칭	jag 나	___	mig [mej] 나를,~에게
	2인칭	du 너 ni 당신 〈존칭〉	___ ___	dig [dej] 너를, ~에게 er 당신을,~에게 〈존칭〉
	3인칭	han 그 남자 hon 그 여자	hans 그 남자의 hennes 그 여자의	honom그남자를,~에게 henne 그여자를,~에게
		den 그것 〈통성〉 det 그것 〈중성〉	dess 그것의	den 그것을 det 그것을
복수	1인칭	vi 우리들	___	oss 우리들을, ~에게
	2인칭	ni 너희들	___	er 너희들을, ~에게
	3인칭	dom 그들	deras 그들의	dem 그들을, ~에게

5.1.1 용법상의 유의점

① 1인칭, 2인칭의 소유격은 없고 대신에 **소유대명사**(min, din, er ; vår, er)를 사용한다(5.2 참조).

② 2인칭 단수 du, dig는 가족(부부, 자식, 부모), 동료, 친구와 같은 가까운 사이에 쓰이며 노인이나 윗사람 또는 처음 만난 사람처럼 심리적 거리감을 느끼는 상대방에게는 존칭 ni,er를 사용한다. 우리말의 존칭 사용법과 좀 다르다.

Talar ni svenska? 스웨덴어를 하십니까?

Har du en penna? 너 펜 좀 있니?

③ 대화체에서는 상대방을 지칭할 때 2인칭 대명사를 직접 쓰는 대신에 신분이나 직책을 표시하는 칭호나 영어의 Mr. Mrs. Miss에 각각 해당하는 herr, fru, **fröken** 등을 성씨 앞에 붙여 부르는 것이 더 정중하다. 칭호만을 사용할 때는 어말관사를 붙여 정형으로 쓴다.

Vill **fru** Andersson ha en kopp te? 안데숀씨 부인, 커피 한 잔 하시겠습니까?

Har **konsul** Petersson läst tidningen för idag? 페테숀 영사님, 오늘 신문 보셨습니까?

Har professor**n** varit i London? 교수님, 런던에 가보신 적이 있습니까?

Är doktor**n** ledig idag? 의사 선생님, 오늘은 휴무이세요?

〈그러나 요즘 스웨덴의 민주평등 사회에서는 이런 표현 방식은 다분히 고답적인 인상을 풍기기 때문에 칭호, 직함을 떼고 성과 이름만 부른다.〉

④ 3인칭 소유격 hans, hennes, dess, deras 등은 뒤에 오는 명사의 성, 수에 관계없이 항상 일정한 모양을 유지한다.

⑤ 많은 통성명사(en-명사)와 일부 중성명사(ett-명사)는 단순히 문법성만을 표시하지 않고 사람을 가리키기 때문에 대명사 den, det대신에 han또는 hon으로 받는다.

Ägaren till huset är rik. 그 집의 소유자는 부유하다.

Han är min kusin. 그는 내 사촌이다.

Olle är mitt barn. Han är tolv år. 울레는 내 아이다. 그는 열두 살이다.

Hembiträdet är inte här. Hon har ledigt idag. 가정부는 여기에 있지 않다. 그녀는 오늘 쉰다.

⑥ 3인칭 복수 주격 de, 목적격 dem은 의전제례의 경우를 제외하고는 일반 대화체에서는 모두 [dɔm]으로 발음한다.

⑦ 서간문에서 잘 모르는 상대방에게는 대문자로 Ni, Er라 쓰고 잘 아는 사이에서도 정중함과 친근감을 나타내기 위해서 Du, Dig로 쓴다.

⑧ 1인칭, 2인칭, 3인칭 단수 목적격은 문어체에서는 각각 mig, dig, sig(=재귀대명사)이지만 최근의 편지, 신문기사, 현대문을 보면 발음 나는 대로 옮겨 쓴 철자법 mej, dej, sej도 일반화되는 경향을 보이고 있다.

⑨ 인칭대명사는 관용어적 표현에서 형용사와 함께 쓰일 수 있다.

Kära du, har du inte hört? 야 이 친구야, 그거 못 들어 봤어?

Du milde, vad här ser ut! 아이고 머니, 이게 무슨 꼴이야!

Stackars dig! 자네 정말 안됐네!

5.1.2 den과 det의 용법

① 3인칭 단수 **den**은 통성명사 대신에, **det**는 중성명사 대신에 쓰인다. den, det는 보통 앞서 언급한 동물이나 사물을 가리킨다.

Var är bilen? **Den** står i garaget. 자동차는 어디 있나요? 그것은 차고에 있습니다.

Har du sett mitt nya hus? **Det** ligger vid sjön. 나의 새집을 보았니? 그것은 호숫가에 있다.

② **det+vara/bli+**명사/대명사

det는 vara/bli 동사와 함께 쓰이면 성, 수에 관계없이 사람, 사물을 가리키는 명사, 대명사를 모두 받을 수 있다.

Vad är det? Det är en bil. 저것은 무엇이냐? 그것은 자동차다.

Det är en Volvo. 볼보자동차다.

Vad är det? Det är ett hus. 저것은 무엇이냐? 그것은 집이다.

Vem är det? Det är min syster. 저 사람은 누구냐? 내 누이다.

Vem är det? Det är han som kommer där borta. 저 사람은 누구냐? 저쪽에 오는 사람은 바로 그이다.

Vilka är det? Det är svenskar. 저들은 누구입니까? 그들은 스웨덴 사람들입니다.

Vad är dessa? Det är stenar. 이것들이 무엇이냐? 돌입니다.

Blev det en pojke? Ja, det blev det. 사내아이가 나왔어요? 예, 그랬어요.

③ 비인칭 구문

det가 특별한 의미 없이 술어동사 앞에 오는 주어의 위치를 차지한다.

(a) det+지각동사

Det knackar på dörren. 문 노크 소리가 들린다.

Det känns att det är vår i luften. 봄기운이 돈다.

(b) det+날씨동사

Det regnade i går. 어제 비가 왔다.

Det blåser mycket i dag. 오늘은 바람이 많이 분다.

(c) det+수동형 (man, de, folk 따위를 주어로 하는 능동문 대신에 쓰인다.)

Det hörs dåligt. 말소리가 잘 들리지 않는다.

Det pratas så mycket. = Man pratar så mycket. 이야기들을 많이 한다.

Det hörs att han kommer från Skåne. = Man hör att han kommer från Skåne. 말씨로 보아 그는 스코네 출신임을 알 수 있다.

④ 형식상의 주어 det

(a) 자동사와 함께

Det sitter en dam vid bordet. = En dam sitter vid bordet. 어느 부인이 식탁에 앉아있다.

Det går en man på gatan. = En man går på gatan. 한 남자가 거리를 지나고 있다.

(b) 실제상의 주어가 부정법 또는 att-절일 때

Det är svårt att få en våning i Stockholm. 스톡홀름에서 아파트를 얻기가 어렵다.

Är det lätt att åka skridskor? 스케이트를 타기는 쉬운가요?

Det är roligt att spela fotboll. 공차기(축구)는 즐겁다.

Det var tråkigt att du inte kan komma. 네가 올 수 없다니 유감이다.

⑤ Det finns + 부정형(不定形) 명사/대명사

Det finns (det är)는 "~가 있다"라는 뜻으로 영어의 'there is, there are'와 같이 문장을 유도한다. det는 여기서도 형식상의 주어이다.

Det finns en stol i rummet. 방에는 의자가 하나 있다.

Det fanns ett bord i rummet. 방에는 책상이 하나 있었다.

⑥ det가 앞 문장 전체를 받을 때

Är det ett hus? - Ja, **det** är dct. 그것이 집인가요? 예, 그렇습니다.

Är han hemma? - Ja, **det** är han. 그는 집에 있어요? 예, 그렇습니다.

Vill han komma? - Ja, **det** vill han. 그가 오려고 하나요? 예, 그래요.

Ska han stanna här? - Ja, **det** ska han. 그는 여기에 머무를 건가요? 예, 그렇게 할 거예요.

Regnar det? - Ja, **det** gör det./Nej, det gör **det** inte. 비가 오나요? 예, 옵니다./아니오, 오지 않아요.

Köpte du mjölk i går? - Nej, **det** gjorde jag inte. 어제 우유를 샀어요? 아니오, 사지 않았어요.

위 예문에서 보인 바와 같이 질문에서 vara, bli 또는 다른 조동사가 쓰였으면 대답에서도 동일한 동사로 받고, 그 밖에 다른 동사가 쓰인 경우에는 대답에서 göra(영어의 대동사 do에 해당)

로 받는다.

⑦ 영어의 'so'와 같은 의미로 쓰일 때

Jag är sömnig. - **Det** är jag också. 잠이 오는데 - 나도 그래요.

Han läser engelska flitigt. - **Det** gör du också. 그는 영어를 열심히 공부하는데, 너도 그래.

Han har en egen bil, och **det** har vi också. 그는 자기 차를 가지고 있는데, 우리도 그래요.

5.2 소유대명사 (Possessiva pronomina)

소유대명사는 1인칭과 2인칭에만 있고 3인칭에는 인칭대명사의 소유격(hans, hennes, dess, deras)을 쓴다. 소유대명사는 형용사처럼 소유하는 명사의 성과 수에 일치하여 변화하기 때문에 소유형용사라고도 부른다. 그러나 3인칭의 소유격은 변화하지 않는다.

소유대명사

		단수		복수
		〈통성〉	〈중성〉	〈양성 공통〉
1인칭	(jag)	min 나의	mitt 나의	mina 나의
	(vi)	vår 우리들의	vårt 우리들의	våra 우리들의
2인칭	(du)	din 너의	ditt 너의	dina 너의
	(ni)	er 너희들의 당신의(존칭)	ert 너희들의 당신의(존칭)	era 너희들의, 당신의, 당신들의
		Eder 귀하의	Edert 귀하의	Edra 귀하의
*3인칭	(han)	hans 그의		deras 그들의
	(hon)	hennes 그 여자의		
	(den, det)	dess 그것의		

(*3인칭은 인칭대명사 소유격을 사용)

소유대명사를 사용할 때는 다음과 같은 점에 유의해야 한다.

① 복수 mina, dina, våra, era 등은 소유자가 복수임을 의미하는 것이 아니라 그 다음에 오는 명사 즉 피소유물이 복수임을 나타낸다. 다음 예를 보자.

min bok 내 책	mitt hus 내 집	mina **böcker** 내 책들
vår bil 우리 자동차	vårt hus 우리 집	våra **bilar** 우리 자동차들
din hund 너의 개	ditt bord 너의 책상	dina **hundar** 너의 개들
er bil 너희 자동차	ert hus 너희 집	era **stolar** 너희 걸상들
<존칭> (당신의 자동차)	(당신의 집)	(당신의 걸상들)

hans bil, hus, **bilar**
hennes bil, hus, **bilar** — deras bil, hus, **bilar**
dess bil, hus, **bilar**

② 1인칭, 2인칭 복수형 vår/vårt, er/ert와 함께 단수 명사 앞에서 다음과 같은 구어체형도 쓰이고 있다.

Det är våran/eran skola. 저것은 우리/너희 학교다.

Det är vårat/erat hus. 저것은 우리/너희 집이다.

③ Er(ert, era)는 주격이 2인칭 복수ni일 때는 소유자가 여럿임을 표시하고, 2인칭 존칭 ni일 때는 소유자가 한 사람임을 표시한다.

④ 긴 형태를 가진 Eder(Edert, Edra)는 고어체에서만 사용하는데 E(de)rs Majestät "국왕 폐하!" 같은 예가 있다.

⑤ den/det의 소유격인 dess는 그리 자주 사용되지 않으나 문어체에서는 가끔 쓰인다.

Julen och dess traditioner. 성탄절과 (그것의) 풍습들.

Han lyfte ansiktet mot solen och kande dess värme. 그는 해를 향해 얼굴을 쳐들고 (그) 온기를 느꼈다.

Stockholm och dess omgivningar erbjuder många intressanta upplevelser. 스톡홀름과 주변 환경은 여러 가지 흥미로운 체험을 제공해준다.

⑥ '자기 자신의'를 뜻하는 egen (통성), eget (중성), egna (복수)는 소유대명사와 함께 쓰인다. 단수형에서 egna로 변하지 않는 점에 유의해야 하는데 이는 복수형과 똑같은 형이 쓰이는 것을 피하기 위해서이다. (비교 : min nya bok)

min egen bil 내 자신의 자동차, mitt eget hus 내 자신의 집

mina egna böcker 내 자신의 책들, hans egen stil 그 자신의 필체

⑦ **소유대명사는 경멸이나 욕을 표현하는 명사와 함께 쓰일 때가 있다.**

din (dumma) idiot 야 이 바보야, era djävlar 에이 죽일 놈들

⑧ **소유대명사는 보통 명사 앞에서 부가적으로 쓰이는데, 명사 없이 단독으로 쓰일 수도 있다. 소유대명사의 형태는 모두 똑같으며 후자의 경우 영어의**

'mine, yours'에 해당하므로 독립소유대명사라고도 할 수 있다.

Bordet är inte **mitt**, det är **hans**. 책상은 내 것이 아니고 그의 것이다.

Huset är inte **vårt**, det är **deras**. 집은 우리 것이 아니고 그들의 것이다.

Era böcker är här, **våra** är där. 너희들의 책은 여기에 있고 우리 것은 저기에 있다.

Hans bil är större än **vår**. 그의 자동차는 우리 것보다 더 크다.

5.3 재귀대명사 (Reflexiva pronomina)

주어가 일으킨 동작이 주어 자신에게 돌아갈 때, 즉 주어와 목적어가 동일인일 때 재귀대명사를 사용한다. 재귀대명사로는 1인칭, 2인칭에는 인칭대명사의 목적격 **(mig, dig, er, oss)**을 그대로 쓰고 3인칭에는 단수 복수 공통으로 **sig**[sεj]를 쓴다. 몇몇 동사들은 항상 재귀대명사를 동반함으로 이러한 동사를 가리켜 **재귀동사(reflexiva verb)**라고 부른다.

	인칭대명사	재귀대명사
단수	jag	mig
	du	dig
	han	sig
	hon	sig
	den, det	sig
복수	vi	oss
	ni	er
	de	sig

예문 Jag försöker lära **mig** svenska. 나는 스웨덴어를 배우고자 애쓴다.
Slog du **dig**? 너 다쳤니?

Han rakar **sig** varje morgon. 그는 매일 아침에 면도를 한다.

Hon ska gifta **sig** på lördag. 그녀는 토요일에 결혼한다.

Vi har en vit katt. Den tvättar **sig** många gånger varje dag. 우리는 흰 고양이 한 마리가 있는데 그것은 매일 여러 번 세수를 한다.

Vi måste försvara **oss** i striden. 우리는 전투에서 스스로를 방어해야 한다.

Nu måste ni skynda **er**! 너희들은 이제 서둘러야 한다.

De satte **sig** vid bordet. 그들은 식탁 주위에 앉았다.

주의

1) 만일에 3인칭에서 목적어가 주어와 일치하지 않을 경우에는 **인칭대명사의 목적격 (honom, henne, den, det, dem)**을 사용한다.

Han försvarade sig. 그는 자신을 방어했다. (주어=목적어)

Han försvarade honom. 그는 그 사람을 방어했다. (주어≠목적어)

2) '자기 자신'을 뜻하는 **själv** (통성), **självt** (중성), **själva** (복수)는 재귀대명사가 아니고 일종의 강조어이다. 동사 뒤에 와서 주격 보어로 쓰이거나 아니면 주어 바로 다음에 위치한다.

Eva har skrivit den här uppsatsen själv. 에바는 자신이 이 작문을 썼다.

Barnen själva fick bestämma. 아이들 자신이 결정하도록 허용되었다.

Det säger sig själv(t). 자명한 일이다. 뻔한 일이다.

Gör det själv genast! 네 자신이 즉시 하여라.

3) '결과'를 나타내는 재귀대명사

Han äter sig alltid mätt. 그는 언제나 배가 부르도록 먹는다.

5.4 재귀소유대명사 (Reflexiva possessiva pronomina)

3인칭에서 주어와 목적어 사이의 소유관계를 표시하는 데는 두 가지 방법이 있다. 한 문장 내에서 목적어의 소유주가 주어와 일치할 경우에는 아래의 **재귀소유대명사**를 사용한다. 이들의 모양은 수식하는 목적어(명사)의 성, 수에 일치하기 때문에 재귀소유형용사(Reflexiva possessiva adjektiv)라고도 부른다. 의미는 영어의 'own', 우리말의 '자기의'에 해당한다.

재귀소유대명사 (SIN, SITT, SINA)

		통성	중성	복수
hans	-	sin	sitt	sina
hennes	-	sin	sitt	sina
dess	-	sin	sitt	sina
deras	-	sin	sitt	sina

Hon har förlorat **sin** bok. 그 여자는 자기 책을 잃어 버렸다.

Han har gett mig **sina** böcker. 그는 자기 책들을 나에게 주었다.

그러나 목적어의 소유주가 주어와 일치하지 않을 경우는 인칭대명사 3인칭의 소유격(hans, hennes, dess, deras)을 사용한다.

Han såg **sin** far på gatan. (han = sin) 그는 (자기의) 아버지를 거리에서 보았다.

Han såg **hans** far på gatan. (han ≠ sin) 그는 그의 아버지를 거리에서 보았다.

Lena älskar **sitt** barn. (Lena = sitt) 레나는 자기 아이를 사랑한다.

Lena älskar **hennes** barn. (Lena ≠ hennes) 레나는 그 여자의 아이를 사랑한다.

De har inte sett **sina** föräldrar på flera år. (de = sina) 그들은 자기 부모를 수년 동안 뵙지 못했다.

De har inte sett **deras** föräldrar på flera år. (de ≠ sina) 그들은 그들의 부모를 수년 동안 뵙지 못했다.

주의

1) sin, sitt, sina는 동사나 전치사의 **목적어**만 수식할 수 있고 주어는 수식하지 못한다. 문장의 주어를 수식하려면 인칭대명사의 소유격(hans, hennes, dess, deras)을 사용해야 한다.

Hon såg **sin** far gå ut. 그녀는 자기 아버지가 나가시는 것을 보았다.

Hon såg att **hennes** far gick ut. 그녀는 자기(또는 다른 여자의) 아버지가 나가시는 것을 보았다. (*hennes대신 sin을 쓰면 틀린 문장이 된다.)

Hennes barn var där. 그녀의 아이는 거기 있었다. (*hennes대신 sitt를 쓸 수 없다.)

Han bor hos en av **sina** vänner. 그는 한 친구 집에 머물고 있다.

2) sin, sitt, sina는 반드시 문장의 주어에 귀속하지만 다음과 같은 경우에는 목적어에 귀속한다.

Jag bad honom stanna på **sin** plats. 나는 그에게 제자리에 앉으라고 했다.

여기서는 sin이 의미상의 주어로 이 문장은 다음 문장이 줄어든 것이다.

Jag bad honom att han skulle stanna på **sin** plats.

3) än, som이 함께 쓰이는 비교절에서는 보통 술어동사를 생략하는데 이때는 sin이 주어 앞에 올 수 있다.

Han talar bättre engelska än **sin** fru. 그는 자기 부인보다 영어를 더 잘한다.

Ulla har lika hög lön som **sin** man. 울라는 자기 남편만큼 월급을 많이 받는다.

5.5 지시대명사 (Demonstrativa pronomina)

지시대명사는 사물이나 사람을 보다 명확하게 가리키는 구실을 한다.

통성		중성		복수	
den	그것	det	저것	de	그것들
denna	이것	detta	이것	dessa	이것들
den här	이것	det här	이것	de här	이것들
den där	저것	det där	저것	de där	저것들

Den (där) goss**en** är inte så dum som han ser ut. 저 소년은 겉보기처럼 그리 어리석지는 않다.

Det svar**et** tycker jag inte om. 나는 그 대답을 좋아하지 않는다.

De barn**en** har aldrig gått i skola. 그 아이들은 학교에 다닌 적이 없다.

Denna fråga är svår att besvara. 이 질문은 대답하기 어렵다.

I **detta** hus bodde Strindberg fram till sin död. 이 집에서 스트린드베리는 사망할 때까지 살았다.

Dessa svårigheter har jag inte väntat mig. 이들 어려움을 나는 예기하지 못했다.

Den här bok**en** är större än den där. 이 책은 저 책보다 더 크다.

Det där träd**et** är högre än det här. 저 나무는 이것보다 더 높다.

De här sko**rna** är inte så bekväma som de där. 이 구두들은 저 구두들만큼 발이 편치 못하다.

5.5.1 지시대명사의 용법

① 지시대명사는 단독으로 쓰일 뿐만 아니라 명사 앞에서 그것을 수식하기도 하여 지시형용사

(demonstrativa adjektiv)라고도 부른다.

형용사처럼 쓰이면 명사 끝에 어말관사가 붙는다. 또한 문장 구성이 'det här/ det där/ detta + vara + 명사'이면 지시대명사는 다음에 오는 명사의 성, 수에 따라 변화하지 않고 중성단수형만을 사용한다.(5.1.2의 ② 참조)

Jag är född i **det här** huset år 1939. 나는 이 집에서 1939년에 태어났다.

Vem skulle vilja köpa **den där** villan? 누가 저 단독주택을 사려고 하겠는가?

Det här är min svägerska. 이 사람은 내 처제입니다.

Det där är hennes pojkar. 이들은 그녀의 아들들이다.

Vad är **det där** för människor? 저들은 무엇하는 사람들이오?

Detta var de ord han använde. 이것이 그가 사용한 단어들이오.

② **den, det, de은 형용사의 정관사**(독립정관사)로도 쓰인다. den här, den där, de här, de där 등은 보통 구어체나 평이한 문체에서 사용되며 화자가 대상물을 구체적으로 가리킬 경우에 쓴다. 이 때는 här, där에 강세가 온다. de은 [dɔm]으로 발음한다.

③ **denna, detta, dessa** 다음의 명사 끝에는 어말관사를 붙이지 않는다. 이들은 주로 문어체에 쓰인다. 단독으로 쓰여 남성명사를 가리킬 때는 denna 대신 denne를 사용한다.

Denna värld går snart under. 이 세상은 곧 끝날 것이다.

Detta barn vet inte bättre. 이 아이는 더 잘 알지 못한다.

Har du sett **denne** man? 너는 이 남자를 보았느냐?

Denne är oskyldig. 이 남자는 무죄다.

④ 그 외의 지시대명사(형용사) 다음에 오는 명사에는 어말관사를 붙인다.

den dag**en** 그 날, det hus**et** 그 집, de böcker**na** 그 책들, den här tavla**n** 이 그림, den där pojk**en** 저 소년, det här hus**et** 이 집, de här tavlor**na** 이 그림들, de där möbler**na** 저 가구들

⑤ 지시대명사는 단독으로 사람과 사물에 대해 두루 쓰이며 denne, detta, dessa에는 소유격의 -s를 붙일 수 있다. denne(남성), denna(여성)는 '후자'라는 뜻도 가진다.

Den ska jag köpa i morgon. 나는 내일 그것을 사려고 한다.

Det var **det** jag sade. 그게 바로 내가 한 말이야.

Detta visste jag förut. 나는 이것을 전에 알고 있었다.

Jag vill inte ha **den här**. 나는 이것을 갖고 싶지 않다.

Ge mig **den där** i stället. 대신에 저것을 내게 주세요.

Dennes syster bodde i London. 이 남자의 누님은 런던에 살았다.

Hon pratade med mannen men **denne** kunde inte hjälpa henne. 그녀는 그 남자와 대화를 했지만 그이(후자)는 그녀를 도울 수 없었다.

Modern skrev till sin dotter att **denna** måste resa till Stockholm. 어머니는 딸에게, 딸 (후자)이 스톡홀름으로 가야 된다고 썼다.

⑥ '때, 시기'를 표시하는 데는 지시대명사 대신에 전치사구를 사용한다.

i dag 오늘, i år 올해, i sommar 올 여름, i morse 오늘 아침, i eftermiddag 오늘 오후, i dag om fjorton da(ga)r 2주일 후 오늘, i dag för åtta da(ga)r sedan [sɛn] 지난 주 오늘

5.5.2 Sådan과 dylik

통성	중성	복수
(en) sådan	ett sådant	sådana
(en) dylik	(ett) dylikt	dylika

Sådan과 dylik는 형용사와 대명사 양쪽으로 모두 쓰인다. 부정관사(en, ett)는 sådan과 dylik의 앞에 위치하며 영어처럼 뒤에 오지 않는다.

en sådan man 그런 사람 such a man

ett sådant exempel 그러한 예 such an example

Det där var en vacker bild. 그것은 아름다운 한 폭의 그림이었다.

En sådan skulle jag vilja ha. 나도 그런 것 하나 갖고 싶어요.

Sådant händer ibland. 그런 일은 어쩌다 일어난다.

Sådana finns det gott om. 그런 것들은 많이 있다.

Något **dylikt** har jag aldrig hört. 그와 비슷한 얘기를 나는 전혀 들은 일이 없다.

Dylika metoder är inte att rekommendera. 그와 같은 방법은 추천할 만한 것이 못된다.

회화체와 평이한 문체에서는 아래와 같이 간략히 읽고 쓴다.

sådan → sån

sådant → sånt

sådana → såna

5.5.3 Samma와 densamma (동일한 것)

통성	중성	복수
samma (the same)	samma	samma
densamma (the same)	detsamma	desamma

① samma는 어느 위치에서나 변화하지 않는 형용사이다.

② densamma, detsamma, desamma는 명사처럼 단독으로 쓰이며 주로 문어체에 많이 나타난다. 그러나 몇가지 표현은 회화체에서도 자주 쓰인다.

③ samma, densamma가 남성명사를 가리킬 때는 samme, densamme로 어말모음이 바뀐다.

Han var klädd i **samma** gamla kostym. 그는 전에 입었던 같은 양복을 입었다.

De kom på **samma** gång. 그들은 동시에 왔다.

Samma regler gäller även i detta fall. 이 경우에도 동일한 규칙이 적용된다.

Han är alltid **densamme**. 그는 늘 똑같다.

Det gör mig alldeles **detsamma**. 내게는 꼭 마찬가지야.

Gott nytt år! - Tack **detsamma**. 새해 복 많이 받으세요! - 고맙습니다. 복 많이 받으세요.

Jag skall göra det **med detsamma**. 나는 그것을 즉시 하겠다.

I detsamma som han hörde nyheterna··· 그가 소식을 들은 바로 그 순간에···

④ samma 다음에 오는 형용사는 정형어미를 취하지만 명사는 부정형(무관사)로 남아 있다. 또한 samma 앞에는 독립관사도 붙이지 않는다.

samm**a** gaml**a** kostym 같은 헌 양복

samm**a** grön**a** färg 같은 초록색

på samma sätt 똑같은 방법으로

5.6 한정대명사 (Determinativa pronomina)

den, det, de가 관계절 (relativsats)의 수식을 받을 때 이들을 가리켜 한정대명사라고 부른다. den, det, de는 단독으로 쓰이기도 하고 명사 앞에 와서 그 명사를 한정하는 구실도 하기 때문에 한정형용사 (determinativa adjektiv)라고도 부른다. 한정대명사 또는 한정형용사는 강세를 받는다.

´**Den** som kommer först ska få 10 kronor. 일등으로 오는 사람은 10크루나를 받는다.

Jag kunde inte få reda på ´**det** (som) jag ville veta. 내가 알고 싶은 것을 알아볼 수가 없었다.

´**De** som bor i glashus bör inte kasta sten. 온실에서 사는 사람은 돌을 던져서는 안된다. '자기도 잘못하면서 남을 탓하지 말라' 라는 뜻.

´**Den** man (som) ni ser på är inte ´den jag menar. 당신이 쳐다보고 있는 남자는 내가 말하는 그 사람이 아니다.

´**Det** hus som vi ville köpa är redan sålt. 우리가 사려고 했던 그 집은 이미 팔렸다.

´**De** personer som inte vill stanna får gå nu. 남아 있지 않을 사람은 지금 가도 좋다.

한정대명사를 사용함에 있어서 아래 사항에 유의해야 한다.

① 한정대명사 다음에 오는 명사에는 어말관사를 붙이지 않는다.

De turister som åkte till Island fick mycket sol. 아이슬란드에 여행한 관광객들은 일광을 많이 쏘였다.

만일에 어말관사를 붙이게 되면 de은 지시대명사(demonstrativt pronomen)가 된다.

De turister**na** fick mycket sol. 그 관광객들은 일광을 많이 쏘였다.

② 관계절의 내용이 문장 전체구성에 필수적(제한적)일 때는 한정대명사를, 부수적(계속적)일 때는 지시대명사를 사용한다.

De bilar som jag gillar bäst tillverkas i Sverige. <한정> 내가 제일 좋아하는 차종은 스웨덴에서 생산한다.

De bilar**na** - som jag förresten aldrig riktigt gillat - säljs inte längre. <지시> 그 차종들은, 실은 내가 전혀 좋아하지 않았는데, 이제는 더 이상 팔지 않는다.

③ 한정대명사가 단독으로 쓰일 때는 복수 목적격으로 dem을 사용한다.

Jag gav pengarna till **dem** som bäst behövde dem. 나는 돈이 꼭 필요한 자들에게 주었다.

그러나 명사 앞에서 부가적으로 쓰이면 그 명사가 목적어일지라도 주격 de을 쓴다.

Jag gav pengarna till **de** människor som bäst behövde dem. 나는 돈이 꼭 필요한 사람들에게 주었다.

④ 관계절을 이끄는 som이 목적격 또는 전치사의 목적어일 때는 생략할 수 있다.

Har du sett **den** film (som) jag pratade om? 내가 얘기한 그 영화를 보았니?

⑤ 구어체 스웨덴어에서 한정대명사는 항상 강세를 받지만 그 다음에 형용사가 오면 강세 위치는 그리로 이동한다.

ˊ**Den** bok hon läser heter Ronja Rövardotter. 그녀가 읽고 있는 책은 '산적의 딸 로냐' 이다.

Den ˊ**enda** bok hon har läst är Ronja Rövardotter. 그녀가 읽은 유일한 책은 '산적의 딸 로냐' 이다.

5.7 관계대명사 (Relativa pronomina)

관계대명사는 두 개의 절을 이어주는 접속사와 대명사의 구실을 하며 그 뒤에 나오는 수식절을 앞에 나온 명사에 연결시켜주는데 관계대명사가 가리키는 명사를 선행사(korrelat)라고 한다.

5.7.1 Som

관계대명사 중에서 가장 대표적인 것으로 회화체나 각종 문어체에서 제일 많이 쓰인다. 선행사의 성, 수에 제한 없이 두루 쓰이며 모양이 변화하지 않는다. 영어의 who, whom, which, that에 해당한다. 주격과 목적격으로만 쓰인다.

Jag har en bror **som** talar tyska. <주어> 나는 독일어를 하는 형이 하나 있다.

Min bror **som** bor i Malmö har fyra barn. <주어> 말뫼에 사는 내 형은 아이가 넷이다.

Jag lämnade tillbaka pengarna **som** jag hade lånat. <목적어> 나는 빌린 돈을 돌려주었다.

주의

① som의 생략 : 목적격일 때는 이를 생략할 수 있다.

Jag lämnade tillbaka pengarna jag hade lånat. 나는 빌린 돈을 돌려주었다.

Pengar man har på banken ger ränta. 은행에 둔 돈은 이자가 붙는다.

② som과 전치사 : som앞에는 전치사가 올 수 없으며, 필요할 때는 수식절의 맨 끝에 붙일 수 있다.

Han är en man **som** jag kan lita **på**. 그는 내가 신뢰할 수 있는 사람이다.

Det är en docka **som** jag tycker **om**. 그것은 내가 좋아하는 인형이다.

③ som은 소유격으로 쓰일 수 없다. 소유격으로는 vars (양성공통), vilkens (통성), vilkets (중성), vilkas (복수) 등이 있으나 회화체에서는 보통 쓰지 않는다. 따라서 회화체에서는 som과 전치사가 딸린 구문으로 바꿔 말한다.

Här är mannen **vars** namn jag har glömt. 여기 있는 이 남자의 이름을 나는 잊었다.

"Här är mannen **som** jag har glömt namnet **på**." <회화체>

5.7.2 Vilken, vilket, vilka

vilken, vilket, vilka는 선행사의 성, 수에 일치한다. 주로 공용문체에 쓰이며 용도는 아래와 같다. 영어의 who, which, that에 해당한다.

기본형	소유격
vilken (통성)	vilkens
vilket (중성)	vilkets
vilka (복수)	vilkas

① 문체상의 이유로 관계대명사 앞에 전치사를 붙여야 할 때

Den nya eleven, **om vilken** jag talade, var också där. 내가 말했던 신입생도 거기에 있었다.

Detta är brevet **i vilket** hon först skrev om sina upplevelser i skärgården. 이것이 바로 그녀가 군도에서의 생활 체험에 대해 처음으로 쓴 편지다.

Där fanns höga stänger, **på vilka** nät hängde för att torka. 거기에는 높은 장대들이 서있었는데 그 위에 그물을 걸쳐 말렸다.

② 관계대명사와 선행사와의 관계를 명확히 표시하려고 할 때

I lådan hittade vi en nyckel och ett mynt, **vilket** hade glidit ner i en springa i hörnet. 우리는 서랍에서 열쇠 한 개와 구석 틈 사이에 끼어 든 동전 한 닢을 찾았다. <vilket=ett mynt>

I lådan hittade vi en nyckel och ett mynt, **vilka** hade glidit ner i en springa i hörnet. 우리는 서랍에서 구석 틈 사이에 끼어 든 열쇠 한 개와 동전 한 닢을 찾았다. <vilka=en nyckel och ett mynt>

③ 관계대명사가 앞에 나온 절 전체를 받거나 또는 술부를 받을 때는 vilket을 사용한다.

Han har klarat sin examen, **vilket** gläder mig. 그가 시험에 합격하여 나를 기쁘게 한다. <선행절 전체>

Fru Persson är mycket vänlig, **vilket** man inte kan säga om hennes man. 페르손씨 부인은 매우 친절한데 그의 남편에 대해서는 그렇게 말할 수 없다. **<선행절의 술부>**

5.7.3 Vars, vilkens, vilkets, vilkas

① Vars

som의 단수 소유격으로 어형변화를 하지 않는다. 그 앞에 전치사를 붙일 수도 있다. 영어의 whose, of which 에 해당한다.

Damen, **vars** hund skäller hela dagen, är stendöv. 하루 종일 짖어대는 개를 데린 그 부인은 완전히 귀가 먹었다.

Det är en person, **vars** betydelse för framtiden, är enorm. 이 분은 장차 엄청난 존재 가치를 발휘할 사람이다.

Ingen, **vars** samvete är vaket, kan handla så. 양심이 살아 있는 사람이라면 아무도 그렇게는 못할 것이다.

Familjen **i vars** hus vi bor kommer snart tillbaka. 우리가 살고 있는 집의 가족이 곧 돌아온다.

② Vilkens, vilkets

vilken, vilket의 소유격으로 vilkas와 함께 문어체에서만 쓰인다.

en film **vilkens** kvalitet synes obestridlig. 질적으로 문제가 없는 것으로 보이는 영화.

det dånade och skakande berget, **vilkets** topp är inhöljd i eldblandad rök. 정상이 불길과 연기로 뒤덮인 채 굉음을 내며 요동하는 산.

③ Vilkas

vilkas는 som의 복수 소유격이다. 그러나 구어체에서는 사람을 가리킬 때 vars[vaː ʂ]도 복수형으로 점점 많이 쓰이고 있다.

Barn **vilkas** föräldrar arbetar kommer ofta hem till ett tomt hus. 부모가 일을 하는 아이들은 종종 텅 빈집으로 돌아온다.

Mödrarna **vars** barn leker på gården känner varandra väl. 정원에서 함께 노는 아이들의 엄마들은 서로 잘 안다.

5.7.4 Vad

① vad는 선행사를 포함한 관계대명사로 어형변화를 하지 않으며 중성 단수 (=det som)를 표시한다. 영어의 what 또는 that which에 해당한다. 목적어나 전치사의 목적어로 쓰인다.

Hon säger **vad** hon tänker. 그녀는 자기가 생각하는 바를 말한다.

Uppskjut inte till morgondagen, **vad** du kan göra idag. 오늘 할 수 있는 일을 내일로 미루지 말라.

Efter vad jag vet är han en ärlig karl. 내가 알기로는 그는 정직한 남자이다.

Av vad du säger verkar problemet vara väldigt stort. 네 말을 들으니 문제가 매우 심각한 것 같다.

② allt를 선행사로 하는 관계대명사의 목적격

Detta är **allt vad** jag hört om henne. 이것이 내가 그녀에 관해 들은 전부다.

Hon ger **allt vad** hon äger till de fattiga. 그녀는 자기가 소유한 모든 것을 가난한 사람들에게 준다.

③ vad가 관계절의 주어로 쓰이면 그 다음에 주격표시 som을 붙인다.

Vad som göms i snö kommer upp i tö. 눈 속에 묻힌 것은 해빙 때 드러난다. (속담)

④ Säg alltid **vad som** är sant. 항상 사실인 것 만을 말하라.

5-1 A. LÄSNING (강독)

Sveriges geografi

Sverige ligger i Norden, som är en del av norra Europa. Andra nordiska länder är Norge, Finland, Danmark, Island och Färöarna.[1] Sverige har bara 10 miljoner invånare, men det är till ytan ett mycket stort land, två och en halv gånger så stort som Storbritannien. Det är mycket stora skillnader mellan norr och söder. I Norrland, som hela den norra delen av Sverige heter, bor mycket få människor, bland dem många samer[2] och finnar. 75% av alla svenskar bor i städer och byar med mer än 200 invånare. Stora städer är Stockholm (1 000 000), Göteborg (600 000) och Malmö (350 000). De ligger i södra och mellersta Sverige. Sverige är ett långt och smalt land. I norr kan man se midnattssolen varje sommar, men på vintern är det mörkt här nästan hela dagen och mycket kallt. Häruppe kan man se järvar, björnar och vargar.[3] I söder är klimatet mildare och vegetationen rikare. Sverige har glaciärer i norr och höga fjäll - det högsta berget, Kebnekajse, är 2117 meter - men landet ligger mest under 300 meter. Här finns många älvar och sjöar - bland dem tre av Europas största - Vänern,[4] Vättern och Mälaren. Sverige är också ett skogsland - över 50% av landet är täckt av skog. Många turister tycker att det är ett vackert land.

도움말

1) Färöarna : 페로즈 제도(諸島), 북대서양 상의 영국과 아이슬란드 사이에 위치한 21개 섬으로 이루어진 군도. 덴마크령이나 광범위한 자치가 실시되고 있다. 영어 명칭은 The Faeroe Islands.
2) samer : 일명 라프족(Lapps)이라고도 하며 노르웨이, 스웨덴, 핀란드 북부 및 그 인접 지역에 사는 핀우그릭계 인종으로 스칸디나비아의 원주민이라 할 수 있다.
3) vargar [var:jar] : 단수 varg [var:j] '늑대'의 복수형이기 때문에 [var:gar]라고 발음하지 않음.
4) Vänern : 스웨덴의 중서부에 위치한 제일 큰 호수. Vättern은 Vänern호수 우측에서 남북으로 길게 뻗은 호수.

5-1 B. GRAMMATIKÖVNING (문법연습)

1. 알맞은 인칭대명사를 넣으시오.

1) Var är Kerstin? Jag måste tala med ________ .

2) Det står en polis där borta. Vi kan fråga ________ .

3) Mamma och pappa kommer hem kl. 21.15. Jag ska möta ________ på stationen.

4) Jag har lite problem här. Kan du hjälpa ________ ?

5) Kära Oskar och Maria. Vi längtar efter ________ .

6) Kostar stolen bara 200 kr? Bra, jag köper ________ .

7) Vad har du för adress? Jag ska skriva till ________ .

8) Vi kommer med flyget i morgon. Kan du möta ________ ?

9) Gud? Tror du på ________ ?

10) Måste du flytta från lägenheten? Vad tråkigt! Men du kan bo hos ________ en liten tid!

2. 왼편에 주어진 단어들의 소유관계를 표시하시오.

1) jag/en cykel	Var är *min cykel*?
2) du/ett hus	Hur stort är ________ ?
3) hon/ett arbete	På ________ arbete finns nästan bara kvinnor.
4) vi/en semester	Vi åker till England på ________ .
5) ni/kläder	Ni kan hänga ________ på balkongen.
6) jag/vänner	På helgen träffar jag ________ .
7) han/föräldrar	Har du sett ________ ?

8) de/en lägenhet　Har ni varit hemma i ______________ ?

9) jag/ett jobb　Jag älskar ______________ .

10) vem/barn　______________ är det där?

11) ni/kök　______________ är modernt.

12) du/arbete　Trivs du på ______________ ?

13) vi/släktingar　______________ är trevliga.

14) jag/kompisar　På diskoteket såg jag ______________ .

15) du/tänder　Du måste borsta ______________ !

3. 아래 [보기]를 참고하여 재귀동사 및 재귀대명사를 알맞게 고쳐 넣으시오.

보기			
klippa sig	klä på sig	lära sig	flytta sig
skynda sig	ta av sig	sätta sig	akta sig
lägga sig	bestämma sig	raka sig	gifta sig
ta på sig	koncentrera sig	kamma sig	

1) Svante och jag ska ______________ i Uppsala Domkyrka nästa vecka.

2) Elisa vill ______________ danska.

3) Du måste ______________ . Vill du gå på bio eller inte?

4) Usch, det är varmt här inne! Jag måste ______________ tröjan.

5) Tåget går snart. Vi måste ______________ !

6) När brukar ni ______________ ? Kan jag ringa efter halv elva?

7) Vänta på Staffan! Han ska bara ______________ .

8) Många pojkar börjar ______________ när de är 16-17 år.

9) Den där mannen står i vägen. Kan du säga till honom att ______________ ?

10) Du, stäng av teven! Jag kan inte ______________ läxan.

11) Titta dig i spegeln! Du måste ______________ nu!

12) ______________, Per! Det kommer en bil!

13) Jag måste till frisören och ______________ .

14) Ska du ______________ redan? Klockan är ju bara tio.

15) Lena ska ______________ med en man från Grekland.

4. Sin, sitt, sina, hans, hennes, deras 중에서 골라 넣으세요.

1) Carola vill göra slut med ______________ pojkvän.

2) Olle och Annika hade en stor fest för ______________ vänner.

3) Anna vill inte att ______________ föräldrar flyttar till servicehus.

4) Flickorna sitter i ______________ klassrum.

5) Jörgen och ______________ fru ska sälja ______________ gamla hus.

6) Vi ska hämta Arne och Eva och ______________ barn på Centralstationen.

7) Alla måste tänka på ______________ hälsa.

8) Företaget vill ge alla ______________ arbetare högre lön.

9) Robert skriver att ______________ mamma har varit sjuk.

10) ______________ man träffade hon i London.

5. 다음 물음에 조동사나 göra동사를 사용하여 대답하시오.

1) Kan du spela gitarr? Ja, ______________

2) Spelar du bra? Nej, ______________

3) Har du varit i Sverige? Ja, ______________

4) Läser hon tidningen? Nej, ______________

5) Brukar du gå på diskotek? Nej, ______________

6) Går den här bussen till Stadshuset? Ja, ______________

7) Kan du komma i morgon? Ja, ______________

8) Måste Niklas jobba nästa vecka? Ja, ______________

9) Får jag röka här? Nej, ______________

10) Ska du åka till Kiruna? Ja, ______________

6. 다음 문장에 den 또는 det를 넣으시오.

1) Vad är ________ ? ________ är en bil. ________ är Kalles bil.

2) ________ är mycket gammal och ful. ________ var inte dyr.

3) Är ________ lätt att få en våning i Stockholm? Hans moster har en våning med många rum.

4) ________ är en fin våning. ________ är en stor våning.

5) Jag har ett bra rum, men ________ är litet.

6) Jag har en bred säng. ________ är mycket bekväm, men ________ är för kort åt mig.

7) ________ finns också ett stort bord i mitt rum. ________ är brunt.

8) Vad är ________ ? ________ är järnvägsstationen.

9) Hur mycket kostar ________ att åka tåg till Uppsala? ________ kostar 150 kronor.

10) ________ ringde på telefonen. Vem var ________ ? ________ var fru Lindkvist.

7. 관계대명사를 사용하여 두 문장을 연결하시오.

1) Hon har en bil. Bilen kommer från Japan.

2) Han har ett frimärke. Han vill sälja det.

3) Jag har en hund. Jag tycker om den.

4) Hon har en bok. Hon har skrivit den.

5) De har en sommarstuga. De vill hyra ut den.

6) Jag har en vän. Jag brukar hjälpa honom.

7) Det var en fransman. Hon gifte sig med honom.

8) Det var maten. Vi betalade mest för den.

9) Det är priset. Han frågar om det.

10) Det var Elsa. Jag ringde till henne.

5-1 C. ÖVERSÄTTNING (번역작문)

1. 나는 이 소포를 요한 (Johan)에게 보내려고 한다. 그는 금요일에 생일을 맞이한다[(1)].

2. 그녀는 자기 딸에게 일주일에 한번씩[(2)] 편지를 쓴다.

3. 우리는 앉아서 각자 책을 읽었다.

4. 나는 그에게 자주 전화를 하지만 그는 내게 전혀 전화를 하지 않는다.

5. 너는 나 한테 돈을 빌리지만 나는 너 한테 돈을 빌리지 않는다.[(3)]

6. 나는 11시에 잠자리에 든다. 그러나 먼저 일기장에 몇 줄 적는다.

7. 울프(Ulf)는 청소아줌마에게 자기 방[(4)] 청소를 부탁했다.

8. 당신은 그 유명한 소설을 읽었습니까? 예, 그랬습니다.

9. 부산에 사는 내 형은 아들 둘과 딸애가 하나 있다.

10. 내 친구는 갑자기 실업자가 되었는데 이 사실[(5)]에 나는 놀랐다.

도움말

(1) 생일을 맞다 : fylla år
(2) 일주일에 한번씩 : en gång i veckan
(3) …로부터 돈을 빌리다 : låna pengar av…
(4) 자기 방 : 의미상의 혼돈이 없도록 sitt rum과 hans rum사용에 신중할 것.
(5) 이 사실 : 관계대명사 vilket (주격)을 사용할 것.

5.8 의문대명사 (Interrogativa pronomina)

의문대명사는 직접의문문이나 간접의문문을 이끄는 대명사이다. 이 중에는 단독으로 쓰이는 것과 명사 앞에서 부가적으로 쓰이는 것이 있다.

5.8.1 vem, vad, vilken, vilket, vilka

단독 : vem (사람, who(m))
vems (소유격, whose)
vad (중성, what)

단독/부가어적 : vilken (통성)
vilket (중성)
vilka (복수)
— 사람, 동물, 사물, which, who, what

Vem är den där mannen? (주어) 저 남자는 누구냐?
Vem träffade du igår? (목적어) 너는 어 제 누구를 만났니?
Vems är det? 그것은 누구 것이냐?
Vad ska vi göra idag? 오늘 우리는 무엇을 할까?
Vilken är nästa hållplats? 다음 정류소는 어디냐?
Vilken bok vill du ha? 어느 책을 너는 원하니?
Vilket hus är högst? 어느 집이 제일 높으냐?
Vilket av husen är ert? 저 집들 가운데 어느 것이 너희 것이냐?
Vilka är de där pojkarna? (사람, 복수) 저 사내아이들은 누구냐?
Vilka böcker har du läst? 어느 책들을 너는 읽었느냐?

주의 Vilken/vilket/vilka는 vad와 함께 감탄사로도 쓰이는데 **감탄문**의 형식은 아래와 같다.

(a) Vilken/vilket/vilka + (형용사) + 명사
(b) Vad + 형용사
(c) Vad + 주어 + 동사

Titta, **vilken** (vacker) utsikt! 와, 정말 아름다운 전망이네!
Usch, **vilket** (dåligt) väder! 어이구, 무슨 날씨가 이래!

Kom och titta! **Vilka** vackra blommor! 이리와 봐, 어쩌면 꽃들이 이렇게 예뻐!

Vilken tur vi hade! 참 운이 좋았어!

Vad varmt! 어이구 더워!

Fy, **vad** det är kallt! 젠장, 왜 이리 추워!

Usch, **vad** det blåser! 어이구, 웬 바람이야!

Titta, **vad** du har smutsat ner! 이봐, 왜 이리 지저분하게 했어!

5.8.2 vem som, vad som, vilken som

① 의문대명사가 종속절에서 주어로 쓰일 때는 주격표시 som을 덧붙인다. 이 경우에 의문대명사는 간접의문문을 만든다. 목적격일 때는 의문사 하나만을 쓴다.

Han undrar, **vem som** har gjort det. 누가 그것을 했는지 그는 궁금해한다.

Jag vet inte, **vem som** har knackat på dörren. 누가 문을 두드렸는지 나는 모른다.

Vet ni, **vad som** finns i den här lådan? 이 상자 안에 무엇이 있는지 아느냐?

Har ni hört, **vilka som** kom först? 어떤 사람들이 먼저 왔는지 들었니?

Han frågade mig, **vem** jag hade talat med. 그는 내가 누구와 말했는지 물었다.

Jag undrar, **vad** han vill göra. 나는 그가 무엇을 하려는지 궁금하다.

② 주격표시 som은 vilken/vilket/vilka가 의문형용사로 쓰일 때에도 필요하다.

Kan ni säga mig, **vilken** väg **som** är kortast? 어느 길이 가장 가까운지 알려 주시겠어요?

Vi undrar, **vilka** böcker **som** är billigast. 어떤 책들이 제일 싼지 우리는 궁금하다.

5.8.3 vad för (en), vilkendera, hurdan

의문문 형식 가운데 '무슨/어떤 종류', '어느(것)' 등으로 표시하는 방식에는 아래와 같은 것들이 있다

통성	중성	복수
vad för (en) 무슨 (종류)	vad för (ett)	vad för (ena)
vilkendera 어느 (것)	vilketdera	-
hurdan 어떠한, 어느 (종류)	hurdant	hurdana

① vad för en/ett + 단수명사

Vad för ena + 복수명사 (구어체)

Vad för en bok vill du ha? 너는 무슨 책을 원하느냐?

Vad för ett hus vill du köpa? 너는 어떤 집을 사려고 하느냐?

Vad för ena skridskor tycker du bäst om? 어느 종류의 스케이트를 제일 좋아하느냐?

주의 Vad för 사이에 다른 단어들을 끼워 넣을 수도 있다.

Vad vill du ha **för en** bok? 너는 무슨 책을 원하느냐?

Vad har du **för** planer idag? 너는 오늘 무슨 계획을 가지고 있니?

Vad för slags böcker läser du? 무슨 종류의 책을 너는 읽느냐?

Vad för sorts fisk tycker du bäst om? 어느 종류의 생선을 너는 제일 좋아하니?

따라서 동일한 내용의 의문문을 아래와 같이 4가지 형식으로 표현할 수 있다.

Vad för vin dricker du?
Vad dricker du **för** vin?
Vad för slags vin dricker du?
Vad dricker du **för slags** vin?
] 무슨 종류의 포도주를 원하느냐?

② Vilkendera tycker ni bäst om? (어느 것을 제일 좋아합니까?)

Vilkendera boken tycker ni bäst om? 어느 책을 제일 좋아합니까?

Vilketdera systemet är mest praktiskt? 어느 체계가 가장 실용적입니까?

③ Hurdant var vädret förra veckan? (지난주의 날씨는 어떠했지요?)

Hurdant bläck använder du? 무슨 잉크를 사용하니?

Hurdana är de nya arbetarna? 새로 입사한 근로자들은 어떤가요?

④ vad ~ för något, vad ~ för någonting

'vad för ~' 와 같은 표현의 영향으로 'vad ~ för något' 과 'vad ~ för någonting' 이 회화체에 널리 쓰이고 있다. 이때 för något, för någonting은 별다른 의미 없이 덧붙여지는 것이다.

Vad skriver du **för något**?
Vad skriver du?
] 너는 무엇을 쓰고 있니?

Vad sa du **för någonting**?
Vad sa du?
] 너는 무어라고 말했니?

이와 유사한 표현으로 다음과 같이 물을 수도 있다.

Var bor du **någonstans**? 너는 어디에 사느냐?

Vart går de **någonstans**? 그들은 어디로 가느냐?

Vet du **var** hon är **någonstans**? ┐ 그녀가 어디에 있는지 아느냐?
Vet du **var** hon är? ┘

회화체에서는 또한 'vilken/vilket/vilka + 명사' 대신에 'vad ~ för + 명사' 의 형식을 자주 쓴다.

Vad har ni **för** yrke? ┐ 당신은 직업이 무엇입니까?
Vilket yrke har ni? ┘

Vad har du köpt **för** böcker? ┐ 너는 무슨 책을 샀느냐?
Vilka böcker har du köpt? ┘

5.9 부정대명사 (Indefinita pronomina)

확실히 지정되지 않은 사람이나 물건 또는 수량 따위를 가리키는 대명사를 부정대명사(不定代名詞)라고 한다. 보통 형용사와 같이 변화하기 때문에 부정형용사(不定形容詞)라고도 한다.

5.9.1 någon, något, några, någonting

någon, något, några는 명사 앞에서는 형용사처럼 쓰이며, 단독으로는 대명사처럼 쓰여 주어나 목적어를 대신한다. någonting은 보통 독립적으로 쓰이지만 형용사의 수식을 받을 때는 형용사가 뒤에 위치한다. någonting은 중성이므로 이를 수식하는 형용사도 중성어미를 취한다.

någon (통성) något (중성) några (복수)	some, somebody, any, anybody, something
någonting (중성)	– something, anything

Har du **någon** penna? 너 펜 좀 있니?

Har **någon** varit här? 누가 여기에 온 일이 있느냐?

Jag har inte **något** te hemma. 나는 집에 차(茶)가 없다.

Har du **något**? 너 좀 있니?

Har ni sett **några** pojkar här? 여기서 사내아이 몇 명 봤나요?

Jag behöver **några** pengar. 나 돈이 좀 필요한데.

Har du **några**? 너 좀 가진 것 있어?

Har ni hört **någonting** (något)? 너 무슨 얘기 들은 것 있니?

Någonting måste ändras nu. 이제 무엇인가 달라져야겠다.

Någonting nytt hände i morse. 오늘 아침에 무엇인가 새로운 일이 일어났다.

Jag har inte sett **någonting** dylikt förr. 나는 이전에 그와 같은 일을 보지 못했다.

일상 대화체에서는 다음과 같이 짧은 형을 쓴다.

någon → nån

något → nåt

några → nåra

någonting → nånting

någon 다음에 오는 형용사와 명사의 변화에 대해서는 형용사 3.5.4의 [도표2]를 참조할 것.

5.9.2 ingen, inget, inga, ingenting

ingen, inget(intet), inga는 부정적(否定的) 의미를 가진 대명사로서 명사 앞에서 부가적으로 쓰이거나 또는 단독으로 쓰인다. ingenting은 보통 단독으로 쓰이는데 때로는 뒤에 오는 형용사의 수식을 받기도 한다.

ingen (통성) inget (중성) inga (복수)	아무(것)도 ~ 않다 no, no one, nobody, none
ingenting (중성)	– 아무(것)도 ~ 아니다 nothing

(ingen 다음에 오는 형용사와 명사변화에 대해서는 형용사 3.5.4 [도표2]를 참조할 것.)

이들 부정(否定)대명사의 역할은 다음과 같다.

① 주어

주절과 종속절에서 시제(단순시제 및 복합시제)에 관계없이 주어로 두루 쓰인다(동사 6.3 참조).

<주절> (huvudsats)

Ingen skrev till honom. 아무도 그에게 편지를 쓰지 않았다.

Ingenting nytt har hänt. 아무것도 새로운 일이 발생하지 않았다.

<종속절> (bisats)

Han säger, att **ingen** skrev till honom. 그는 아무도 자기에게 편지를 쓰지 않았다고 말한다.

Han säger, att **ingenting** nytt har hänt. 아무것도 새로운 일이 발생하지 않았다고 그는 말한다.

② 목적어

ingen, inget, inga, ingenting과, 부사 **ingenstans**는 주절에서 단순시제일 때는 원래의 모양대로 쓰인다. 그러나 주절이 복합시제일 경우와 종속절에서는 이들은 다음과 같이 분리해서 사용해야 한다.

ingen → inte ~ någon

inget → inte ~ något

inga → inte ~ några

ingenting → inte ~ någonting

ingenstans → inte ~ någonstans

<주절>

Han har **ingen** bok. [단순] 그는 책이 없다.

Han har **inte** haft **någon** bok. [복합] 그는 책을 가져본 일이 없다.

<종속절>

Han säger, att han **inte** har **någon** bok. [단순] 그는 책이 없다고 말한다.

Han säger, att han **inte** har haft **någon** bok. [복합] 그는 책을 가져본 일이 없었다고 말한다.

이와 같이 분리하여 사용하는 이유는 부정사(不定詞) **inte**의 위치 때문이다. 즉 **inte**는 주절에서는 술어동사(복합시제에서는 조동사) 다음에 위치하고, 종속절에서는 술어동사 앞에 위치한다.

③ ingen, inget, inga, ingenting은 비록 주절에서 단순시제일지라도 분리동사(동사 6.8.2 참조)의 목적어나 또는 동사 +전치사의 목적어로 사용될 수 없다.

Jag **tycker** inte **om** några böcker av den författaren. (x Jags tycker om **inga** böcker av den författaren.) 나는 그 작가의 책을 어느 것도 좋아하지 않는다.

비교 Jag **gillar inga** böcker av den författaren.

Olle **sysslar** inte **med** någonting särskilt just nu. (x Olle **sysslar med ingenting** just nu.) 울레는 지금 특별히 하는 일이 없다.

비교 Olle **gör ingenting** särskilt nu.

④ ingendera, ingetdera(intetdera), någondera, någotdera, vardera, vartdera, endera, ettdera, bådadera 등은 독립적으로도 쓰이고 명사 앞에서도 쓰인다.

뒷가지 -dera는 변화하지 않으며 원래는 'de' 의 복수 소유격으로 'av dem' (그들 중의)을 뜻한다.

någondera = någon av dem

någotdera = något av dem

Ingendera parten kunde lämna något besked. 어느 쪽에서도 소식을 내놓을 수가 없었다.

Jag har inte träffat **någon(dera)** av hans systrar. 나는 그의 여동생 중에 어느 누구도 만나지 않았다.

De gick inte med på **någotdera** av kraven. 그들은 요구 사항 중 어느 것도 받아들이지 않았다.

Böckerna kostar **vardera** 100 kronor. 그 책들은 권당 100크루나이다.

Endera av er måste ha gjort det. 당신들 중에 한 사람이 그 일을 했음에 틀림없다.

Vill du gå på bio eller på restaurang? 영화관에 갈 것이냐 아니면 식당에 갈 것이냐?

- Jag vill göra **bådadera**. 나는 두 가지 다 하고 싶다.

5.9.3 man (ens, en, sin, sitt, sina)

man은 일반적인 사람을 가리키는 대명사로 한 사람 혹은 여러 사람을 뜻한다. 영어의 'one' 보다 더 널리 쓰이며 'you, we, they, people' 에 해당한다.

주격	man
목적격	en
소유격	ens/sin sitt sina

① **man**과 **en**의 용법

man은 주격이고, en은 man의 목적격이다.

Vem hjälper **en** när **man** blir gammal? 사람이 늙게 되면 누구에게 도움을 받는가?

Man får inte gå mot rött ljus. 우리는 빨간 신호등을 무시하고 지나가서는 안 된다.

Om polisen ser en, stoppar han **en** och **man** får böta 200 kronor. 경찰이 우리를 보면 정지시키고 200크루나 벌금을 물린다.

Man säger att det ska bli en ändring. 한가지 변화가 있을 것이라고들 말한다.

② **man, ens**와 **sin, sitt, sina**의 용법

man의 소유격에는 두 가지 종류가 있으니 ens와 sin, sitt, sina가 그것이다.

대명사가 목적어의 위치에서 또는 전치사구 속에서 주어를 받을 때는 sin, sitt, sina를 쓰고 그렇지 않을 때는 ens을 쓴다.

(a) 주어로 쓰일 때 (man)와 주어를 수식할 때(ens).

Man måste deklarera i maj. 우리는 5월에 종합소득신고를 해야 한다.

Ens deklaration måste vara färdig den 2 maj. 우리들의 종합소득신고는 5월 2일까지 끝내야 한다.

(b) 목적어의 위치에서 주어를 받을 때 (sin).

Man måste lämna **sin** deklaration före den 2 maj. 우리는 각 자의 종합 소독신고서를 5월 2일 이전까지 제출해야한다.

Man måste göra **sin** plikt. 사람은 자기의 의무를 다해야 한다.

Man måste tänka på **sin** framtid. 사람은 자기의 미래를 생각해야 한다

(c) 전치사구 속에서 주어를 받을 때 (sin).

Man kan gå med **sin** deklarationsblankett till närmaste bank. 각 자의 종합신고서를 가지고 인근 은행으로 가도 된다.

(d) 목적어의 위치에서 주어를 받지 않을 때 (ens).

På banken tar **de** emot **ens** deklarationsblankett. 은행에서는 사람들의 종합소득 선고서를 접수한다.

När man söker jobb, vill **de** ofta se **ens** betyg. 우리가 직장을 구할 때 는 흔히 성적증명서를 보려고 한다.

주의 앞에 나온 man을 han으로 받을 수 없다.

När **man** söker jobb, måste **man** visa sitt betyg. 직장을 구할 때는 성적증명서를 보여야 한다.

man과 인칭대명사 han의 비교

주격	man	- han
목적격	en	- honom
소유격	ens	- hans
	sin	- sin

5.9.4 all, allt, alla, allting의 용법

all (통성)	부가적
allt (중성)	단독/부가적/후속형용사의 수식 받음.
alla (복수)	단독/부가적
allting (중성)	단독/후속 형용사의 수식 받음.

all, allt, alla, allting은 전체를 아우르는 '모든, 모두'의 뜻으로 주어와 목적어 양쪽으로 두루 쓰인다.

① all, allt는 물질명사, 추상명사와 함께 쓰인다.

Han vet **allt/allting** om sport. 그는 스포츠에 관해서는 모두 다 안다.

All början är svår. 시작은 모두 어렵다.

All mat tog slut under julen. 성탄절에 모든 음식이 다 떨어졌다.

Allt hopp är ute. 모든 희망이 사라졌다.

Allt roligt är förbjudet. 즐거운 것은 모두 금지되었다.

② **alla** 는 최소한 셋 이상을 가리키며 보통 셀 수 있는 명사와 함께 쓰인다. 둘을 표시할 때는 båda 또는 bägge를 쓴다.

Alla kan inte ha rätt. 모든 이가 다 옳을 수는 없다.

Alla människor dör någon gång. 모든 사람들은 언젠가 죽는다.

De förlorade **alla** sina pengar på spel. 그들은 노름으로 돈을 몽땅 잃었다.

Hon överraskade oss **alla**. 그녀는 우리 모두를 놀라게 했다.

③ **allting** (모든 것, everything)은 흔히 allt와 서로 바꿔 쓰이기도 한다.

Allt/Allting verkar mycket dyrt här. 여기는 모든 게 비싼 것 같군요.

Har du berättat **allt/allting** for henne? 너는 그녀에게 모든 것을 이야기했느냐?

Allting vackert förstörde de. 아름다운 것들을 그들은 모두 파괴하였다.

주의 **allra**는 원래 alla의 소유격이었으나 현재는 강조부사로서 주로 최상급과 함께 쓰인다. **allt** 역시 강조부사로 비교급에 쓰이기도 한다.

Han brukar komma **allra** sist. 그는 종종 맨 나중에 오곤 한다.

Hon gjorde sitt **allra** bästa. 그녀는 아주 최선을 다했다.

De **allra** flesta svenskar har teve. 스웨덴인 대다수가 테레비를 가지고 있다.

Problemet blir **allt** större. 문제가 더욱 커지고 있다.

5.9.5 var, vart, varje, varenda

통성	중성	복수
var (부가적/단독)	vart (부가적)	_
varje (부가적)	varje (부가적)	_
varenda (부가적)	vartenda (부가적)	_

① **var, varje, varenda**가 가지는 의미는 똑같다. '모든, 온갖, 각각의, 개개의, 매(每)' 의 뜻으로 영어의 every, each에 해당한다. 회화체에서는 이들 중에서 varje가 제일 많이 쓰이며 후속하는 명사의 성, 수에 관계없이 모양이 일정하다. varenda는 의미를 강조할 때 사용한다.

Jag läser svenska **var** dag.
Jag läser svenska **varje** dag.
Jag läser svenska **varenda** dag.
] 나는 스웨덴어를 매일 공부한다.

Varje morgon tar jag en promenad. 매일 아침 나는 산책을 한다.

Maten blir dyrare för **vart/varje** år. 식품이 매년 더 비싸진다.

Hon städade huset **varenda** dag och torkade **vartenda** rum mycket noggrant. 그녀는 매일같이 집안청소를 하고 방마다 아주 깨끗이 걸레질을 했다.

② var가 단독으로 쓰일 때는 '각각, 일인당'과 같은 뜻을 가진다. 똑같은 의미로 var sin, var sitt, var sina와 같은 소유격으로 사용되기도 한다. 이 경우 var는 변화하지 않으나 sin, sitt, sina는 후속명사의 성, 수에 따라 결정된다. 이들은 1인칭, 2인칭 복수주어와도 함께 사용되는 점이 색다르다. 그러나 var sin은 변화하지 않기에 sin 대신에 vår, er가 들어설 수 없다. 즉 var vår bok, var er bil 같은 표현은 쓰지 않는다.

Pojkarna åt en smörgås **var**. = Pojkarna åt **var sin** smörgås. 소년들은 각자 샌드위치를 하나씩 먹었다.

Flickorna fick ett äpple **var**. = Flickorna fick **var sitt** äpple. 소녀들은 각자 사과를 하나씩 받았다.

De köpte två biljetter **var**. = De köpte **var sina** två biljetter. 그들은 각자 표를 두 장씩 샀다.

Vi fick **var sin** karamell. 우리는 각자 카라멜을 받았다.

Vi satt och läste i **var sin** bok. 우리는 앉아서 각자 책을 읽었다.

5.9.6 var och en, vart och ett

단수	복수
var och en (단독)	–
vart och ett (단독)	–

① var och en (모든 이, 각자, every one, each one)**은 보통 단독으로 쓰이나, 'var och en + av + 명사/대명사의 복수형'과 같은 형식으로도 쓰인다. 이때 명사에는 반드시 어말관사를 붙여야 한다. 5.9.5 ①의 var보다 강조적 의미가 강하다.**

Var och en betalade för sig. 각자 자기 몫을 지불했다.

Det är någonting, som **var och en** borde veta. 그것은 각자가 알아두어야 할 일이다.

Tag **vart och ett** för sig! 하나 씩 들 가져가라

Vart och ett av barnen mår bra. 아이들마다 건강하다.

Var och en av er måste hjälpa till. 너희들은 저마다 도와야한다.

② var och en 의 소유격 **vars och ens**는 '모든 사람의, 개개인의'를 뜻한다.

Var och en som vill åka utomlands måste ha pass. 외국여행을 하려는 사람은 누구나 여권을 소지해야한다.

Jag anser att detta är **vars och ens** ensak. 이것은 개개인이 일이라고 본다.

5.9.7 varannan, vartannat

단수	복수
varannan (부가적/단독)	varandra(단독)
vartannat (부가적/단독)	

var/vart varannan/vartannat var/vart + 서수	사물을 서로 구별하여 표시하는 방식으로 쓰인다 (하나 걸러, every other). 복수형 varandra(회화체는 varann)는 상호적 의미로만 사용된다 (서로, each other).

Han kommer **varannan** dag. 그는 하루 걸러 온다.

Vartannat hus är rött. 한집 걸러서 빨간 집이다.

Tåg går **var** tionde minut. 기차는 매 10분마다 떠난다.

Valet äger rum **vart** fjärde år. 선거는 매 4년마다 실시된다.

De hjälper **varandra**. 그들은 서로 돕는다.

5.9.8 annan, annat, andra

단수	복수
annan (부가적/단독)	andra (부가적/단독)
annat (부가적/단독)	

annan, annat, andra는 형용사처럼 부가적으로, 대명사처럼 단독으로 두루 쓰이며 그

것이 지시하는 명사의 성, 수에 일치한다. 구체적 대상을 가리키는 정형은 den andra, det andra, de andra이다.

annan, annat은 '다른 (different)' 과 같은 뜻이고 en annan, ett annat은 단독으로 쓰일 때 '또 다른 것 (another one)을 의미한다. '하나 더' 의 뜻으로는 'en till/ett till' 을 사용한다.

När Johan hade gått, kom **en annan** pojke fram till mig. (요한이 간 뒤에 다른 남자애가 내게로 왔다.)

Det här päronet är dåligt. Kan jag få **ett annat**? (이 배는 좋지 않은데요. 다른 것을 주시지요.)

Får jag titta på något **annat**? (다른 것 좀 보고 싶은데요.)

Somliga människor är rika, **andra** är fattiga. (일부 사람들은 부유하고 다른 사 람들은 가난하다.)

De andra pojkarna har gått och badat. (다른 남자애들은 수영을 하러 갔다.)

Var är **de andra**? (다른 사람들은 어디에 있느냐?)

Vill ni ha **en** kopp te **till**? (차 한잔 더 하겠습니까?)

Den ena gick ut, och **den andra** stannade hemma. (한 사람은 외출하고 다른 사람은 집에 있었다.)

å ena sidan ··· **å andra sidan** ··· , 한편으로는 ~ 다른 한편으로는 ~ (on the one hand ··· on the other hand ···)

Å ena sidan jobbar han på dagen, **å andra sidan** läser han på kvällen. (그는 낮에는 일을 하는 한편 밤에는 공부를 한다.)

annan, annat, andra 다음에 오는 형용사와 명사 변화에 대해서는 형용사 p.100 [도표2]을 참조하라.

Hon sjöng **en annan vacker** sång. 그녀는 또 다른 아름다운 노래를 불렀다.

Vi såg **ett annat vackert** drama. 우리는 또 다른 아름다운 연극을 보았다.

De sjöng också **andra vackra sånger**. 그들도 다른 아름다운 노래들을 불렀다.

주의 någon, ingen, annan, somliga, varandra, alla 등이 단독으로 대명사처럼 쓰일 때는 소유격의 -s를 붙일 수 있다.

Han har tagit **en annans** hatt. 그는 다른 사람의 모자를 쓰고 갔다.

Det är lätt att kasta bort **andras** pengar. 다른 사람의 돈은 낭비하기 쉽다.

Enligt **någras/somligas/allas** mening var det inte riktigt. 몇몇 사람/모든 이의 의견에 따르면 그것은 사실이 아니었다.

Flickorna lånar **varandras** kläder. 여자 애들은 자기 옷을 서로 빌려준다.

Andras åsikter är värdefulla också. 다른 사람들의 의견도 역시 귀중하다.

Den enes död, **den andres** bröd. 갑에게는 약이 되는 것이 을에게는 독이 된다. [속담] den andre : 남성표시

5.9.9 vem som helst, vad som helst, vem än, vad än, hur än

vem som helst (사람)	단수(단독)	
vad som helst (중성)		
vilken … som helst (통성)	단수	(부가적/단독)
vilket … som helst (중성)		
vilka … som helst (양성공통)	복수	

① 문장 가운데서 위와 같은 요소들은 '양보'의 뜻을 나타내는데 이들을 가리켜 부정관계대명사 (indefinita relativa pronomina)라고 부른다.

단독으로 쓰일 때 **vem som helst**는 '누구든지, 누구라도' (상관없다) (anybody, whoever), **vad som helst**는 '무엇이든지, 무엇이라도' (상관없다) (anything, whatever)와 같은 의미를 가진다. 부가적으로 쓰일 때는 '**vilken/vilket/vilka** + 명사 + **som helst**' 처럼 명사가 의문사와 som 사이에 들어가서 '무슨 OO라도 상관없다'의 의미를 가진다.

Vem som helst kan svara på den här frågan. 누구라도 이 질문에 대답할 수 있다.

De sålde sina varor till **vem som helst** som ville köpa dem. 그들은 자기 상품을 사려는 자에게는 누구한테나 팔았다.

Han gjorde **vad som helst** för sin fru. 그는 자기 아내를 위해 무엇이든지 하였다.

Vilken skolpojke **som helst** skulle göra det här bättre än du. 어떤 학생도 이 일을 너 보다 더 낫게 할 수 있으리라.

Jag vill äta **vilken** mat **som helst**. 나는 무슨 음식이든지 먹겠다.

Ni kan få **vilket som helst** av de här fotografierna. 이 사진 중에 아무 것이나 가져도 좋다.

② **의문사 +än**이 **양보**를 나타내는 접속부사로 쓰일 때가 있다. 이 때 주어의 위치는 än 바로 앞에 와야 된다.

vem … än 누구라도, whoever

vad … än 무엇이든, whatever

vilken … än 어느 것이든, whichever

hur … än 어떻게 하든

vart ... än 어디라도

när ... än 언제라도

Vem han **än** är, så får han inte komma in. 그가 누구라도 들어와서는 안 된다.

Vad som **än** händer, så kommer jag säkert. 어떤 일이 생겨도 나는 꼭 온다.

Vilken av de tre systrarna du **än** gifter dig med, så kommer du att bli lycklig. 그들 자매 셋 중에서 누구와 결혼하드라도 너는 행복할 것이다.

Hur du **än** gör, så kan du inte öppna den lådan. 네가 아무리 애써도 그 상자는 열 수가 없다.

Jag följer dig **vart** du **än** går. 네가 어디를 가드라도 나는 따라간다.

När han **än** sover, snarkar han alltid. 그가 언제 잠이 들어도 항상 코를 곤다.

③ **의문사 +som helst**도 **양보**의 뜻을 가진다.

Hur som helst, så tänker jag. 하여간에 나는 그렇게 생각한다.

Du får komma **när som helst**. 너는 언제든지 와도 좋다.

Det kan man köpa **var som helst**. 그것은 어디서나 살 수 있다.

5-II A. LÄSNING (강독)

Stad och land

Den svenska genomsnittsfamiljen[(1)] bor i en stadsvåning på två rum och kök. Detta är visserligen familjens permanenta bostad, men man vill ogärna betrakta den som den enda bostaden. Man vill helst också ha en stuga[(2)] på landet, och dit drar man sig tillbaka över söndagsdygnet för att njuta av naturen och återuppleva 'den goda tiden', då man inte hade elektriskt ljus, kylskåp, badrum och centralvärme.

Där går man omkring i sina gamla kläder, rör sig tungt i klumpiga stövlar, talar långsamt om väder och fiske och diskuterar årets skörd och priset på mjölken med bonden, som bor intill. Man röker en gammal krokig pipa, även om man i vanliga fall avskyr pipa. I två dagar är man primitiv och okomplicerad.

På söndagskvällen kör man tillbaka till staden, tar på sig lätta tofflor och läser bio-annonser eller tittar på TV i en bekväm stol i sin moderna tvårumslägenhet. Utan protester återtar man sin roll som neurotisk storstadsmänniska.

도움말

1) genomsnittsfamilj : 직역은 '평균가정' 이지만 여기서는 '일반, 보통가정' 을 말함.
2) stuga : 숲속의 작은 집으로 흔히 주말이나 휴가를 보내는 sommarstuga '여름 집' 을 말함.

5-II B. GRAMMATIKÖVNING (문법연습)

1. **man, han, en, ens, sin, sitt, sina** 중에서 알맞은 것을 골라 넣으시오.

1) Man vet inte vad ________ ska göra när ________ är ledig.

2) Det är svårt att veta vad man ska göra när ________ pengar har tagit slut.

3) Om man har telefon, kan ________ ringa ________ vänner.

4) Om man inte tycker om att flyga, kan det vara svårt för ________ att nå andra

kontinenter.

5) Det finns ett uttryck som säger att __________ ska höra mycket, innan __________ öron faller av.

2. all, allt, alla, allting ; hel, helt, hela 중에서 알맞은 것을 골라 넣으시오.

1) Hon köpte __________ blommor som fanns kvar för 50 kronor.

2) Olle gjorde __________ vad hon bad honom om.

3) __________ frukt är nyttig.

4) De åt upp ett __________ bröd.

5) Hon drack upp __________kaffet.

6) __________ i huset förstördes vid branden.

7) Lars åt en __________ banan.

8) Hon städade en __________ dag, men var ännu inte färdig med __________ rummen.

9) De hade problem med bilen under __________ resan.

10) Gästerna drack upp __________ hennes vin.

3. var, varje, varannan, vartannat, var sin, var sitt, varandra, varandras 중에서 올바른 것을 골라 넣으시오.

1) Jag åker till Frankrike en gång ______________ år.

2) Alla eleverna tog ______________ papper och började rita.

3) Vi får lön den 25 ______________ månad.

4) Deras son kommer hem ______________ vecka.

5) De två barnen fick ______________ päron.

6) Fru Nilsson kommer hit och städar ________________ tredje vecka.

7) Grannfrun och jag talar ofta med ________________ och lånar ________________ kläder.

8) Sönerna hade fått ________________ bil i julklapp.

9) Ungefär ________________ svensk är kvinna.

10) ________________ år reser vi till fjällen.

4. 보기와 같이 종속절에서 ingen, inget, inga, ingenting을 각기 분리해서 쓰시오.

보기 Han får **inget** arbete → Jag undrar varför han **inte** får **något** arbete.

1) Han träffar inga släktingar

2) Han köper ingen mat.

3) Han skrev inget brev.

4) Han förstår ingenting.

5) Han köper inget paraply.

5-II C. ÖVERSÄTTNING (번역작문)

1. vad som helst, vilket som helst 등을 이용하여 스웨덴어 문장으로 바꾸시오.

1) 무엇을 드시겠습니까? 상관없습니다①. 아무거나 먹겠습니다.

2) 아주 목이 마르군요!② 마실 것 좀 주시겠습니까?③

3) 무엇을 마시겠습니까? 찬 것이면 아무거나 좋습니다.

4) 에바는 내일 스벤과 약혼을 한다④. 스벤은 그녀에게 아름다운 장미를 사주려고 한다. 그녀는 아무 꽃이나 받지 않는다.

5) 그는 호수에 나가서 낚시를 즐긴다⑤. 어떤 날씨에라도 개의치 않는다.

2. någon, ingen, ingenting, ingenstans 따위를 이용하여 아래 문장을 스웨덴어로 옮기시오.

1) 컴퓨터를 수리할 수 있는 사람을 압니까? 이 동네에는 그것을 수리할만한 이가 없습니다.

2) 요즘 스웨덴 경제는 어떻습니까? 나는 경제에 대해서 아는 바가 전혀 없습니다.

3) 스웨덴의 어느 도시들을 가보았습니까? 스톡홀름과 예테보리 두 도시에 가보았습니다.

4) 이번 여름에 어디 여행이라도 가지 않으시렵니까? 아니오, 갈 데가 없습니다. 일이나 하려고 합니다.

5) 나는 거의 아침마다 머리가 아픈데⑥ 그 이유를 모르겠습니다.

도움말

① 상관없다 : det gör inget/det spelar ingen roll.
② 감탄문 형식 : vad +형용사/vad +주어 +동사 +형용사
③ 겸손한 명령, 부탁을 할 때 : 명령문 앞에 vill du vara snäll och … 를 내세우거나 명령문 뒤에 så är du snäll 덧붙인다. 영어의 please에 해당하는 표현이다.
④ ~와 약혼하다 : förlova sig med
⑤ ~하기를 즐긴다 : tycka om att…/älska att…
⑥ 머리가 아프다 : ha huvudvärk

스톡홀름의 가믈라스탄에 자리한 스웨덴 왕궁

6

동사
Verb

6.1 기본형과 어미 (Verbets former och ändelser)

동사란 사람이나 사물의 동작, 존재, 상태 등을 나타내는 품사로서 그 형식이 매우 다양하다. 스웨덴어에서는 부정법, 과거, 완료분사, 이 세 가지 기본형을 토대로 여러 가지 변화형식을 만든다. 여기서는 기초적 개념과 기능을 간단히 소개하고 자세한 사항은 해당 절에서 설명하기로 한다.

동사의 기본형태

부정법	과거형	완료분사
kall**a**(부르다)	kalla**de**	kalla**t**

그 밖의 동사형태

명령형	현재형	현재분사	과거분사
kall**a**	kalla**r**	kalla**nde**	kalla**d** (통성)
			kalla**t** (중성)
			kalla**de**(복수/한정형)

어간(stam)은 동사의 핵심부분으로 여기에 여러 가지 굴곡어미가 첨가된다. 어간 에는 모음으로 끝나는 것과 자음으로 끝나는 두 종류가 있다.

모음어간 : arbet**a** (제1변화)
　　　　　s**y** (제3변화)
자음어간 : kö**r** (제2변화)
　　　　　skri**v** (제4변화)

완료분사(supinum)는 변화하지 않으며 조동사 **ha**와 함께 다양한 시제를 구성한다.

ha + 완료분사 = 완료부정법　　**att ha målat** 칠하기 완료동작
har +완료분사=현재완료형　　Jag **har målat** huset. 나는 집을 칠했다.
hade+완료분사=과거완료형　　Jag **hade målat** huset. 나는 집을 칠했었다.

과거분사(perfekt particip)는 흔히 형용사로 쓰이며 수동형을 구성하는 요소가 된다. 수식하는 주어/명사의 성, 수에 따라 모양이 달라진다.

Huset är **målat vitt**. 집은 하얗게 칠해졌다.

Bokhyllan **blev målad** förra veckan. 책장은 지난주에 칠해졌다.

현재분사(presens particip)는 보통 형용사나 명사로 사용된다.

Det var en **ingående** beskrivning. 그것은 자세한 설명이었다.

Ej **gående**. 보행자 금지.

부정법(infinitiv)은 서법조동사와 어우러져 본동사로 쓰이는 한편 명사의 구실도 한다.

Vi ska **spela** fotboll. 우리는 축구시합을 하겠다.

Att spela fotboll är roligt. 축구시합은 재미있다.

단순시제(enkelt tempus)에는 **현재**와 **과거** 두 가지가 있으며 동사자체의 굴곡(böjning)만으로 표시 된다.

보기 **gå** 가다 (부정법) ; han **går** 그는 간다 (현재) ; han **gick** 그는 갔다 (과거). **복합시제** (sammansatt tempus)는 완료형과 과거완료형으로 나뉘며 동사의 굴곡과 조동사의 결합으로 이루어진다.

보기 **att ha gått** = to have gone (완료부정법) ; han **har gått** = he has gone (현재완료) ; han **hade gått** = he had gone (과거완료).

6.2 동사변화 유형 (Verbets konjugationer)

동사의 다양한 굴곡어미와 어간모음 변이를 체계화하기 위해서 변화 유형에 따라 동사를 4가지로 분류한다. 변화양상에는 모두 24가지가 있는데 이들은 크게 **약변화동사(1,2,3 변화동사)**와 **강변화동사(4변화동사)**로 나뉜다. 분류기준은 대체로 **과거형**에 두고 있으며 **약변화동사**는 **어간**에 **과거어미**를 붙이고 **강변화동사**는 **과거형**에서 어미 대신에 **어간모음**(stamvokal)이 바뀐다. 통계에 의하면 전체 동사의 약 80%가 제1변화동사, 10%는 제2변화동사, 1%는 3변화동사, 8%가 제4변화동사에 각각 속한다(Holmes & Hinchliffe 1994:250).

보기 약변화동사 arbeta**r** (현재), arbeta**de** (과거)
강변화동사 drick**er** (현재), dr**a**ck (과거)

▶ 약변화동사 (Svaga verb) ◀

6.2.1 제1변화동사 (Första konjugationen)

어간 = 부정법

부정법	어간 + (a)**r**
과거형	어간 + (a)**de**
완료분사	어간 + (a)**t**

부정법은 어간과 동일하며 어간에 **현재형 어미 -r, 과거어미 -de, 완료분사 어미 -t**를 붙여 시제를 표시한다. 그밖에 **과거분사 어미 -d**(성수에 따라 달리 변함), **현재분사 어미 -ande**도 붙인다. 이 때 어간이 **-a**로 끝나면 겹치기를 피하여 이를 생략한다. 제1변화동사는 대표적인 규칙동사로서 전체 동사의 약 80% 가량을 차지한다.

근래에 도입된 동사 대부분도 여기에 속한다 : jobba 일하다, missa 놓치다, lifta 무임 편승하다. 또한 **-era**로 끝나는 동사 역시 모두 제1변화동사이다: studera 공부하다, parkera 주차하다, transportera 운송하다.

보기 tala 말하다, dansa 춤추다, baka 빵굽다, jogga 조깅하다, decentralisera (권력, 조직을) 분산시키다.

부정법	현재	과거	완료분사	과거분사	현재분사
tala	tala**r**	tala**de**	tala**t**	tala**d**	tal**ande** (말하다)

현재 (I talk)	과거 (I talked)	현재완료 (I have talked)	과거완료 (I had talked)
jag du] talar vi	jag du] talade vi	jag du] har talat vi	jag du] hade talat vi

6.2.2 제2변화동사 (Andra konjugationen)

어간의 마지막 자음이 **유성**이냐 **무성**이냐에 따라서 a와 b 두 유형으로 나뉜다.

현재형은 어간에 어미 **-er**를 붙이고, 과거형은 유성자음 어간에는 **-de**, 무성자음 어간에는 **-te**를 각각 붙인다. 완료분사 어미는 **-t**, 과거분사 어미는 **-d/-t**이고, 현재 분사 어미는 **-ande**이다.

2a. ställ/a

어간 = 부정법에서 -a를 뗀 부분

현재형	어간 + **er**
과거형	어간 + **de**
완료분사	어간 + **t**

부정법	현재	과거	완료분사	과거분사	현재분사
ställ/a	häll**er** → ställ**er**	ställ**de**	ställ**t**	ställ**d**	ställan**de** (놓다)

현재 (I put)	과거 (I put)	현재완료 (I have put)	과거완료 (I had put)
jag / du / vi ställer	jag / du / vi ställde	jag / du / vi har ställt	jag / du / vi hade ställt

어간이 유성자음(**d, g, gg, j, l, ll, m, n, ng, r, v**)으로 끝나는 동사의 대부분이 제2변화 a군에 속한다.

보기 tänd/a 불켜다, äg/a 소유하다, bygg/a 짓다, böj/a 굽히다, tål/a 참다, fyll/a 채우다, värm/a 데우다, nämn/a 언급하다, ring/a 전화하다, rör/a 건드리다 söv/a 잠재우다.

주의

① 어간이 장모음 +r,l로 끝나는 제2변화동사는 현재형어미를 붙이지 않는다.

lär 가르치다, kör 운전하다, hör 듣다, tål 견디다, mal 빻다. 이 규칙은 강변화동사 bära, stjäla 에도 적용되어 현재형은 bär, stjäl이다.

② 어간이 -nd로 끝나는 동사는 과거형과 완료분사형에서 d를 떼버린다.

sänd/a → sän**de**, sän**t** 보내다, använd/a → använ**de**, använ**t** 사용하다.

③ 어간이 모음 +d로 끝나는 동사는 완료분사형에서 d가 t로 바뀐다.

råda, rådde, rått 충고하다

föda, födde, fött 출생하다

leda, ledde , lett 안내하다

④ 어간이 중자음 mm 또는 nn으로 끝나는 동사는 과거와 완료분사형에서 자음이 하나로 간소화된다.

부정법	과거	완료분사
gömma	gömde	gömt 숨기다
glömma	glömde	glömt 잊다
känna	kände	känt 알다, 느끼다
bränna	brände	bränt 불태우다

그러나 명령형에서는 중자음 -mm 은 하나로 간소화하지만 -nn은 그대로 남아있다.

göm dig! 숨어라, glöm inte! 잊지 마라, känn på det här! 이것을 만져 보아라.

2b. köp/a

어간 = 부정법에서 -a를 뗀 부분

현재형	어간 + **er**
과거형	어간 + **te**
완료분사	어간 + **t**

부정법	현재	과거	완료분사	과거분사	현재분사
köp/a	köp**er**	köp**te**	köp**t**	köp**t**	köp**ande** (사다)

현재 (I buy)	과거 (I bought)	현재완료 (I have boughtt)	과거완료 (I had bought)
jag, du, vi köper	jag, du, vi köpte	jag, du, vi har köpt	jag, du, vi hade köpt

① 어간이 무성자음(k, p, t, s)으로 끝나는 동사는 제2변화동사의 b군에 속한다.

보기 åk/a 타고가다, köp/a 사다, möt/a 만나다 läs/a 읽다 hjälp/a 돕다 res/a 여행하다, rök/a 담배

피다, tryck/a 누르다, tyck/a 생각하다.

② 어간이 **n**이나 **l**로 끝나는 몇 개의 동사도 여기에 속한다.

보기 rön/a 경험하다, krön/a 왕위에 앉히다, begynna 시작하다, synas 보이다, genmäla 답변하다.

주의 어간이 자음+t로 끝나는 동사는 과거와 완료분사형에서 t를 떼버린다.

lyft/a, lyfte, lyft 들어올리다

smält/a, smälte, smält 녹이다

vält/a, välte, valt 배가 갑자기 기울다

6.2.3 제3변화동사 (Tredje konjugationen)

어간 = 부정법

현재형	어간 + **r**
과거형	어간 + **dde**
완료분사	어간 + **tt**

부정법	현재	과거	완료분사	과거분사	현재분사
tro	tro**r**	tro**dde**	tro**tt**	tro**dd**	tro**ende** (믿다)

현재 (I believe)	과거 (I believed)	현재완료 (I have believed)	과거완료 (I had believed)
jag / du / vi — tror	jag / du / vi — trodde	jag / du / vi — har trott	jag / du / vi — hade trott

이 부류에는 어간이 -a 를 제외한 다른 강세 모음으로 끝나는 동사가 속한다. 어간은 부정법과 동일하며 어간에 현재형 어미 **-r**, 과거어미 **- dde**, 완료분사 어미 **-tt**, 현재분사 어미 **-ende**를 각각 붙인다.

모음의 길이는 과거, 완료분사, 과거분사형에서 짧아진다.

보기 ske 발생하다, bete sig 행동하다, bo 거주하다, bero ~에 달려있다, tro 믿다, fly 도망가다, sy 바느질하다, så 씨뿌리다, strö 흐뜨리다.

6.2.4 제4변화동사 (Fjärde konjugationen)

과거형에서 어미가 첨가되는 대신에 어간모음(stamvokal)이 바뀌는 것이 특징이다. 강변화동사의 대다수는 어간이 자음으로 끝나지만(4a) 모음으로 끝나는 것도 몇 개 있다(4b).

4a. 어간 = 부정법에서 -a를 뗀 부분

현재형	어간 + (**skriv**) + **er**
과거형	skre**v**
완료분사	skriv**it**

부정법	현재	과거	완료분사	과거분사	현재분사
skriva	skriv**er**	skrev	skriv**it**	skriv**en**	skriv**ande** (글쓰다)

현재 (I write)		과거 (I wrote)		현재완료 (I have written)		과거완료 (I had written)	
jag du vi	skriver	jag du vi	skrev	jag du vi	har skrivit	jag du vi	hade skrivit

어간에 현재형 어미 **-er**, 완료분사 어미 **-it**, 과거분사 어미 **-en**, 현재분사 어미 **-ande** 를 각각 붙이고, 과거형은 어간모음을 바꿔서 만든다. 완료분사 어미는 거의 다 **-it**이며 예외적으로 ligga의 경우 **-at**로 끝난다.

보기
① bita biter bet bitit biten bitande (물다)
gripa grip**er** grep grip**it** grip**en** grip**ande** (잡다)
lida lid**er** led lid**it** lid**en** lid**ande** (고통받다)
② ligga ligg**er** låg leg**at** -leg**ad** ligg**ande** (눕다)

주의 어간이 r또는l로 끝나는 제4변화동사는 현재형 어미를 별도로 붙이지 않 는다. bär 짐지다, stjäl 훔치다. 곧 어간이 현재형으로 쓰인다.

4b. 어간 = 부정법

현재형	어간 (**se**) + **r**
과거형	**såg**
완료분사	se**tt**

부정법	현재	과거	완료분사	과거분사	현재분사
se	se**r**	s**å**g	se**tt**	se**dd**	se**ende** (보다)

현재 (I see)	과거 (I saw)	현재완료 (I have seen)	과거완료 (I had seen)
jag / du / vi — ser	jag / du / vi — såg	jag / du / vi — har sett	jag / du / vi — hade sett

어간과 부정법이 동일하며 어간에 현재형 어미 **-r**, 완료분사 어미 **-tt**, 과거분사 어미 **-dd**, 현재분사 어미 **-ende**를 각각 붙인다. 과거형은 4a처럼 어간모음의 교체로 이뤄진다.

보기					
stå	st**å**r	st**o**d	st**å**tt	-st**å**dd	st**å**ende (서다)
gå	g**å**r	g**i**ck	g**å**tt	gången	g**å**ende(가다)
få	f**å**r	f**i**ck	f**å**tt	fången	_(얻다)
ge	ge**r**	g**a**v	ge**tt**	given	giv**ande** (주다)
(giva)	(giver)		(givit)		

참고 전체 강변화동사(제4변화)의 변화표는 이 책의 맨 뒤 부록 편에 정리되어 있다.

강변화동사 어간모음 변이 유형

유형	부정법	현재	과거	완료분사	과거분사
1) **i e i i**	skr**i**va	skriver	skr**e**v	skr**i**vit	skr**i**ven
	bl**i**(va)	blir	bl**e**v	bl**i**vit	bl**i**ven
2) **(j)u/y ö u u**	bj**u**da	bjuder	bj**ö**d	bj**u**dit	bj**u**den
	fr**y**sa	fryser	fr**ö**s	fr**u**sit	fr**u**sen
3) **i a u u**	dr**i**cka	dricker	dr**a**ck	dr**u**ckit	dr**u**cken
	spr**i**nga	springer	spr**a**ng	spr**u**ngit	spr**u**ngen
4) **a o a a**	t**a**(ga)	tar	t**o**g	t**a**git	t**a**gen
	f**a**ra	far	f**o**r	f**a**rit	f**a**ren
5) **ä a u u**	b**ä**ra	bär	b**a**r	b**u**rit	b**u**ren
	stj**ä**la	stjäl	st**a**l	sl**u**tit	st**u**len
6) **o o o o**	k**o**mma	kommer	k**o**m	k**o**mmit	k**o**mmen
	s**o**va	sover	s**o**v	s**o**vit	_
7) **å i å å**	g**å**	går	g**i**ck	g**å**tt	g**å**ngen
	f**å**	får	f**i**ck	f**å**tt	f**å**ngen
8) **å ä å å**	l**å**ta	låter	l**ä**t	l**å**tit	-l**å**ten
	gr**å**ta	gråter	gr**ä**t	gr**å**tit	gr**å**ten
9) **a ö a a**	f**a**lla	faller	f**ö**ll	f**a**llit	f**a**llen

6.2.5 불규칙동사 (Oregelbundna verb)

동사 가운데 일부는 과거 및 완료분사형에서 **어간모음**이 변하면서 동시에 약변화 동사(1,2,3변화)처럼 **어미**를 취하기도 한다. 이러한 부류에 속하는 동사를 불규칙 동사라고 부르나 그 수효가 그리 많지 않기 때문에 강변화동사(제4변화)류에 포함시키는 것이 통례이다.

어간 = 부정법에서 -a를 뗀 부분

현재형	어간 (välj) + **er**
과거형	**valde**
완료분사	val**t**

부정법	현재	과거	완료분사	과거분사	현재분사
välj/a	välj**er**	va**lde**	val**t**	val**d**	välj**ande** (선택하다)

현재 (I choose)	과거 (I chose)	현재완료 (I have chosen)	과거완료 (I had chosen)
jag / du / vi — väljer	jag / du / vi — valde	jag / du / vi — har valt	jag / du / vi — hade valt

어간에 현재형 어미 **-er**, 완료분사 어미 **-t**, 과거분사 어미 **-d**, 현재분사어미 **-ande** 를 각각 붙이고, 과거형은 **어간모음** 교체와 함께 과거어미 **-de**를 붙여 만든다. **-r**로 끝나는 동사 어간은 그대로 현재형으로 쓰인다.

보기					
böra	b**ö**r	b**o**r**de**	b**o**r**t**	- -	- - (해야한다 ought to)
dölja	döl**jer**	d**o**l**de**	d**o**l**t**	d**o**l**d**	dölj**ande** (숨기다)
göra	g**ö**r	gj**o**r**de**	gj**o**r**t**	gj**o**r**d**	gör**ande** (하다)
lägga	lägg**er**	**la**de	la**gt**	la**gd**	lägg**ande** (놓다)
svälja	sväl**jer**	sval**de**	sval**t**	sval**d**	svälj**ande** (삼키다)

(나머지 불규칙동사는 '부록 동사변화표' 참조.)

6.2.6 동사변화 총괄 표 (Översikt över verbböjningen)

지금까지 설명한 각종 동사변화의 양상을 정리하여 도식화하면 아래와 같다.

동사종류	부정법	현재	과거	완료분사
1	baka/	baka/**r**	baka/**de**	baka/**t**
2a	stäng/**a**	stäng/**er**	stäng/**de**	stäng/**t**
	kör/**a**	kör/	kör/**de**	kör/**t**
2b	köp/**a**	köp/**er**	köp/**te**	köp/**t**
3	sy/	sy/**r**	sy/**dde**	sy/**tt**
4a	skriv/**a**	skriv/**er**	skrev	skriv/**it**
4b	gå	går	gick	gå/**tt**
불규칙	gör/**a**	gör/	gjor/**de**	gjor/**t**

명령형	현재분사	과거분사
		(통성, 중성, 복수)
baka/	bak/**ande**	bakad, bakat, bakade
stäng/	stäng/**ande**	stängd, stängt, stängda
kör/	kör/**ande**	körd, kört, körda
köp/	köp/**ande**	köpt, köpt, köpta
sy/	sy/**ende**	sydd, sytt, sydda
skriv/	skriv/**ande**	skriven, skrivet, skrivna
gå/	gå/**ende**	gången, gånget, gångna
gör/	gör/**ande**	gjord, gjort, gjorda

주의 ① 동사종류 1, 2a, 2b, 3, 4a, 4b는 제1변화, 제2변화, 제3변화, 제4변화동사를 각각 가리킨다.
②사선( )은 어간 경계 표시.
③현재분사, 과거분사에 대한 자세한 설명은 6.3.8을 참조할 것.

6.2.7 동사의 긴 형과 짧은 형 (Verbets långa och korta form)

자주 쓰이는 몇몇 동사는 부정법, 현재형, 명령형에 짧은 형과 긴 형 두 가지가 있다. 회색 글자로 쓰인 긴 형은 요즘에 와서는 성서를 비롯한 종교 의식 용어 또는 고어풍으로 간주된다.

부정법	현재	명령	과거	완료분사
be bedja	ber beder	be bed	bad	bett bedit 요청하다
dra draga	drar drager	dra drag	drog	dragit 끌다
ta taga	tar tager	ta tag	tog	tagit 취하다
bli bliva	blir bliver	bli bliv	blev	blivit ~이 되다
ge giva	ger giver	ge giv	gav	gett givit 주다
ha hava	har haver	ha hav	hade	haft 가지다

참고 긴 형은 흔히 복합동사의 구성요소로 나타난다.
utebliva, omgiva, avtaga, bedraga

6.2.8 동사의 복수형태 (Verbets pluralformer)

1900년대 초반까지 옛 문어체 스웨덴어에는 주어가 복수일 때 특별한 복수동사 형을 사용하였다. 즉 약변화동사(제1,2,3 변화동사)와 강변화동사(제4변화동사)에는 아래와 같은 규칙이 적용되었다.

① 약변화동사, 강변화동사의 복수 현재형은 부정법과 동일하였다.

복수	단수		
1변화	Vi kall**a**.	(Jag kallar)	부르다
2변화	Ni köp**a**.	(Du köper)	사다
3변화	De tr**o**.	(Han tror)	믿다
강변화	Vi spring**a**.	(Jag springer)	달리다

※ 예외적으로 vara의 복수현재 형은 äro이다. vi äro, ni äro, de äro.
Vi äro musikanter i Bremen. 우리는 브레멘의 악사들이다.

② 강변화동사의 과거형에는 복수어미 -o 를 붙였다. 복수동사의 어간모음은 단수 과거형과 같은 것도 있고, 완료분사형과 같은 것도 있다.

복수	단수	부정법	
Vi skrev**o**.	(Jag skrev)	skriva	글쓰다

Vi bjöd**o**.	(Jag bjöd)	bjuda	초대하다
De bur**o**.	(Han bar)	bära	짐 지다
De druck**o**.	(Jag drack)	dricka	마시다

③ 강변화동사의 과거복수형은 어간모음이 과거단수형과 비교하여 아래와 같이 달라진다.

	과거단수	과거복수	부정법	
a > u	(brann)	brunno,	brinna	불타다
	(fann)	funno,	finna	찾아내다
a > u	(skar)	skuro,	skära	자르다
	(bar)	buro,	bära	짐 지다
a > å	(bad)	bådo,	be (bedja)	청하다
	(gav)	gåvo	ge (giva)	주다
a > o	(var)	voro	vara	이다/있다

④ 불규칙적인 과거복수형에는 다음과 같은 사례가 있다.

fingo (fick) få 얻다
gingo (gick) gå 가다

주의 이들 과거복수형은 구어체(talspråk) 에서는 이미 14세기경에 사라졌으나 문어체(skriftspråk)에서는 1900년대 중반까지도 쓰였다. 따라서 이 시기 이전에 나온 소설이나 관공서 문체에 많이 나타났으나 현대 스웨덴어에서는 완전히 자취를 감추었다.

6.3 동사시제 (Verbets tempus)

시제를 나타내는 동사의 여러 가지 형식은 본동사의 활용이나 조동사의 도움을 얻어 만든다. 시제형식은 크게 **단순시제**(enkelt tempus)와 **복합시제**(sammansatt tempus)로 나뉜다.

단순시제	현재형	Vi **ser** henne.
	과거형	Vi **såg** henne.

복합시제	현재완료	Vi **har sett** henne.
	과거완료	Vi **hade sett** henne.

이제 시제의 갈래와 용법을 설명하기에 앞서 모든 동사형식의 토대가 되는 부정법의 용법부터 들어가기로 한다.

6.3.1 부정법 (Infinitiv)

부정법은 동사의 기본형으로 단어집이나 사전의 표제어로 쓰이며 그 형태가 변화하지 않는다(tala, köpa, spela). 부정법의 모양은 어간과 반드시 일치하는 것은 아니며 lär, må, måste와 같은 동사는 부정법을 갖지 않는다. 부정법 앞에는 일반적으로 영어의 to에 해당하는 **부정법 표지**(infinitivmärke) **att**를 붙이며(att tala, att köpa), 경우에 따라서는 **완료부정법**(att ha talat, att ha köpt) 과 구별해서 사용하 기도 한다. att는 특히 회화체에서 [o]로 발음하기도 한다.

① 동사적 용법

부정법은 조동사 또는 준조동사 뒤에 위치하여 본동사로 쓰인다.

Vi ska **åka** till Stockholm. 우리는 스톡홀름으로 가려고 한다.

Du behöver inte **komma** nästa vecka. 너는 다음 주에 올 필요가 없다

주의1 부정법이 목적보어의 구실을 할 때도 있는데 이 경우는 주로 지각동사 (förnimmelseverb) 또는 låta/tillåta와 함께 쓰이며 앞에 att를 붙이지 않는다.

Vi hörde henne **sjunga**. 우리는 그녀가 노래하는 것을 들었다.

Jag såg honom **gå** ut. 나는 그가 나가는 것을 보았다.

Han lät kaffet **kallna**. 그는 커피를 차게 했다.

주의2

behöva필요하다, bruka 흔히~하다, tyckas ~인 듯하다 ,

tänka (생각하다) 따위의 준조동사 뒤에서도 att를 붙이지 않는다.

Jag behöver inte **gå** dit i dag. 나는 오늘 거기에 가지 않아도 된다.

Hon brukar **ta** ett varmt bad på kvällarna. 그녀는 저녁이면 흔히 더운물에 목 욕을 한다.

Tåget tycktes **röra** sig. 기차가 움직이는 것 같았다.

Vi tänker **ha** ett litet kalas. 우리는 조촐한 파티를 가져볼 생각이다.

주의3 종속절의 동작이 주절의 동작보다 한 단계 앞선 것을 나타내는 방식으로 **완료부정법**(perfekt infinitiv)을 사용할 때가 있다.

De vann utan **att ha spelat** en enda match. (그들은 단 한 차례 경기도 치르지 않고 승리했다.)

② **명사적 용법**

동사가 명사로 전용되기도 하는데 대체로 명사의 기능을 거의 다 수행하지만 부정법에는 관사나 소유격 -s를 붙일 수 없다.

(a) 주어

문장의 맨 앞에서 주어로 쓰일 때는 att를 붙이지 않아도 되며, 부정법은 중성으로 취급된다.

Bada är skönt. ⎤
Att bada är skönt. ⎦ 목욕을 하는 것은 기분이 좋다.

Det är skönt att bada. (det는 형식상의 주어)

Tala är silver, **tiga** är guld. 침묵은 금이고, 웅변은 은이다.

주어로 쓰이는 부정법은 목적어를 동반할 수 있다.

Att spela **gitarr** är roligt. 기타를 치는 것은 즐겁다.

(b) 동사의 목적어

Vi fortsätter **att läsa** svenska (=Vi fortsätter **läsa** svenska). 우리는 계속해서 스웨덴어를 공부한다.

Hon älskar **att åka** bil. 그녀는 자동차 타기를 즐긴다.

Jag föredrar **att avgå.** 나는 차라리 사퇴하는 편이 낫겠다.

(c) 전치사의 목적어

Han gick hem **utan att säga** någonting. 그는 아무 말도 하지 않은 채 집으로 갔다.

Han funderar **på att läsa** franska nästa termin. 그는 다음 학기에 프랑스어를 공부해볼까 생각 중이다.

Vi struntar **i att ta** paus i dag. 우리 오늘은 휴식을 그만두자.

Jag är intresserad **av att se** fotbollmatch. 나는 축구경기 구경을 좋아한다.

주의 전치사 다음에 오는 부정법에는 반드시 att를 붙인다.

③ 명사, 대명사, 형용사의 수식어

(a) 명사의 수식어

Lusten **att arbeta** är stor. 일 하고자 하는 의욕은 크다.

Har du möjlighet **att komma** kl.7? 7시 에 올 수 있겠니?

(b) 대명사의 수식어

Jag har ingenting **att säga**. 나는 아무런 할 말이 없다.

(c) 형용사의 수식어

Det är dyrt **att bo** i Tokyo. 동경에서 생활하는 데는 비용이 많이 든다.

Studenterna är villiga **att diskutera** miljöfrågor. 학생들은 환경문제를 가지고 토론할 용의가 있다.

주의 명사, 형용사 다음에 오는 부정법 앞에도 반드시 att를 붙인다.

④ 부정법의 부정(否定)

부정법(infinitiv)을 부정할 때는 inte를 att와 동사 사이에 넣는다.

Det är trist **att inte ha** några vänner. 친구가 없는 것은 쓸쓸하다.

Jag ångrar mig **att inte ha gjort** hemläxan. 나는 숙제를 안한 것을 후회한다.

6.3.2 현재 (Presens)

현재형은 동사의 어간 (stam)에다 **-(a)r** 또는 **-er**를 붙여서 만든다.

주의 스웨덴어의 현재형은 부정법(infinitiv)과 다르다.

▶ 동사의 어간 (Verbets stam)

동사의 어간은 동사형에서 활용어미(ändelser), 접미사(suffix), 접두사(prefix) 따위를 제외한 부분을 가리킨다 .

제1변화동사	tala	(어간=부정법)
제2변화동사	a. köp b. ställ	(어간=부정법에서 -a를 뗀 부분)
제3변화동사	tro	(어간=부정법)
제4변화동사	a. skriv	(어간=부정법에서 -a를 뗀 부분)
	b. ge	(어간=부정법)

▶ 현재시제

① 현재 진행되고 있는 동작 (영어의 진행형을 대신함).

Han **arbetar** nu. 그는 지금 일하고 있다 .

Jag **sitter** och **läser** tidningen. 나는 앉아서 신문을 읽고 있다.

② 규칙적인 현재의 습관, 반복적 동작

Han **arbetar** varje dag. 그는 매일 일한다.

Lektionerna **börjar** klockan 8. 수업은 8시에 시작한다.

③ 특정 시간에 한정되지 않은 진리, 사실

Jorden **går** runt solen. 지구는 태양의 주위를 돈다.

Vattnet **kokar** vid 100° Celsius. 물은 섭씨 100도에 끓는다.

④ 문맥이나 부사의 종류로 미루어 미래의 동작을 나타낸다.

I morgon **blir** det regn. 내일은 비가 올 것이다.

Om en vecka **reser** jag bort. 일주일 있으면 나는 여행을 떠난다.

Vi **tänker** åka utomlands i sommar. 우리는 이번 여름에 해외로 나갈까 생각 중이다.

⑤ 역사적 현재(소설, 드라마에서 현장감을 살리기 위해 과거시제 대신에 쓴다).

27 november 1896 **bryter** Strindberg upp från Klam och **reser** över Berlin och Danmark hem. 1896년 11월 27일에 스트린드베리는 클람을 뛰쳐나와 베를린과 덴마크를 거쳐 집으로 돌아온다.

⑥ 생년월일을 말할 때 과거시제 대신에

När **är** ni född? 생년월일이 언제시지요?

Jag **är** född den 10 december 1955. 저는 1955년 12월 10일생입니다.

주의 그러나 죽은 사람의 생년월일은 과거 s-수동형으로 표시한다. 요즘에는 산 사람에도 쓰인다.

August Strindberg **föddes** 1849. 아우구스트 스트린드베리는 1849년에 출생하였다.

Mats Svensson **föddes** 1960. Numera bor han i New York. 마쓰 스벤손은 1960년에 출생하였다. 그는 현재 뉴욕에 산다.

6.3.3 과거 (Preteritum/Imperfektum)

과거형은 동사의 어간에 **과거어미**를 붙이거나(제1, 제2, 제3변화동사), 동사의 **어간모음**을 교체하여(제4변화동사) 만든다(동사변화 6.2 참조).

▶ 과거시제

① 이미 끝난 동작을 표시한다. 과거의 시점은 동사형태나 부사로써 명시되지만 문맥 속에서 간접적으로 암시되기도 한다.

Jag **lyssnade** på radio i går. 나는 어제 라디오를 들었다.

I fjol **reste** vi till Grekland. 작년에 우리는 그리스로 여행했다.

Vi **bodde** inte här förra året. 우리는 작년에 이곳에 살지 않았다.

Han **skrev** ett brev för en vecka sedan. 그는 일주일 전에 편지 한 장을 썼다.

② 겸손한 부탁이나 요구를 할 때 서법조동사의 과거형을 쓴다

Kunde du tänka dig göra det? (Kan du göra det? 대신에) 그 일을 좀 해줄 수 있습니까?

Jag **ville** ha en sådan, tack. (Jag vill ha en sådan, tack. 대신에) 그런 것을 하나 원합니다.

③ 비현실적 상황을 표시하는 조건법적 의미

Om jag **var** president, **skulle** jag avskaffa all skatt. 내가 만일 대통령이라면 모든 세금을 폐지하고 싶은데.

Om jag **hade** tid, **skulle** jag skriva en bok. 시간이 있다면 나는 책을 한 권 쓰고 싶은데.

④ 느낌이나 감정을 표시하는 비인칭 구문에서 현재 대신 과거시제를 쓴다.

Det **var** synd, att du måste gå! 꼭 가야만 한다니 섭섭하구나.

Det **var** tråkigt, att du inte kan komma! 네가 올 수 없다니 유감이다.

Det **var** mycket snällt av dig att hjälpa! 도와주니 정말 고맙네.

Det **var** roligt att se dig. 너를 만나니 반갑다.

Det **var** dyrt! 비싸군요!

Det **var** varmt, det här! 여기는 덥구나!

〈기타 경우〉

Hur **var** namnet? 성함이 어떻게 되시나요?

Så **var** det slut för dagen från TT. (TT : Tidningarnas telegrambyrå) 이상으로 오늘의 연합통신(TT 소식을 마칩니다.)

6.3.4 현재완료 (Perfektum)

완료형에는 현재완료, 과거완료 두 가지가 있으며 형식은 조동사 '**ha +완료분사** (supinum)' 이다. 현재완료형은 조동사 ha 의 현재형 'har+완료분사' 로 만든다.

주의 영어에서는 과거분사가 완료형과 수동형에 두루 쓰이지만, 스웨덴어에서는 완료형에는 **완료분사**(supinum)가, 그 외에는 **과거분사**(perfekt particip)가 따로 쓰이며 모양도 각기 다르다(6.3.8② 참조).

▶ 현재완료 시제

① 과거에 일어난 동작이 현재까지 지속되는 상태를 가리킨다. 현재완료와 함께 쓰이는 부사는 시간상의 길이와 시점이 불확실하다.

Det **har regnat** mycket den sista veckan, och det fortsätter att regna. 지난주에 비가 많이 내렸는데 아직도 계속 오고 있다.

비교 Det **regnade** mycket den sista veckan. (Nu regnar det inte längre.) 지난주에 비가 많이 왔다. (지금은 더 이상 오지 않는다.)

② 동작의 완료 시점이 부정확하거나 지금까지 반복된 동작을 표시한다.

Jag **har köpt** den har överrocken i London. 나는 이 외투를 런던에서 샀다. (완료)

Vi **har varit** i Polen förr. 우리는 전에 폴란드에 갔었다. (완료)

Hon **har läst** boken varje dag den har veckan. 그녀는 이번 주에 매일 책을 읽었다. (반복)

Jag **har plockat** svampar här i många år. 나는 여기서 여러 해 동안 버섯을 땄다. (반복)

③ **미래시제와 함께 미래완료를 나타내기도 한다.**

Jag ska resa till Amerika när jag **har slutat** skolan. 나는 학교를 졸업하면 미국에 갈 것이다.

När du kommer **har** jag **avslutat** boken. 네가 올 때는 나는 책을 완성했을 것이다.

6.3.5 과거완료 (Pluskvamperfektum)

과거완료의 형식은 조동사 ha 의 과거형 '**hade+완료분사**'이다.

▶ 과거완료 시제

① **과거시제로 표시된 동작보다 한 단계 앞서 일어난 동작을 나타낸다.**

Innan han kom hit, **hade** han **köpt** blommor. 이 곳으로 오기 전에 그는 꽃을 샀다.

Jag ringde inte till Erik i går, for jag **hade glömt** telefonnumret. 나는 어제 에릭한테 전화를 하지 않았는데 그 이유는 전화번호를 잊었기 때문이다.

② **완료된 동작의 결과를 표시할 때**

Då **hade** vi redan **gett** upp allt hopp. 그 때 이미 우리는 모든 희망을 포기 했었다.

③ **비현실적 상황을 표시하는 조건법적 의미**

Om det bara inte **hade varit** så halt på vägen, **skulle de ha klarat** sig. 길이 그렇게 미끄럽지만 않았다면 그들은 무사했을 텐데.

주의 종속절(bisats)의 시제가 완료형일 경우 문어체에서는 보통 조동사 har /hade를 생략한다.

Om han (har) kommit hem, ringer jag. 그가 집에 왔으면 내가 전화하겠다.

När han (hade) badat, drack han en öl. 목욕을 한 후 그는 맥주 한잔을 마셨다.

6.3.6 미래 (Futurum)

미래시제는 장래에 일어날 동작을 표시한다. 미래시제 형식으로는 ska +부정법, 현재형 +미래부사, kommer att+부정법 등 크게 3가지로 분류된다. 이 중에서 가장 흔히 쓰이는 것은 미래를 대신하는 현재시제이다.

▶ 미래시제

① 현재형+미래부사

현재시제와 혼동을 피하기 위해 보통 미래부사를 함께 쓴다.

Vi träffas **i morgon**. 우리 내일 만나자.

Det är ljust **om en timme**. 한 시간이 지나면 날이 밝는다.

I kväll åker vi in till staden. 오늘 저녁에 우리는 시내로 들어간다.

동사 **tänker/ämnar**+부정법도 주어의 장래 의지를 표시한다.

Hon **tänker** stanna hemma på söndag. 그녀는 일요일에 집에 머물 생각이다.

Vi **ämnar** plantera potatisen nästa vecka. 우리는 다음주에 감자를 심을 작정이다.

주의 동사 blir, får, ser, kommer는 미래부사를 꼭 대동하지 않아도 된다.

Blir det regn, tycker du? 비가 올 것 같지?

Får du tid att göra det? 그 일을 할 시간이 있겠니?

② kommer att +부정법 (번호 (2) (3)은 원 속에)

이 형식은 단순미래 표시로 보통 비인칭구문에 쓰이며 언급된 내용은 주어의 의지와 무관하다.

Det **kommer att** regna senare. 나중에 비가 올 것이다.

Kommer det **att** finnas tillräckligt med mat? 음식은 충분히 마련되는 것이냐?

Ni **kommer att** bli förvånade. 너희들은 놀라게 될 것이다.

③ ska(ll)+ 부정법

이 형식은 (2)와는 달리 동작을 실현하려는 주어의 확실한 의지를 나타낸다.

Jag **ska** resa till Sverige en gång till. 나는 스웨덴에 한번 더 여행하려고 한다.

Ska du titta på TV i kväll? 오늘 저녁 텔레비전을 보려느냐?

〈다만 주어가 3인칭으로 비인칭일 때는 **ska**는 단순미래를 표시한다.〉

Ska **tåget** gå snart? 기차가 곧 떠날 것 인가요?

Ska **det** bli auktion på lördag? 토요일에 경매가 있게 되나요?

④ skulle + 부정법

(a) 과거의 미래(futurum preteritum) : 과거시점에서 본 미래에 일어날 동작 을 표시한다.

Han **skulle** avresa i går, men det gjorde han inte. 그는 어제 여행을 떠나려 했으나 그리 하지 않았다.

I går sade jag att han **skulle** ringa mig i dag. 그가 오늘 내게 전화할 거라고 나는 어제 말했다.

Jag **skulle** just gå ut när han knackade på dörren. 그가 노크를 할 때 나는 막 외출 하려던 참이었다.

(b) 조건절이 딸린 주절에서

Om jag vore rik, **skulle** vi kunna köpa ett nytt hus. 내가 부자라면 새 집을 살 수 있을 텐데.

Om vi hade studerat mera, **skulle** vi ha klarat provet. 우리가 좀 더 공부를 했더라면 시험에 합격할 수 있었을 텐데.

6.3.7 시제의 일치 (Tempusharmoni)

동작이 일어난 때를 표시하는 형식을 **시제(tempus)**라고 하는데 스웨덴어에는 실제로 현재시제와 과거시제 두 가지 축이 있을 뿐이다. 이 두 가지 기본시제와 부정법이 어울리어 여러 가지 시제형식을 만들며 이들 사이에는 조화를 이루는 일정한 규칙이 적용되고 있다.

즉 현재시제 축에 속하는 것으로는 **현재, 현재완료, 미래**가 있고, 과거시제 축에 속하는 것으로는 **과거, 과거완료, 과거의 미래**가 있다.

① **현재시제 (Presenssystemet)**

지금 이전	지금	지금 이후
←———	x	———→
현재완료	현재	미래
jag har läst	jag läser	jag kommer att läsa i morgon jag ska läsa

② **과거시제 (Preteritumsystemet)**

그때 이전	그때	그때 이후
←———	x	———→
과거완료	과거	과거의 미래
jag hade läst	jag läste	jag skulle läsa

시제의 일치란 주절과 종속절로 구성된 문장에서 위에 제시한 두 가지 축의 시제를 서로 섞어 쓰지 않는 것을 말한다. 다시 말해

(a) 주절의 동사가 현재이면 종속절의 시제는 현재, 현재완료, 미래가 된다.

(b) 주절의 동사가 과거이면 종속절의 시제는 과거, 과거완료, 과거의 미래가 된다.

(지금)	att det **har regnat.** (이전)
jag **ser**	att det **regnar**. (동시)
	att det **kommer att regna**. (이후)

(그때)	att han **hade läst** engelska. (이전)
I går **berättade** Erik	att han **läste** engelska. (동시)
	att han **skulle läsa** engelska. (이후)

그러나 다음의 경우는 예외적으로 시제를 뒤섞어 쓰기도 한다.

(a) 시간의 부사와 함께 쓰일 때

Erik **berättar** att han **läste** engelska förra året . 에릭은 작년에 영어를 공부했다고 말한다.

Det **var** vackrare väder förra veckan än det **har varit** den här veckan. 지난주 날씨가 이번 주보다 더 청명했다.

(b) 상태의 지속을 표시할 때

Pelle **sade** att han **är** sjuk. 펠레는 (아직도) 아프다고 말했다.

비교 Pelle **sade** att han **var** sjuk. 펠레는 아팠다고 말했다.

I somras **var** vi i Budapest, som **är** en mycket vacker stad. 지난여름 우리는 부다페스트에 있었는데 그곳은 (지금도) 매우 아름다운 도시이다.

6.3.8 현재분사와 과거분사 (Presens particip och perfekt particip)

분사는 동사에서 나온 것으로 현재분사와 과거분사 두 가지가 있는데 흔히 형용사 역할을 한다.

① 현재분사 (Presens particip)

현재분사를 만드는 요령은 동사의 종류에 따라 두 가지가 있다.

(a) 제1, 제2, 제4변화동사는 어간(stam)에 어미 **-ande**를 붙여서 만든다. 이 때 제1변화 동사의 약강세 어간모음 -a 는 -ande 앞에서 탈락된다.

(b) 제3변화동사와 불규칙 동사 중에서 부정법이 -a 이외의 다른 모음(-e, -o, -y, -å, -ä, -ö)으로 끝나면 어미 **-ende**를 붙인다 (seende, boende, syende, gående, kläende ; döende).

제1변화동사	tal**ande**
제2변화동사(a)	täll**ande**
(b)	köp**ande**
제3변화동사	bo**ende**
제4변화동사	bjud**ande**
	gå**ende**

▶ 현재분사의 용법

(a) 부가적 형용사로 쓰이며 수식하는 명사의 성수에 따른 어미변화가 없다.

ett **lekande** barn 한 명의 노는 아이

två **lekande** pojkar 두 명의 노는 사내아이들

ett **älskande** par 한 쌍의 연인들

det **älskande** paret 한 쌍의 그 연인들

서술적 형용사로 쓰인다.

Arbetet är **tidsödande**. 그 작업은 많은 시간을 요하는 일이다.

Utvecklingen är **oroväckande**. 사태진전은 우려할만한 것이다.

(b) 명사로도 쓰이며 소3유격의 -s 를 붙일 수 있다. 이들은 제5변화명사에 속한다.

en gå**ende** 행인　　den dö**ende** 죽어 가는 그 사람

en studer**ande** 학생　　den dö**endes** ansikte 죽어 가는 자의 얼굴

ett påstå**ende** 주장　　ett inflyt**ande** 영향력

Vid försvinn**andet** var han klädd i brun överrock. 사라질 당시 그는 갈색 외투를 걸치고 있었다.

(c) 부사로 쓰인다.

Vädret var **strålande** vackert. 날씨는 아주 화창했다.

Han var **påfallande** lat. 그는 유난히 게을렀다.

(d) 동사 komma, gå, bli, ha 다음에서 일종의 보어로서

De kom **springande**. 그들은 뛰어 왔다.

Dottern gick **gråtande** sin väg. 딸은 울면서 길을 떠났다.

Han gick **visslande** ner för backen. 그는 휘파람을 불며 언덕을 내려갔다.

Vi blev **sittande**. 우리는 앉은 채 그대로 있었다.

Han hade alla sina saker **liggande** på bordet. 그는 책상 위에 자기 물건들을 모두 놔두었다.

② 과거분사 (Perfekt particip)

과거분사는 술어적으로 쓰일 때는 동사 **bli** 또는 **vara**와 함께 **수동형**을 만들며, 명사 앞에서는 **형용사**처럼 쓰인다. 과거분사는 **완료분사**(supinum)와 동일한 어간을 가지고 있으나 수식하는 명사 또는 주어의 성, 수에 따라 어미가 변화한다. 즉 과거분사는 완료분사로부터 만들어지며 아래와 같이 어미가 달라진다.

(a) 제1, 2, 3 변화동사의 과거분사 중성형은 완료분사와 동일하다.

(b) 제4변화동사의 완료분사는 대개 **-it**로 끝나지만 과거분사 중성형은 **-et**로 끝난다.

(c) 제2a변화동사의 과거분사 **중성형**은 어간이 유성자음이라도 **-t**(stängt) 로 끝나며, 제2b동사의 **통성형**(köpt)은 어간이 무성자음이기 때문에 **-t**로 끝난다.

(d) 제4변화동사의 과거분사는 복수형과 정형에서 어말의 -e가 탈락한다.

skriven → skrivna

(e) 과거분사의 기본형이 **-(a)d**로 끝난 것은 복수 및 정형에서 어미 **-e**를 붙이고, **-d/-t** 또는 **-dd**로 끝난 것은 **-a**를 붙인다. 동사의 유형별로 본 과거분사 어미는 아래와 같다.

(f) 과거분사가 명사 앞에서 부가적으로 쓰이는 경우는 **부정형**과 **정형** 두 가지가 있다. (형용사의 부정형과 정형에 대해서는 3.5.4 참조)

과거분사의 모양

	통성(기본형)	중성	복수 및 정형	(완료분사)
제1변화동사	baka**d**	baka**t**	baka**de**	baka**t**
제2변화동사	a) stäng**d** b) köp**t**	stäng**t** köp**t**	stäng**da** köp**ta**	stäng**t** köp**t**
제3변화동사	sy**dd**	sy**tt**	syd**da**	sy**tt**
제4변화동사	skriv**en**	skriv**et**	skriv**na**	skriv**it**

주의

<부가적>

(부정형) en **hembakad** kaka 집에서 구운 과자 / en stekt fisk 구운 생선

Hon hade en **nysydd** klänning på sig. 그녀는 새로 만든 옷을 입었다.

(정형) den **hembakade** kakan 집에서 구운 그 과자

Jag smakade på det **hembakade** brödet. 나는 집에서 구운 빵을 맛 보았다.

<술어적>

(수동형) Kakan **är hembakad**. 과자는 집에서 구워진다.

Han **blev skadad** i en olycka. 그는 사고를 당해 부상을 입었다.

Bilen **var parkerad** här i går. 그 자동차는 어제 여기에 주차되어 있었다.

<동사별 과거분사 사용례>

		부가적 용법	술어적 용법
[1변화]	부정형	en hembak**ad** kaka	Kakan är hembak**ad**.
		ett hembak**at** bröd	Brödet är hembak**at**.
		två hembak**ade** kakor	Kakorna är hembak**ade**.
	정형	den hembak**ade** kakan	
		det hembak**ade** brödet	
		de hembak**ade** bröden	
[2변화a]	부정형	en stäng**d** dörr	Dörren är stäng**d**.
		ett stäng**t** fönster	Fönstret är stäng**t**.
		två stäng**da** dörrar	Dörrarna är stäng**da**.

정형	den stäng**da** dörren det stäng**da** fönstret de stäng**da** dörrarna	

[2변화b]

부정형	en köp**t** bok ett köp**t** bord två köp**ta** bord	Boken är köp**t**. Bordet är köp**t**. Borden är köp**ta**.
정형	den köp**ta** boken det köp**ta** bordet de köp**ta** böckerna	

[3변화]

부정형	en sy**dd** kjol ett sy**tt** skärp två sy**dda** kjolar	Kjolen är **sydd**. Skärpet är **sytt**. Kjolarna är **sydda**.
정형	den sy**dda** kjolen det sy**dda** skärpet de sy**dda** kjolarna	

[4변화]

부정형	en skriv**en** roman ett skriv**et** brev två skriv**na** brev	Romanen är skriv**en**. Brevet är skriv**et**. Romanerna är skriv**na**.
정형	den skriv**na** romanen det skriv**na** brevet de skriv**na** breven	

③ 완료분사 (Supinum)

완료분사는 이미 6.3.4와 6.3.5에서 설명한 바와 같이 항상 ha동사 (har, hade, ha)와 함께 쓰여 완료형을 만든다. 완료분사의 어미는 **-t** 또는 **-tt**로 끝난다.

Han **har parkerat** bilen här. (현재완료) 그는 이곳에 자동차를 주차했다.

Flickan **hade köpt** klänningen innan hon åt lunch. **(과거완료)** 소녀는 점심을 먹기 전에 옷을 샀다.

Jag skulle **ha läst** mycket mer, om jag **hade haft** mer tid. **(완료부정법)** 시간이 있었으면 공부를 더 많이 하고 싶었는데.

6-I A. LÄSNING (강독)

Hur Sverige styrs①

Sverige är en monarki, men kungen bestämmer ingenting. Makten ligger hos riksdagen och regeringen. Riksdagen har 349 platser, och sedan 2010 års riksdagsvalet är åtta politiska partier representerade där. Gränsen för riksdagsrepresentation② är 4% av rösterna.

I september vart fjärde år är det val i Sverige. Då väljer man – dvs alla som har fyllt 18 år – representanter till riksdagen, landstinget och kommunfullmäktige.③ Utländska medborgare som har bott i Sverige i tre år har rätt att delta i kommunfullmäktige – och landstingsval.

Riksdagens politiska sammansättning bestämmer hur regeringen ser ut, och ungefär på samma sätt är det med landstinget och kommunfullmäktige. Sverige är uppdelat i 21 län, och varje län④ består av ett antal kommuner(sammanlagt 290). Landstinget och kommunfullmäktige är alltså politiska församlingar, som avgör hur länet respektive kommunen ska styras⑤.

Riksdagen, landstinget och kommunfullmäktige bestämmer bl.a. hur mycket skatt vi ska betala, och hur man ska använda pengarna. Kommunerna har t.ex. ansvar för daghem, skolor, vägar och social service, och landstingen har ansvar för att ta hand om sjukvård, hälsovård och kollektivtrafik. Statsskatten finansierar bl.a. försvar, högskoleutbildning, polisväsende och u-hjälp⑥. Dessutom går ganska stora summor i form av bidrag från staten till kommunerna och landstingen.

Några uppgifter 2018

Kung : Carl XV1 Gustaf Bernadotte

Regering : socialdemokratisk

Statsminister : Stefan Löfven

Finansminister : Magdalena Andersson

Utrikesminister : Ann Linde

Valresultat 2018

Riksdagspartier	Partiledare	Andel av rösterna	mandat i 2018 års val
Socialdemokratiska Arbetarpartiet (S)	Stefan Löfven (sedan 2012)	28.26%	100
Moderata Samlingspartiet (M)	Ulf Kristersson (sedan 2017)	19.84%	70
Sverigedemokraterna (SD)	Jimmie Åkesson (sedan 2005)	17.53%	62
Centerpartiet (C)	Annie Lööf (sedan 2011)	8.61%	31
Vänsterpartiet (V)	Jonas Sjöstedt (sedan 2012)	8.00%	28
Kristdemokraterna (KD)	Ebba Busch Thor (sedan 2015)	6.32%	22
Liberalerna (L)	Jan Björklund (sedan 2007)	5.49%	20
Miljöpartiet	Gustav Fridolin (sedan 2011)	4.41%	16

도움말

① styrs: styra (통치하다, 다스리다)의 현재수동형.
② gränsen för riksdagsrepresentation: 의회원내 진출 한계선.
③ riksdagen 의회(국회), landstinget 주의회, kommunfullmäktige 군지방의회.
④ län 주(州)(우리나라의 도(道)에 해당하는 행정구역).
⑤ ska styras: 미래수동형
⑥ u-hjälp: 개발도상국 원조(bistånd till utvecklingsländer)

6-I B. GRAMMATIKÖVNING (문법연습)

1. Fyll i supinum eller perfekt particip av verbet till vänster. (왼편에 주어진 동사의 완료분사 또는 과거분사형을 넣으시오.)

1) tvätta

Bilen blev ______________ i går.

Fru Petersson har ______________ sin mans skjortor.

Skjortorna är ______________ nu.

Fönstret är alldeles ny- ______________.

2) stänga	Bankerna är ________________ på lördagarna.
	Är fönstret ________________ ?
	- Ja, jag har ________________ fönstret.
	Affären var ________________ för lunch.
3) läsa	Den här boken kommer nog att bli ________________ med stort intresse.
	När brevet var ________________ lade han det på skrivbordet.
	Bibliotekets böcker blir ________________ av många människor.
	När han hade ______________ tidningen, gjorde han sig i ordning för att gå.
4) klä	Har ni ________________ er julgran ännu?
	- Ja, den är redan ________________.
	När det regnade, var det lilla barnet alltid __i regnrock och stövlar.
	Flickorna var ________________ i sina nya sommarklänningar.
5) ta	Polisen har ________________ tjuven.
	Han blev ________________ när han försökte stjäla en bil.
	Det har fotografiet av Paris är ________________ från Eiffeltornet.
	Här är några ny- ________________ foton av våra barn.
6) säga	Är allt ________________ redan?
	- Ja, jag tror att alla viktiga saker är ________________.
	Jag har ________________ honom sanningen.
	Äntligen blev sanningen ________________.

2. Fyll i presens particip av verbet till vänster . (왼편 동사의 현재분사형을 넣으시오.)

cykla 1) Han kom ________________ till sitt eget bröllop.

växla	2) Pa våren är vädret mycket ________________.
röka	3) Kafeet var fullt av ________________ människor.
tro	4) Är du ________________ eller ateist?
kräva	5) En läkare har en mycket ________________ utbildning.
gå	6) Du får inte cykla på trottoaren. Den är till för de ________________.
gråta	7) Det sitter ett ________________ barn i trappan.
förstå	8) Anja är en mycket snäll och ________________ kvinna.
stiga	9) Många protesterade mot de ________________ hyrorna.
se	10) ________________ människor förstår inte de blindas problem.

3. Svara på frågorna med perfekt eller pluskvamperfekt. (물음에 현재완료 또는 과거완료형으로 답하시오.)

1) - Varför är du så våt i håret?

(duscha) - ________________.

2) - Varför var Birgitta svartklädd förra veckan?

(dö) - Hennes pappa ________________. Han begravs i morgon.

3) - Varför är du så trött?

(jobba) - ________________ hela natten.

4) -Varför ska Erik ha fest?

(få) - ________________ ett nytt jobb.

5) - Varför var Maria så arg i morse?

(tappa) - ________________ sin portmonnä.

6) - Varför skilde hon sig?

(träffa) - _______________ en annan man.

7) - Va! Kostar det så mycket att gå på bio nu?

(höja) - Ja, de _______________ biljettpriserna med tio procent.

8) - Vad du ser glad ut!

(vinna) - Ja, _______________ fem tusen på lotto!

9) - Lämnade du inte tillbaka boken?

(stänga) - Nej, biblioteket _______________ för reparation.

10) - Tog du inte ut pengar igår?

(glömma) - Nej, _______________ min legitimation hemma.

4. Satt in rätt form av bli eller vara och rätt form av perfekt particip. (bli/vara 와 과거분사의 올바른 형을 넣으시오.)

보기 tapetsera Det här rummet har nyligen blivit tapetserat.

köpa 1) Pelles cykel är _______________ i Malmö.

städa 2) Det är skönt att komma hem till en _______________ lägenhet.

intressera 3) De är inte _______________ av musik.

steka 4) Det är något fel på den _______________ potatisen.

försvinn 5) Jakobs fru är _______________ för närvarande.

parkera 6) Var har du parkerat bilen? Den _______________ på Stora torget.

skjuta 7) Av misstag _______________ en häst _______________ under älgjakten.

bjuda 8) Vet du vad som har hänt? Jag har _______________ på middag i kväll.

ringa upp 9) Jag blev _______________ av en försäljare för tio minuter sedan.

täcka 10) När vi vaknade följande morgon _______________ hela trädgården _______________ av snö.

6-I C. ÖVERSÄTTNING (번역작문)

1. 내 딸은 커서 치과의사가 되려고 한다.

2. 그녀는 목욕을 하고 나서 음악을 들으려고 한다.

3. 울레(Olle)는 이 공장에서 일을 시작한 뒤부터 몸 상태가 안 좋다.

4. 너는 결혼 전까지 부모 집에 살았느냐?

5. 그 남자는 경찰의 질문에 더듬거리며 대답했다.

6. 가만히 앉아서 일하는 사람은 종종 운동을 해야 한다.

7. 그녀가 나를 사랑한다고 했을 때 나는 무척 기뻤다.

8. 쉘벤씨는 몇 년 전에 스웨덴 한국협회 회장으로 선출되었다.

9. 뉴욕에 가본 적이 있습니까? 아니오, 그렇지만 1995년에 시카고에는 가보았습니다.

10. 요한은 평생 술을 입에 대지 않았다고 말한

도움말

1. (a) '크다'는 현재시제, '되다'는 미래 시제로 한다.
   (b) 직업을 나타내는 명사 앞에는 영어와 달리 일반적으로 부정관사를 붙이지 않는다.
2. (a) 시제의 차이는 미래와 완료형으로 나타낸다.
   (b) 시간부사절을 '전치사+명사' 로 단축할 수 있다.
3. (a) '몸 상태가 안 좋다' : mår inte bra
   (b) 상태의 지속은 완료형으로 표시.
4. (a) '결혼하다' : gifta sig
   (b) '부모 집에' : i föräldrars hem 이라 하지 않고 hemma hos föräldrar로 표현한다
5. '더듬거리며' : stamma의 현재분사형을 이용한다.
6. (a) '가만히 앉아서 ~하는' : stillasittande
   (b) '운동하다': motionera
7. '기쁘다' : bli glad
8. '회장/의장': ordförande ; '당선되다' : bli vald
9. (a) '~에 가본 적이 있다' 는 har varit (현재완료)으로 표현하는 것이 좋다.
   (b) 답변 문장에서는 과거시점(1995)이 명시되어 있으니 과거시제로 표시함.
10. (a) '평생' : hela sitt liv
    (b) 종속절내의 이동부사 aldrig의 위치는 첫 동사 앞이다.

6.4 동사의 법 (Modus)

우리가 말을 하거나 글을 쓸 때는 어떤 동작이나 상태에 대하여 단정하거나 명령하거나 가정 또는 소망을 하게 되는데, 이처럼 말하는 이(話者)의 자세나 심적 태도를 동사의 형식을 빌어 나타내는 방식을 **법**(法) 또는 **서법**(敍法)이라고 한다. 여기에는 (1) **서법조동사**를 이용하는 법 (2) **직설법**, **가정법**, **명령법** 등 다른 서법형태를 활용하는 법 (3) 조건절을 이용하는 법, 주로 세 가지 방식이 쓰이고 있다. 이제 순서대로 이들의 용법을 살펴본다.

6.4.1 서법조동사 (敍法助動詞 Modala hjälpverb)

서법조동사는 본동사와 함께 사용되어 본동사에 의해 표시되는 행위나 상태에 대해서 말하는 이가 갖는 심적 태도를 나타낸다. 그 종류와 쓰임새는 아래와 같다.

(1) 의지 : vill

(2) 능력 : kan

(3) 추측 : torde, lär, ska, måste, måtte

(4) 가능성 : kan

(5) 필요, 강요 : måste, får

(6) 의무, 희망 : borde, ska, må

(7) 허가, 기회 : får, kan

(8) 의도, 약속 : ska

서법조동사 변화표(- 해당형 없음 표시)

부정법	현재	과거	완료분사
böra	bör	borde	bort
få	får	fick	fått
kunna	kan	kunde	kunnat
-	lär	-	-
-	måste	måste	måst
-	må	måtte	-
skola	ska(ll)	skulle	skolat
vilja	vill	ville	velat
	-	torde	-

① 의지 (vilja)

Jag **vill** träffa dig imorgon. 나는 너를 내일 만나고 싶다.

좀더 공손하게 또는 조심스레 표현하려면 다음과 같이 말한다.

Jag **skulle vilja** träffa dig. 자네를 좀 만나고 싶은데.

Skulle du **vilja** hjälpa mig? 나 좀 도와주겠니?

Jag **ville** bara säga att jag tyvärr inte kan hjälpa dig just nu. 미안하지만 지금 당장은 너를 도울 수가 없다고 해야겠는데.

② 능력 (Förmåga)

Jag **kan** läsa och skriva. 나는 읽고 쓸 수 있다.

③ 추측 (Antagande)

Det **torde** vara sant att universum är oändligt. 우주가 무한하다는 것은 아마 사실인 것 같다.

[**torde**는 부사 nog, kanske, antagligen, förmodligen, visst와 같은 의미를 가진다.]

Det **lär** vara sant.
Det **ska** vara sant.] 그것은 사실인가 봐. [남들은 사실이라고 하는데 나는 실제로 잘 모를 때.]

Han **lär** vara mycket trevlig. (=Det sägs att han är mycket trevlig.) 그는 아주 좋은 사람이라고 한다.

Det **måste vara svårt** att bevisa det. 그것을 증명하기는 틀림없이 힘들 거 야.

Det **måste ha varit** svårt att inse det. 그것을 인식하기까지는 틀림없이 어려웠을 거야.

Han **måtte väl ha blivit** lite försenad. 그는 분명히 좀 지체되는 거야.

Det **bör ha varit** svårt att inse det. 그것을 인식하기는 어려웠었겠지.

Jag **skulle tro** att det var svårt. 내 생각에 그것은 힘들었을 거야.

④ 가능성 (Möjlighet)

Jag **kan** komma nu. 나는 지금 갈 수 있다.

Jag **kan** hjälpa dig om du vill. 네가 원하면 너를 도와줄 수 있어.

Jag **kan** ha fel. 내가 실수를 할 수도 있지.

Kan du ge mig ett gott råd? 내게 유익한 충고 한마디 줄 수 있니?

〈좀더 공손하게 또는 조심스레 표현하려면 조동사의 과거형을 쓴다.〉

Skulle du kunna låna mig en tia? 10쿠루나 지폐 한 장 빌려줄 수 있겠니 ?

Jag **kunde** ha fel. 나도 실수를 할 수도 있지.

Du **kunde** ju ha missförstått. 네가 오해를 할 수도 있었지.

⑤ 필요, 강요 (Nödvändighet, tvång)

Jag **måste** gå nu. 나는 지금 가지 않으면 안 된다.

Jag **får** gå nu om jag ska hinna med bussen. 버스를 놓치지 않으려면 나는 지금 가야겠다.

Jag **får lov** att gå nu. (=Jag **är tvungen** att gå nu.) 나는 이제 가야만 한다.

Du **får** tala lite högre. 너는 좀더 크게 말해야겠다.

Jag **måste** skriva en extra övning i går. (=Jag **var tvungen** - - - .) 나는 어제 추가로 숙제를 하나 더 해야했다.

Han **fick** arbeta två extra timmar. 그는 가외로 두 시간 일을 더 해야했다.

⑥ 의무 (Plikt), 바라기 (önskvärdhet), 온당 (lämplighet)

Du **skall** älska din nästa som dig själv. 이웃 사랑하기를 네 몸같이 하라.

Man **bör** göra sin plikt. 사람은 자기 의무를 다 해야한다.

Jag **borde** sluta röka. 나는 담배를 끊었으면 하는데.

Du **borde** ha läst mera. (=Du hade bort läsa mera.) 너는 공부를 더 했어야 했는데

Man **borde** tänka mer på framtiden. 우리는 장래에 대해 더 생각해야 한다.

〈좀더 조심스럽게 표현하려면〉

Man **skulle** förstås tänka mer på framtiden.

Ja, **må** han leva. (=Jag hoppas att han ska leva länge.) 그가 장수하기를!

⑦ 허가 (Tillåtelse), 기회 (tillfälle)

Får jag tala med dig? (=**Kan** jag få tala med dig?) 너하고 얘기 좀 할까?

〈좀더 공손한 표현〉

Kunde jag få tala med dig ett ögonblick? (=Skulle jag kunna få tala - - - ?) 잠깐 이야기 좀 할 수 있을까요?

Man **får** plocka bär i skogen. 숲 속에서는 딸기를 따도 된다.

Man **får lov** att röka här. 여기서는 담배를 피워도 된다.

Nu **får** du gå. 이제 너는 가도 좋다.

Hon **fick** resa utomlands. 그녀는 해외여행을 할 수 있게 됐다.

Har du **fått** sova lugnt i natt? 간밤에 푹 잘 수 있었니?

Nu **kan** du börja läsa. 이제 읽기 시작해도 좋다.

주의1 **få höra, få se, få veta**는 동사구처럼 쓰여 본동사가 어떤 동작이나 상태로 들어가는 것을 나타낸다.

Jag **fick höra** igår, att hon har gift sig. 그녀가 결혼했다는 사실을 어제 듣게 되었다.

Han blev mycket förvånad, när han **fick se** mig. 그는 나를 보자 퍽 놀랐다.

Vi **fick veta** i morse, att de skulle komma. 그들이 오리라는 것을 오늘 아침에야 우리는 알게 되었다.

주의2 **få**는 충동이나 영향력을 나타내기도 한다.

Jag **fick** honom att skratta. (=Jag gjorde så att han skrattade). 나는 그를 웃게 했다.

Vi **fick** henne att ge upp försöket. 우리는 그 여자로 하여금 시도를 포기하도록 하였다.

이 경우에 사용되는 få는 서법조동사의 성격을 갖지 않는다.

⑧ 의도 (Avsikt), 약속 (löfte)

Jag **ska** hjälpa dig. 내가 너를 돕겠다.

Jag **ska** aldrig göra samma fel igen. 나는 같은 실수를 절대로 반복하지 않겠다.

Du **ska** få dina pengar tillbaka imorgon. 네 돈은 내일 돌려 받을 거야.

Jag lovar att jag **ska** komma. 나는 올 것을 약속한다.

Jag kommer för att du **ska** bli glad. 나는 네가 좋아할 테니까 오겠다.

주의3 방향을 나타내는 장소부사(ut, hem, dit 따위) 앞에서는 조동사 vill, måste, ska 다음에 오는 원형동사(부정법)를 생략할 수 있다.

Jag **vill** hem. 나는 집에 가야겠다.

Jag **måste** ut. 나는 외출을 해야만 한다.

Jag **ska** bort i kväll. 나는 오늘 저녁 외출하겠다.

Jag **ska** till tandläkaren imorgon. 나는 내일 치과의사한테 가야겠다.

주의4 **kan**이 "~에 능숙하다, ~를 할 수 있다 "라는 뜻으로 쓰일 때는 본동사 없이 바로 명사를 목적어로 취할 수 있다.

Jag **kan** grammatik. 나는 문법을 잘 안다.

Kan du svenska? 자네는 스웨덴어를 할 줄 아는가?

Lillan **kan** inte klockan än. 꼬마는 아직 시계를 볼 줄 몰라.

※ 서법조동사처럼 쓰이는 동사

다음 동사들은 서법조동사의 부류에 속하지 않지만 그들에 버금가는 기능을 가진다. 따라서 **준조동사** 라고 일컬을만하다.

⑨ **låta** (허락, 사역)

Föräldrarna lät flickan gå ut på kvällen. 부모는 딸에게 야간 외출을 허락했다.

De låter oss arbeta dag och natt. 그들은 우리에게 밤낮 일을 시킨다.

⑩ **bruka** (습관)

Jag brukar ta en promenad på morgnarna. 나는 아침에 산책을 하곤 한다.

⑪ **behöva** (필요)

I Sverige behöver man alltid beställa tid i förväg för att besöka läkare. 스웨덴에서는 의사한테 가려면 항상 시간을 미리 예약해야 한다.

⑫ **tänka, ämna** (의도)

Jag tänker/ämnar läsa franska nästa termin. 나는 다음 학기에 프랑스어를 공부하려고 한다.

⑬ **orka** (신체적, 정신적 힘/능력)

Jag orkar inte arbeta längre nu. 나는 이제 더 일할 힘이 없다.

⑭ **törs (= våga)** (감히 ~하다)

Hon törs inte(=vågar inte) gå hem ensam i mörkret. 그녀는 어두운 길을 혼자 걸어 집에 갈 엄두를 못 낸다.

주의 이들 가운데서 **behöver, får, kan, tänker**등은 단독으로도 쓰인다.

Jag behöver mycket pengar nu. 나는 지금 돈이 많이 필요하다.

Hon fick en ny kjol av sin mor. 그녀는 어머니로부터 새 치마를 받았다.

Han kan svenska bra. 그는 스웨덴어를 잘 한다.

Vi tänker ofta på dem. 우리는 자주 그들을 생각한다.

6.4.2 서법형태 (Modusformer)

스웨덴어의 서법에는 직설법(indikativ), 명령법(imperativ), 가정법 (konjunktiv) 세 가지가 있다.

① 직설법 (Indikativ)

직설법은 사실 그대로를 판난, 단정, 언명하는 표현법으로 지금까지 우리가 보아온 현재, 미래, 과거 사실을 진술하는 데 쓰인 동사 형식은 모두 이에 속한다.

Det **regnar** förskräckligt mycket idag. 오늘은 비가 억수로 퍼붓네요.

Han **kommer att** stanna länge i Sverige. 그는 스웨덴에 오래 체류할 것입니다.

De **förlorade** alla sina pengar på spel. 그들은 노름에서 자기 돈을 몽땅 잃었어요.

② 명령법 (Imperativ)

명령법은 명령, 요구, 금지 등을 나타내는 형식으로 **명령형**(imperativform)은 동사의 **어간**(verbstam)과 같다. 다시 말해 제1변화동사의 명령형은 부정법과 같고, 제2, 제3, 제4변화동사의 명령형은 어간과 같다. (6.3.2 참조)

명령형

		부정법	명령형
제1변화동사		att tal/a	tala
제2변화동사	(a)	att ring/a	ring
		att hör/a	hör
	(b)	att köp/a	köp
제3변화동사		att tro/	tro
제4변화동사		att skriv/a	skriv
		att se	se
불규칙동사		att gör/a	gör

보기 (1변화) **Tala** långsamt! (천천히 말해라.)

(2변화a) Ring genast! (당장 전화해라.)

(2변화b) **Köp** vårt goda bröd! (맛 좋은 우리 빵을 사세요.)

(3변화) **Tro** på mig, är du snäll! (제발 날 믿어다오.)

(4변화) **Skriv** lite fortare! (좀 더 빨리 쓰거라.)

(불규칙 변화) Gör det sakta! (천천히 해라.)

주의1 명령이나 권유를 좀더 공손하게 하려면 다음과 같은 우회적 표현 방식이 있다.

Var snäll och stäng fönstret!
Stäng fönstret, (så) **är du snäll**!
Kan ni stänga fönstret!
→ 창문을 좀 닫아주시겠습니까.

Var så god och stig in! 들어오십시오.

주의2 1인칭 복수에서는 명령형 대신에 다른 표현을 사용하기도 한다.

Låt oss gå! 대신에 Nu går vi!를 쓴다. 자 이제 가자.

또한 옛 문헌이나 예배의식에서는 1인칭 복수 명령형이 사용돼 왔다.

Sjung**om** studentens lyckliga dar! 학창시절의 행복했던 날들을 노래합시다.

Låt(**om**) oss bedja! 다 같이 기도합시다.

③ 가정법 (Konjunktiv)

어떤 사실을 말할 때 있는 그대로 언급하지 않고 가정(假定), 요망, 간망(懇望)의 뜻을 나타내는 동사의 형식을 가정법이라고 한다. 그러나 현대스웨덴어에서는 가정법은 별로 사용되지 않고 있다.

(a) 가정법 현재 (Presens konjunktiv)

소망이나 기원문 또는 법조문에 더러 나타나는데 대체로 의전상의 문구 내지는 고어 풍의 표현에 속한다. 서법조동사를 사용하거나 몇몇 동사의 어간에 **-e**를 붙여 만든다.

Må han komma. 그가 와 주었으면!

Länge lev**e** vår älskade konung! 경애하는 우리의 국왕이시어 만수무강하소서!

Gud välsign**e** dig! 네게 하나님의 축복이 내리시기를!

Vittne äg**e** rätt till ersättning. (=Vittne skall äga eller ha rätt till ersättning.) 증인은 보상 받을 권리를 가진다.

(b) 가정법 과거 (Preteritum konjunktiv)

가정법 과거는 강변화동사에만 쓰인다. 형식은 과거동사의 **복수어미 -o** 대신에 **-e**를 붙여 만들며 실현 불가능한 사실을 간망하는 기원문에 쓰인다. 그러나 문헌에 흔히 보이는 가정법과거형은 vore (vara), finge (få), ginge (gå) 등 극소수 동사에 국한된다. 이들 대신에 보통 과거형 (직설법 과거)을 써도 무방하다. 약변화동사는 직설법과 동일한 어미를 가진다.

Det **vore** roligt om du kunde komma. 당신이 올 수 있다면 즐거울 텐데.

Ack, om jag **vore** ung igen! 아, 내가 다시 젊어진다면!

Om jag **finge**, skulle jag absolut göra det. 허락만 된다면 나는 그것을 기필코 하고 싶은데.

6.4.3 조건절 (Konditionalsats)

서법은 또한 아래와 같은 다양한 종류의 조건절을 구성하여 나타낼 수 있다.

① 조건접속사 om/ifall로 유도되는 조건절

Om vi **hade** råd, **skulle** vi köpa en ny bil. 여유가 있으면 새 자동차를 사고 싶은데

Om/Ifall du inte **äter** upp din mat, **får** du inget godis. 네 밥을 다 먹지 않으면 사탕은 없어.

Om jag **hade sparat** mer pengar, **kunde** jag **ha rest** utomlands. 돈을 더 저축했더라면 나는 해외여행을 할 수 있었을 텐데.

② 의문문의 어순으로 시작되는 조건절

일부 조건문은 om을 생략한 채 어순을 바꿔서 조건을 표시한다.

Kommer du imorgon, **kan** du **träffa** henne. (=Om du kommer imorgon, kan du ---.) 네가 내일 오면 그녀를 만날 수 있다.

Vore jag rik, **kunde** jag **köpa** villan. (=Om jag vore rik, kunde jag köpa villan.) 내가 부자라면 그 저택을 살 수 있을 텐데.

③ 일부 조건절은 명령문 형식을 빌어 조건을 표시하기도 한다.

이때는 주절 앞에 반드시 så를 앞세워서 조건을 거듭 강조해야 한다.

Skriv honom, **så** får du veta vad som har hänt. 그에게 편지를 쓰시오. 그러면 무슨 일이 생겼는지 알게 될 것이오.

Kom hit Pelle, **så** får du en kaka. 펠레야 이리 오렴. 빵과자 하나 줄테니.

6.5 자동사, 타동사, 재귀동사 (Intransitiva, transitiva och reflexiva verb)

6.5.1 자동사와 타동사

자동사는 목적어를 갖지 않는 동사이며, 타동사는 반드시 목적어를 필요로 하는 동사이다.

Han **sov**.〈자동사〉 그는 잤다.

Ingvar **köpte** huset.〈타동사〉 잉바르는 그 집을 샀다.

그러나 일부 동사들은 직접목적과 간접목적, 두 가지를 모두 요구한다.

Han gav **Olle** **boken**. 그는 울레에게 그 책을 주었다.
〈주어 동사 간목 직목〉

간접목적은 전치사구의 방식으로 나타낼 수 있다.

Han gav boken **till** **Olle**. 그는 책을 울레에게 주었다.
〈주어 동사 직목 간목〉

아래 동사들은 위와 같이 두 개의 목적어를 요구한다.

berätta 이야기하다 | (be)visa 입증해 보이다 | (er)bjuda 제공하다
föreslå 제안하다 | ge 주다 | lova 약속하다
lämna 남겨두다 | låna 빌려주다 | meddela 통지하다
missunna 질투하다 | räcka 건네 주다 | skicka 보내다
skänka 선사하다 | säga 말하다 | sända 보내다
tilltro 능력을 믿다 | undanhålla (알리지 않고) 감추다 | unna ~에게 ~을 아끼지 않다
vålla 야기하다

동사 중에는 자동사와 타동사 양쪽으로 쓰이는 것도 있다.

Han har slutat hos oss. (자) 그는 우리 직장에서 (일을) 그만 두었다.

Han har slutat skolan. (타) 그는 학교를 졸업하였다.

자동사와 타동사 사이에 동일한 어원을 보유하여 형태상, 의미상으로 서로 비슷한 쌍을 이루는 것들이 있다. (동일계 동사)

〈자동사〉	〈타동사〉
sitta 앉아있다	sätta 앉히다, 놓다
ligga 놓여있다	lägga 놓다
brinna 불타다	bränna 불태우다
falla 떨어지다	fälla 떨어뜨리다
drunkna (물에) 빠지다	dränka 빠뜨리다
dö 죽다	döda 죽이다
dröja 지체하다	fördröja 지체시키다
blekna 바래지다	bleka (색을) 바래다
kallna 차가워지다	kyla 차게 하다
mörkna 어두워지다	förmörka 어둡게 하다
ryka 연기가 나다	röka 연기를 피우다
slockna 불이 꺼지다	släcka 불을 끄다
spricka 깨지다	spräcka 깨다
stå 서있다	ställa 세우다
sjunka 가라앉다	sänka 가라앉히다
sova, somna 자다, 잠들다	söva 잠재우다
tröttna 피로해지다	trötta 피로하게 하다
tystna 조용해지다	tysta 조용하게 하다
vakna 잠이 깨다	väcka 깨우다
vaka 잠자지 않고 깨어 있다	

자동사에 접두사 be-를 붙여 타동사로 만든 것도 있다.

lysa (불빛이) 비치다	belysa 비추다, 조명하다

이러한 부류의 동사들은 다음과 같다.

bearbeta 가공하다	bebo 살다, 거주하다	begränsa 한정하다
besegra 정복하다	besvara 대답하다	bevaka 지키다

6.5.2 재귀동사 (Reflexiva verb)

한 문장 내에서 주어와 목적어가 동일한 사람일 때 사용하는 동사를 재귀동사라고 부른다. 바꾸어 말해 주어가 일으킨 동작이 주어 자신에게 미칠 때 쓰이는 동사를 일컫는다. 재귀대명사로는 mig, dig, sig, oss, er, sig가 있는데 1인칭과 2인칭에는 인칭대명사의 목적격을 사용하고, 3인칭에는 단수, 복수 모두 sig를 쓴다.

(인칭대명사)	재귀대명사	예문
(jag)	mig	Jag försvarar **mig**. 나는 내 스스로를 방어한다.
(du)	dig	Du försvarar **dig**. 너는 네 스스로를 방어한다.
(han/hon)	sig	Han/hon försvarar **sig**. 그 남자/그녀는 자신을 방어한다.
(vi)	oss	Vi försvarar **oss**. 우리는 자신을 방어한다.
(ni)	er	Ni försvarar **er**. 당신들은 스스로를 방어한다.
(de)	sig	De försvarar **sig**. 그들은 스스로를 방어한다.

타동사	재귀동사
Han **lägger** boken på bordet. 그는 책을 책상 위에 놓는다.	Han går och **lägger sig**. 그는 잠자리에 든다.
Jag **lär** honom svenska. 나는 그에게 스웨덴어를 가르친다.	Han **lär sig** svenska. 그는 스웨덴어를 배운다.
Sjuksköterskan **tvättade** patienten. 간호사는 환자를 씻겼다.	Sjuksköterskan **tvättade sig**. 간호사는 자신을 씻었다.
Tjuven **gömde** stöldgodset. 도둑은 훔친 물건을 숨겼다.	Tjuven **gömde sig** på vinden. 도둑은 다락방에 숨었다.
Jag **känner** honom till namnet. 나는 그의 이름을 들어서 알고 있다.	Jag **känner mig** inte riktigt bra. 나는 몸 상태가 별로 좋지 않다.

아래와 같은 일부 동사들은 항상 재귀동사로만 쓰인다.

gifta sig 결혼하다, förkyla sig 감기 들다, bege sig 향하다, 떠나다, infinna sig 나타나다, 출두하다, tilldra sig 발생하다, förirra sig 길을 잃다, förivra sig 열중하다, befatta sig 관여하다

재귀동사 예문:

Jag **bryr mig** inte om saken. 나는 그 일에 개의치 않는다.

Hon **gifte sig** med en präst. 그녀는 목사와 결혼했다.

Vi **klädde på** oss så fort som möjligt. 우리는 될수록 빨리 옷을 입었다.

De **förlovade sig** i våras. 그들은 지난 봄에 약혼했다.

자주 쓰이는 재귀동사:

roa sig 즐기다	röra sig 움직이다	sätta sig 앉다
raka sig 면도하다	ändra sig 마음을 바꾸다	förändra sig 변하다
klippa sig 이발하다	besluta sig 결심하다	ångra sig 후회하다
klä på sig/ta på sig 옷을 입다	klä av sig/ta av sig 옷을 벗다	

6.6 수동태 (Passivum)

수동태를 만드는 방법에는 두 가지가 있다. 하나는 동사의 **능동형**에 **-s**를 붙여 만들고 다른 하나는 동사 **bli** 또는 **vara**에다 **과거분사**를 결합하여 만든다.

6.6.1 S - 수동형

능동형의 각 시제형태 끝에 어미 -s를 붙이는데, **현재수동형**은 **어간**에 **-s**를 붙이는 점에 유의해야 한다.

S-수동형 일람

	현재	과거	현재완료	과거완료
제1변화 Brödet	baka**s**	baka**des**	har baka**ts**	hade baka**ts**
제2변화 (a) Dörren	stäng**(e)s**	stäng**des**	har stäng**ts**	hade stäng**ts**
(b) Boken	köp**(e)s**	köp**tes**	har köp**ts**	hade köp**ts**
제3변화 Kjolarna	sy**s**	syd**des**	har syt**ts**	hade syt**ts**
제4변화 Böckerna	skriv**(e)s**	**skrevs**	har skrivi**ts**	hade skrivi**ts**

주의

1) 제2변화동사 중에서 어간이 -s 로 끝나는 것과 -mj, -nj로 끝나는 동사는 현재수동형에서 반드시 -es를 붙여야 한다.

Boken **läses** fortfarande. 그 책은 아직도 읽힌다.

Det finns inget djur som inte **tämjes**. 길들여지지 않는 동물은 없다.

Kaffepauserna **tänjes** inte av arbetare. 커피 휴식시간은 근로자들에 의해 늘려지지 않는다.

위 도표에서 제2, 4변화동사의 현재수동형에 -es를 붙인 것은 문어체나 안내문에서 더 러 볼 수 있으나 구어체 스웨덴에서는 좀처럼 쓰지 않는다. 아래와 같은 사례도 같은 경우 이다.

Jordgubbar köp**es** här. 여기서 딸기 판매함.

Båt uthyr**es**. 보트 임대함.

2) 부정법(infinitiv)에도 -s를 붙여 부정법 수동형을 만들 수 있는데 이때는 반드시 서법 조동사를 동반해야 한다.

Brödet **ska bakas** imorgon. 빵은 내일 굽게 된다.

Boken **kan läggas** på bordet. 책은 책상 위에 놓아도 된다.

Dörren **måste stängas** med en nyckel. 그 문은 반드시 열쇠로만 잠긴다.

3) 명령형이 -s로 끝나는 경우가 간혹 있지만 피동의 의미는 전혀 없다.

Djävlas inte med din lillasyster! 네 꼬마 여동생을 괴롭히지 마라.

Skäms inte for det du gjort! 네가 한 일을 부끄러워 마라.

▶ S- 수동태의 용법

① 행위자가 불분명하거나 중요하지 않을 때 쓰이며 주로 문어체에서 반복성, 습관성을 나타낸다. 따라서 광고, 게시문에서 흔히 눈에 띈다. 능동문으로 바꾸면 man을 주어로 내세울 수 있다.

Biblioteket **öppnas** klockan nio. 도서관은 10시에 연다.

Kyrkan **hålles** öppen kl. 10 - 12. 교회는 10 - 12시까지 연다.

Middag **serveras** kl. 7. 저녁식사는 7시에 제공됩니다.

② 행위자가 분명해도 -s수동태가 쓰이는데 이 때 행위자는 전치사 av로 표시된다. 역시 문어체에서 주로 쓰인다.

Den har boken **läses av** alla. 이 책은 모든 이에게 읽히고 있다.

비교 Alla läser den här boken.

Det här huset **byggdes av** honom. 이 집은 그에 의해 지어졌다.

6.6.2 복합수동형

조동사 **vara**는 영어의 'be' 에, **bli**는 'become' 또는 'be'에 각각 해당하며 이들은 과거분사와 결합하여 수동문을 만드는 데 이를 복합수동형이라고 부른다. 이 때 조동사가 현재형이면 현재수동, 과거형이면 과거수동이 된다. (과거분사에 대해서는 6.3.8의 ② 참조)

〈vara/bli + 과거분사〉

Flickan **är älskad** av alla. 그 소녀는 모든 이에게 사랑 받는다.

Himlen **är täckt** av moln. 하늘은 구름으로 가리워 있다.

Vi **är bortbjudna** i kväll. 우리는 오늘 저녁에 초대받았다.

Han **blev dödad** i kriget. 그는 전쟁에서 죽었다.

Han **har blivit vald** till president. 그는 대통령에 당선되었다.

의미상의 차이는 **'bli+과거분사'** 는 동작행위를 표시하고, **'vara+과거분사'** 동작의 결과나 상태를 표시한다. (s-수동형도 동작행위를 표시한다.)

Bilen **blev stulen**, medan jag var borta. (사건의 발생)

내가 자리를 비운 사이에 자동차를 도난 당했다.

Bilen **var stulen**, när jag kom tillbaka. (사건의 결과)

내가 돌아와보니 자동차가 도난 당했더라.

Trappan **blev städad**, medan jag satt inne. (동작)

내가 안에 앉아 있는 동안 계단이 청소됐다.

Trappan **var städad**, när jag vaknade. (결과)

내가 깨어 보니 계단이 청소되었더라.

이상 설명한 두 가지 수동형 중에서 복합수동형이 훨씬 더 많이 사용되고 특히 s-수동형은 문어체에 쓰일 뿐 대화체에서는 잘 쓰이지 않는다.

주의 vara와 bli는 물론 단독으로 본동사로도 쓰인다.

부정법	현재	과거	완료분사
vara	är	var	varit
bli	blir	blev	blivit

6. 7 동사의 S-형태 (Verbens S-former)

위에서 설명한 수동형을 제외하고도 동사의 어미가 -s로 끝나는 동사부류에는 다음과 같은 것들이 더 있다.

6.7.1 상호동사 (Reciproka verb)

주어가 동작을 일으키며 동시에 동작의 대상이 되게 하는 동사를 말한다. 동작의 상호적 의미를 나타내기 위해서 주어는 항상 복수이어야 한다. 상호적 의미의 어미 -s의 기능은 대명사 varandra로 대체할 수 있다.

Vi **träffas** imorgon. (=Vi träffar varandra imorgon.) 우리 내일 만나자.

Vi har **setts** förut. (=Vi har sett varandra förut.) 우리는 전에 만났었다.

De **möttes** på gatan i går. (=De mötte varandra på gatan i går.) 그들은 어제 거리에서 만났다.

Pojkarna **slåss**. (=Pojkarna slår varandra.) 사내아이들이 싸운다.

흔히 쓰이는 상호동사들은 다음과 같다. ( ) 속의 로마 숫자는 동사변화 유형을 가리킨다.

kramas (I) 껴안다	enas (I) 일치하다	slåss (IV) 서로 싸우다
samlas (I) 모이다	ses (IV) 만나다	kyssas (IIb) 입 맞추다
mötas (IIb) 마주 치다	råkas (I) 만나다	hjälpas åt (IIb) 서로 돕다
skiljas (IIa) 헤어지다	retas (I) 약올리다	förlikas (I) 화해하다
slåss (IV) 서로 싸우다	brottas (I) 씨름하다	kivas (I) 옥신각신하다
pussas (I) 뽀뽀하다	tampas (I) 맞붙어 싸우다	

물론 이들 중 대다수는 어미 -s 를 떼어버리고 타동사로 사용되기도 한다.

Han **kramade** henne. 그는 그녀를 껴안았다. / De **kramades**. 그들은 서로 껴안았다.

Jag **mötte** honom. 나는 그를 만났다. / Vi **möttes**. 우리는 서로 만났다.

6.7.2 이태동사 (Deponens-verb)

어미가 -s 로 끝나서 수동형처럼 보이나 실제는 능동적 의미를 갖는 동사를 말한다.

Jag **hoppas** att de kommer tillbaka. 나는 그들이 돌아오기를 바란다.

Jag **minns** inte vad han sade i går. 나는 그가 어제 한 말을 기억하지 못한다.

Han **trivs** bra i Korea. 그는 한국에서 즐거이 살고 있다.

Det **finns** ingenting mer att säga. 더는 할말이 없다.

Vi har **lyckats** klara vår examen. 우리는 다행히 시험에 합격했다.

Han kan inte **andas** normalt. 그는 정상적으로 호흡할 수가 없다.

흔히 쓰이는 이태동사들은 아래와 같다.

andas (I) 숨쉬다	hoppas (I) 희망하다	låtsas (I) ~하는 체하다
lyckas (I) 잘 해내다	trängas (IIa) 서로 밀치다	avundas (I) 질투하다
dagas (I) 날이 새다	minnas (IIa) 기억하다	saknas (I) 결핍하다
åldras (I) 늙다	kräkas (IIb) 토하다	misslyckas (I) 실패하다
nalkas (I) 접근하다	trivas (IIa) 즐거이 살다	skämmas (IIa) 부끄러워하다
finnas (IV) ~가 있다	tyckas (IIb) ~인 것 같다	umgås (IV) 사귀다
synas (IIa) 보이다	envisas (I) 고집하다	vistas (I) 체류하다
nalkas (I) 접근하다	svettas (I) 땀이 나다	

참고 상호동사와 이태동사의 시제변화 양상은 s-수동형과 같다(6.6.1 참조).

6.7.3 독자적 s-동사

몇몇 동사는 이태동사처럼 능동적 의미를 갖지만 동작의 방향이 단일하고 목적어는 표면상에 나타나지 않는다. 보통 습관이나 경향을 표시한다.

Deras hund **bits**. 그들의 개는 물기를 잘한다.

Nässlorna **bränns**. 쐐기풀은 찌른다.

Knuffas inte! 밀지 마라.

Katten **rivs**. 고양이는 할퀸다.

Nyps inte! 꼬집지 마라.

6. 8 복합동사 (Sammansatta verb)

기본동사 앞에 접두사, 명사, 형용사, 부사, 전치사 따위의 접사(接辭)가 첨가된 것을 복합동사라고 한다. 복합동사 중에는 접사를 분리시킬 수 없는 **비분리동사**와 분리시킬 수 있는 **분리동사**가 있다.

6.8.1 비분리동사 (Fast sammansatta verb)

비분리동사를 구성하는 접사의 종류는 아래와 같으며 이들을 기본동사에서 분리시킬 경우 복합동사가 지니는 의미를 상실하게 된다.

① 접두사 (Prefix)

〈비강세 접두사〉	be-	betala	지불하다
	för-	förklara	설명하다
	ent-	entlediga	해고하다
〈강세 접두사〉	an-	anställa	고용하다
	bi-	bistå	지원하다
	er-	erhålla	받다, 얻다
	före-	föredra	선호하다
	här-	härleda	유도하다
	miss-	missbruka	남용하다
	när-	närvara	출석하다
	o-	oroa	걱정하다
	sam-	samverka	협동하다
	um-	umgås	교제하다
	und-	undvika	회피하다
	van-	vantolka	왜곡하다
	å-	åta sig	떠맡다

② 명사

hungerstrejka 단식 농성하다
tjuvlyssna 엿듣다
rådfråga 상의하다

② 형용사

småle 미소 짓다
storskratta 크게 웃다
fullända 완성하다

godkänna 인가하다

④ 수사/전치사

fyrdubbla 네 배로 하다
underskatta 낮게 평가하다
överlägga 의논하다

6.8.2 분리동사 (Löst sammansatta verb)

아래 동사들은 동사와 접사를 분리해서 쓰되 다만 **현재분사**와 **과거분사형**에서 접사를 붙여 **복합형**으로 쓴다.

tycka om / Man tyckte mycket om filmen. 사람들은 그 영화를 매우 좋아했다.
Filmen var mycket **omtyckt**. 그 영화는 퍽 애호되었다.

känna igen /Jag kände igen henne och log mot henne. 나는 그녀를 알아보고 미소지었다.
Jag log **igenkännande** mot henne. 나는 그녀를 알아본 듯이 미소지었다.

kasta bort / Han kastar sällan bort pengar. 그는 좀처럼 돈을 낭비하지 않는다.
Det är **bortkastade** pengar. 그것은 낭비 돈이다.

resa bort / Han reser ofta bort. 그는 자주 여행을 떠난다.
Han är **bortrest**. 그는 여행중이다.

slå ihjäl / Rövarna slog ihjäl honom. 강도들이 그를 때려 죽였다.
Han blev **ihjälslagen**. 그는 맞아 죽었다.

gå vilse / Vi gick vilse i skogen. 우리는 숲 속에서 길을 잃었다.
Vi träffade en **vilsegången** pojke. 우리는 길 잃은 소년을 만났다.

6.8.3 분리 / 비분리 동사 (Lös eller fast sammansättning)

복합동사 중에는 의미상의 차이 없이 때로는 동사와 접사를 분리해서, 때로는 비분리형태로 사용하는 사례가 있다. 일반적으로 대화체나 평이한 문체에서는 분리형을 선호하고 공문서나 의전언어에서는 비분리형 곧 복합형을 더 많이 쓴다.

ta emot / Vi tog emot våra gäster. 우리는 손님들을 접대했다.
mottaga / Kungen emottogs av ambassadören. 국왕은 대사의 영접을 받았다.

lägga ned /	Hon lade ned böckerna på bordet. 그녀는 책들을 책상 위에 놓았다.
nedlägga /	Kungen nedlade en krans på graven. 국왕은 무덤에 화환을 놓았다.
känna igen/	De kände igen mig genast. 그들은 나를 당장 알아보았다.
igenkänna /	De igenkände omedelbart sina fiender. 그들은 당장 적들을 알아보았다.
stiga ned /	Vi steg ned i gruvan. 우리는 갱구로 내려갔다.
nedstiga /	Kristus har nedstigit till dödsriket. 예수가 저승으로 내려갔다.

위와 같은 문체상의 차이에도 불구하고 이들 동사의 분사형은 항상 비분리형을 사용한다.

Vi var varmt **mottagna**. (ta emot) 우리는 따뜻이 접대받았다.

Fabriken är **nedlagd**. (lägga ned) 공장은 폐쇄되었다.

6.8.4 비분리형과 분리형의 의미상의 차이 (Olika betydelse vid fast och lös sammansättning)

몇몇 복합동사는 비분리형태와 분리형태의 의미가 전혀 다르다. 즉 비분리형은 추상적 비유적인 의미를, 분리형은 구체적 물리적인 의미를 가진다. 비분리동사의 접사에는 강세가 없는 반면에 분리동사의 접사에는 강세가 있다.

〈비분리〉	〈분리〉
Jag **avbryter** samtalet. 나는 대화를 중단한다.	Jag **bryter av** kvisten. 나는 가지를 꺾는다.
Han **avgick** med pension. 그는 연금퇴직을 하였다.	Bordsbenet **gick av**. 책상다리가 부러졌다
Det **överstiger** mina krafter. 그것은 내 역량을 초과한다.	De **steg över** diket. 그들은 도랑을 건넜다.
Man **förbigick** vissa detaljer med tystnad. 사람들은 침묵으로 몇 가지 세부사항을 간과하였다.	Jag **gick förbi** honom på gatan. 나는 거리에서 그를 지나쳤다.

이와 같은 의미상의 차이에도 불구하고 이들 동사의 분사형은 언제나 복합형을 사용한다.

en **avbruten** kvist (bryta av) 부러진 나뭇가지

ett **avbrutet** samtal (avbryta) 중단된 대화

en **förbigående** (gå förbi) 통행인

Rummet var **upplyst**. (lysa upp) 방은 불이 밝혀져 있었다.

6.8.5 동사와 접사의 위치

한 문장 내에서 분리되어 쓰이는 동사와 접사는 항상 나란히 놓이는 것이 원칙이다.

보기 Jag **tycker om** henne. (나는 그녀를 좋아한다.)

Jag **känner igen** dig. (나는 너를 알아보겠다.)

Många brev har **kommit bort**. (편지가 여러 장 분실되었다.)

Jag **ringer upp** dem. (내가 그들에게 전화를 하겠다.)

Låt mig **stänga av** den! (내가 그것을 잠글게요.)

Jag **tar på** mig mina finaste kläder. (나는 제일 좋은 옷을 입겠어요.)

그러나 다음과 같은 경우에는 동사와 접사의 위치에 변동이 있다.

① 단순시제를 가진 주절에서 문장부사는 동사와 접사 사이에 온다.

Jag tyckte **aldrig** om henne. 나는 그녀를 절대로 좋아한 적이 없다.

Han känner **inte** igen mig. 그는 나를 알아보지 못한다.

Bordsben av stål går **sällan** av. 강철제 책상다리는 좀처럼 부러지지 않는다.

② 단순시제를 가진 주절에서 어순이 바뀌면 주어가 동사 다음에 온다.

Tycker **du** om henne? 너는 그녀를 좋아하느냐?

Kände **ni** igen honom? 당신은 그를 알아보았습니까?

I går skrevs **pundet** ner. 어제 영국의 파운드가 평가절하 되었다.

그러나 복합시제에서는 동사와 접사가 나란히 온다.

Har du aldrig **tyckt om** henne? 너는 그녀를 좋아해 본 적이 전혀 없느냐?

③ 명령문에서 문장부사는 동사 다음에 온다.

Slå **inte** ihjäl honom! 그를 때려죽이지 말라.

Gå **aldrig** förbi hans hus! 그의 집 곁을 지나가지 말라.

6-II A. LÄSNING (강독)

Stora och små skillnader

- I mitt hemland brukar man ofta kyssa en kvinna på handen när man hälsar på henne, säger Jan Kowalski. Det är ett sätt att visa respekt. Men när jag gjorde samma sak med svenska kvinnor, drog de genast tillbaka handen. En av dem stirrade på mig som om hon ville säga : "Tänker du bita mig?" Sen dess har jag aldrig försökt kyssa svenska kvinnor på handen. Jag ger dem en kram i stället. Då är det ingen risk att de protesterar. Men i mitt hemland är en kram något mycket intimt och allvarligt.

Jan Kowalski har mycket att berätta om kulturskillnader. Han kom från Polen 1977, då han var tjugotre år.

Nästan hela sitt vuxna liv①har han bott i Sverige. Han är gift med en svenska, har två barn och arbetar på ett stort dataföretag② i Norrköping.

- Första tiden tyckte jag bara att svenskarna levde i ett enda stort överflöd. Ett överflöd på pengar, kläder, mat, prylar. Jag såg bara detta och var blind for andra skillnader.

- Som till exempel?③

- Ja, barnen. Sättet att behandla dem och sättet att prata med dem. Man tillåter helt enkelt för mycket. Barnen får göra nästan som④ de vill i Sverige. Om ett polskt barn bråkar, säger föräldrarna ifrån.⑤ Det är ingen diskussion om vem som⑥ har rätt. · Men i Sverige börjar man diskutera och förklara. Svenska föräldrar verkar vara rädda för att bestämma över sina barn. Visst är det bra att vara mjuk, men det finns gränser!

- Är det olika också när det gäller⑦ umgänget mellan vuxna?

- Ja, det är det. Polacker pratar mer än svenskar. Och de reagerar mycket starkare när de får höra något. De kan plötsligt bli arga eller glada. En svensk däremot visar inte sina känslor så tydligt. Ofta kan man bli arg och säga hårda ord till en svensk utan att han reagerar.

- Kan du ge något exempel?

- Javisst. Om man är irriterad på en polack och säger att han är en dumskalle, så exploderar han direkt och försöker ge tillbaka med lika hårda ord. Han försvarar sig genast. Men svensken ger sällan tillbaka. Han frågar i stället: "har du sovit dåligt i natt?" eller "har du problem hemma? " Han blir inte riktigt arg, utan⑧ försöker förstå och förlåta.

- Menar du att svenskar inte har någon stolthet?

- Nja,⑨ för lite stolthet kanske. Och kanske tar polacker sig själva på för stort allvar.⑩ De kan explodera för ingenting. Ibland är det lättare att samtala med en svensk. Samtalet blir mjukare och vänligare. Men också långsammare! Så långsamt att man ibland undrar om svensken är med i samtalet. Han sitter gärna tyst och funderar innan han säger något. För en polack kan detta verka lite nonchalant. Det är svårt att se om svensken är intresserad.

- Har du själv anpassat dig till det här?

- Ja, ganska mycket. Och ofta kan det vara skönt att slippa prata och prata. Jag ska ta ett exempel från bussen som jag åker varje morgon in till Norrköping. I början var jag mycket förvånad över att man kunde hamna mittemot en granne som⑪ bara hälsade kort och sedan fortsatte läsa sin tidning. Det var som om vi inte kände varandra!

- Grannen var kanske morgontrött?

- Ja, just det. Eller så hade han inte lust att prata. Kanske var bussresan den enda stund⑫ på dagen då han kunde läsa sin tidning i lugn och ro. Och varför ska han sitta och prata, om man inte har något viktigt att säga varandra? I Polen pratar man jämt på tåg och bussar. Det är nästan oartigt att sitta tyst och läsa om man träffar på någon man känner. Problemet är bara att det nästan är en plikt att prata, även om man inte har något på hjärtat.⑬ Numera tycker jag faktiskt att det är skönt att sitta på bussen och slippa prata om jag inte vill.

- Du har alltså blivit mer och mer svensk?

- Både och. Jag tror att jag har bägge kulturerna i mig. Med polacker är jag mera polsk. Med svenskar är jag mera svensk. Det där är egentligen ganska spännande. Att ha rätt att växla kultur ibland.

- Vad är svårast när man ska anpassa sig i ett nytt land?

- Det svåraste är de små sakerna, sådant som man inte normalt tänker på så mycket. Det är ingen konst att lära sig⑭ trafikregler eller regler för bostadsbidrag och sjukpenning och annat. Det är mycket värre med det svenska sättet att prata och vara tyst. Också en del gester och miner kan vara svåra. Men man lär sig. I början kan man missförstå vad som helst! Precis vad som helst!

도움말

〈이 글에서는 스웨덴으로 이주한 폴란드 남자가 겪은 문화적 충돌을 어떻게 소화하고 적응해 갔는가를 체험을 통해 이야기하고 있다.〉

① hela sitt vuxna liv : 자신의 성년생활 전부. hela가 sitt 앞에 오는 점에 유의할 것.
② 컴퓨터 회사
③ 예를 들어본다면
④ som : 접속사로서 "~하는 대로, ~만큼" gör som du vill "네가 원하는 대로 해라".
⑤ säga ifrån : 단호하게 말한다.
⑤ vem som : som은 간접의문문을 이끄는 vem이 주격임을 표시한다.
⑥ när det gäller + 명사/대명사: ~에 관해서는.
⑧ inte~, utan~ : ~이 아니고 ~이다. (not ~but~)
⑨ nja : 긍정(ja)도 부정(nej)도 할 수 없을 때 쓰는 감탄사.
⑩ ta sig själva på för stort allvar : (사물에 대해) 너무 심각하게 받아들이다.
⑪ som 이하의 관계절을 제한적 보다는 계속적으로 해석하는 것이 더 자연스럽다.
⑫ 문법적으로는 den enda stunden이 맞지만 시적 표현에서는 어말관사 없이도 쓰임.
⑬ ha något på hjärtat : 하고 싶은 말이 있다.
⑭ det är ingen konst att … : ~하기는 쉽다. 별것 아니다.

6-II B. GRAMMATIKÖVNING (문법연습)

1. 주어진 서법조동사와 준조동사를 이용하여 아래 문장들을 다시 쓰시오.

〈 ska, får, kan, vågar, borde, lär, vill, behöver, brukar, orkar, hinner 〉

1) Har du möjlighet att komma före fem?

2) Det skulle vara bra om du lär dig svenska.

3) Elsa är för trött för att arbeta mera.

4) Är det tillåtet att röka här?

5) Han var rädd för att klappa hunden.

6) Karin lyssnar alltid på radio när hon diskar.

7) Jag hade inte tid att prata med honom.

8) Det sägs att det blir regn imorgon.

9) Det är inte nödvändigt att ha arbetstillstånd i Sverige om man är från Finland.

10) Har du lust att hjälpa mig med en sak?

2. 다음 능동문을 수동문으로 바꾸시오.

참고 'vara +과거분사'는 결과를, 'bli +과거분사/s -수동형' 은 동작행위를 각각 나타낸다.

1) De har stängt fönstren.

2) De hade målat huset.

3) Här bygger man ett nytt hotell.

4) De öppnade badet i maj.

5) De opererade honom igår.

6) Någon stal min cykel i natt.

7) Man har höjt biopriserna.

8) Han skrev boken på ett år.

9) De har lagt in honom på sjukhus.

10) Hade man informerat de anställda?

3. 다음 문장에서 동사의 s-형태가 수동형, 이태동사, 상호동사 중의 어느 것으로 쓰였는지 지적하시오.

1) De satt och **kysstes** i parken.

2) Våra familjer **umgås** på fritiden.

3) Min pojke **slåss** aldrig.

4) **Hoppas** att det **lyckas**!

5) Ska de här tidningarna **kastas**?

6) Hon **skämdes** för sina fula kläder.

7) Hans föräldrar ska **skiljas**.

8) Frågan **diskuterades** inte på mötet.

9) Kan vi inte **hjälpas** åt?

10) Det **fattas** 1,000 i kassan.

4. 주어진 동사를 이용하여 올바른 재귀동사 및 재귀대명사를 써넣으시오.

(klippa, sätta, lära, tvätta, lägga, gifta, skynda, klä av, ta av, koncentrera)

1) Markos och jag ska ___ i Storkyrkan nästa veckan.

2) Jag måste gå till frisören och ___

3) Här är en bank. Här kan vi ___

4) Du är smutsig om händerna! ___

5) Klockan är mycket. Vi måste ___

6) Elsa vill ___ italienska .

7) När brukar ni ___? Kan jag ringa efter halv elva?

8) Finns det ingen hytt på badstranden där man kan ___

9) Usch, det är varmt här inne! Jag måste ___ tröjan.

10) Du, stäng av teven! Jag kan inte ___ på läxan.

5. 아래 분리동사의 과거분사형 또는 완료분사형을 써넣으시오.

1) tycka om Läraren var ___ för sin vänlighet.

	Flickorna var ___ för sin artighet.
	Jag har alltid ___ cowboy-filmer.
2) ringa upp	I går blev jag ___ av en gammal bekant.
	Han har inte ___ mig på flera år.
	Vi blev ___ mitt i natten.
3) skriva upp	Eleverna har ___ allting i sina anteckningsböcker.
	Sedan lärde de sig noga allting, som var ___.
	Alla felparkerare blev ___ av polisen.
4) stänga av	Är teven ___? - Ja, jag har ___ den.
	Hela området blev ___ av polisen.
	Det var förbjudet att beträda det ___ området.
5) ta bort	Har du ___ fläcken från blusen?
	-Ja, fläcken är ___ nu.
	När middagen var slut, blev tallrikarna ___.
6) säga upp	Företaget har ___ alla sina anställda.
	De ___ arbetarna samlades till ett protestmöte.
	Ingenjören har blivit ___ till den 1 juni.
7) gifta om	Hon hade nyligen ___ sig då hon träffade Per, som också var ___.
	De var alltså båda ___.
8) klä ut	På maskeraden var alla personer ___.
	Göran var ___ till sjörövare.
	Hans fru hade ___ sig till spanjorska.

Hon var vackrast bland de ___ gästerna.

9) lägga ned   De har ___ glasbruket.

Det ___ glasbruket har köpts av staten.

10) äta upp   Alla de nybakade kakorna var ___.

Har du ___ maten nu? - Ja, maten är ___.

6-II C. ÖVERSÄTTNING (번역작문)

1. 미카엘은 의사가 되려고 하지만 어려울 거야.

2. 세계는 앞으로 50년 내에 크게 달라질 것이다.

3. 스톡홀름은 수백 년 동안 스웨덴의 수도로 있다.

4. 울레는 이 공장에서 일을 시작한 후 몸 상태가 안 좋다.

5. 그는 저녁을 먹으면서 신문을 본다.

6. 내가 스웨덴어를 더 잘하면 다른 일자리를 구하고 싶은데.

7. 영화 '서편제'는 백만 명 이상의 한국인들이 보았다.

8. 스웨덴에서는 성탄절에 돼지고기(햄)을 많이 먹는다.

9. 신년 전야에는 샴펜을 많이 마신다.

10. 소포는 우체국에서 30일 이내에 찾아가면 된다.

도움말

1. (a) 의사가 되다 : bli läkare/utbilda sig till läkare
   (b) 주어의 의지가 담겨 있으니 서법조동사는 ska 를 쓰는 것이 좋다.
2. (a) 앞으로 50년 : kommande 50 år
   (b) 단순 예측이므로 동사는 kommer att를 쓴다 .
3. (a) 수도 : huvudstad
   (b) 시제는 상태의 지속이니까 vara 의 완료형으로 한다.
4. (a) 몸 상태가 좋다 : må bra.
   (b) 주절의 시제는 상태의 지속이므로 현재완료형, sedan 이하의 절은 과거형으로 한다.
5. 두 가지 동작의 동시적 발생은 접속사 när/medan으로 연결시킨다.
6. (a) 조건절의 동사는 과거형을 쓴다.
   (b) 스웨덴어를 더 잘하다 : kan bättre svenska (kan 다음의 본동사는 생략해도 된다.)
7. '서편제'를 주어로 한 현재완료 수동문을 만든다.
8. 일반적 주어(man, folk) 대신에 'det+현재 수동형' 구문을 이용한다.
9. (a) 'det+ 현재수동형' 구문을 이용한다. (5.1.2의 ③ (c) 참조)
   (b) 신년전야 : nyårsafton
10. '소포'를 주어로 하는 수동문을 구성한다.

스웨덴 노사관계의 전환점을 이룬 오달렌(Ådalen) 사건 기념비(1931)

MEMO

7

부사
Adverb

부사는 본디 동사를 수식하는 품사이지만 형용사나 다른 부사 또는 문장 전체를 수식하기도 한다. 부사는 모양이 변화하지 않으며 그것이 꾸미는 형용사나 부사의 꼴에도 아무 영향을 미치지 않는다.

Han är **ganska** flitig. (형용사 flitig 수식) 그는 꽤 부지런한 편이다.

Han är **mycket** vacker. (형용사 vacker 수식) 그는 아주 잘 생겼다.

Hon kom **ovanligt** tidigt till mötet. (부사 tidigt 수식) 그녀는 이례적으로 모임에 일찍 왔다.

Det blir **troligen** regn i kväll. (문장전체 수식) 오늘밤에는 아마 비 가 올 거야.

7.1 부사의 형태 (Olika sätt att bilda adverb)

부사 중에는 고유부사어도 있지만 상당수의 부사가 다른 품사에서 나왔다.

7.1.1 형용사+t

대다수 형용사 끝에 t를 붙이면 부사로 전용할 수 있다. 이런 부사는 형용사의 중성형과 모양이 같다.

Hon sjunger vacker**t**. 그녀는 고운 목소리로 노래한다.

Huset är dålig**t** målat. 그 집은 칠이 잘못되었다.

Jag kom hem sen**t** igår. 나는 어제 늦게 집에 돌아왔다.

7.1.2 -lig로 끝나는 형용사의 부사 만들기

① 어미 -t를 붙인다

Hon talar svenska tydlig**t**. 그녀는 스웨덴어를 또렷하게 말한다.

Han arbetar flitig**t**. 그는 부지런히 일한다.

② 어미 -en을 붙인다

Det var verklig**en** svårt. 정말 힘들군.

De kommer trolig**en** med nästa tåg. 그들은 아마 다음 기차 편으로 올 거야.

③ 형용사 중성형에 -vis를 붙인다

Man får naturligt**vis** inte röka i det här rummet. 이 방에서는 물론 금연이다.

Han kom vanligt**vis** sent till lektionen. 그는 여느 때처럼 수업에 늦게 왔다.

7.1.3 현재분사 및 과거분사의 중성형

현재분사 및 과거분사의 중성형은 그내로 부사로 쓰인다.

Hon är förtjus**ande** söt. 그녀는 매혹적으로 예쁘다.

Damen är strål**ande** vacker. 부인은 빼어나게 아름답다.

Han lovade bestäm**t** att komma. 그는 꼭 오겠다고 약속했다.

Detta är avgjor**t** bättre. 이것이 확실히 더 낫다.

비교 Det är en **avgjord** sak. 그것은 결정된 사항이다. avgjord : 형용사

7.1.4 형용사에서 파생하지 않은 부사

① 단일부사 (Enkla adverb)

단 하나의 단어로 이루어진 부사.

(a) aldrig (never), alltid (always), nu (now), snart (soon), ibland (sometimes), sällan (seldom), ofta (often), genast (at once), redan (already)

(b) inte, ej, icke (not); ju (you know/see), nog (I expect/I dare say)

(c) här (here), där (there), bort (away), ute (out), hem (home), ur (out)

② 복합부사 (Sammansatta adverb)

두 개 이상의 요소가 결합된 부사로 "단일부사+전치사/부사" 로 구성되어 있다.

(a) + ifrån

härifrån 여기서부터, norrifrån 북으로부터, varifrån 어디로부터

(b) + åt

häråt, hitåt 이쪽으로; hemåt 집쪽으로, bortåt 저쪽으로

(c) + till

härtill 이것에다, därtill 저것에다 , vartill 무엇에다

(d) + ut

norrut 북쪽으로 , söderut 남쪽으로, västerut 서쪽으로, österut 동쪽으로

(e) +(ut)i

häruti, häri 이 안에, däruti, däri 저 안에, varuti, vari 무엇에

(f) + om

härom 이에 관하여, därom 그것에 관하여

(g) + vid

härvid 이와 관련하여, därvid 그것과 관련하여

(h) +tills

hittills 지금까지, dittills 그때까지

이와 같은 방법으로 여러 가지 또 다른 복합부사를 만들 수 있다.

보기 varigenom (whereby), härmed (hereby), därav (thence) 따위.

7.1.5 어미 -ledes, -lunda, -t+vis, -stans를 가진 부사

① 부사어미 - ledes, -lunda, -t+vis는 보통 '방법'을 표시한다.

således, sålunda 이와 같이, 이렇게, någorlunda 꽤, 어지간히, annorlunda 달리, 다른 방법으로, ingalunda 결코 ~아니다, naturligtvis 물론, möjligtvis 어쩌면, 혹시나

② 부사어미 -stans, -städes는 '장소'를 표시한다.

någonstans 아무 데에, ingenstans 아무 데도~않다 annorstädes 다른 데에, ingenstädes 아무 데도~않다, därstädes 거기에, härstädes 여기에.

7.2 의미상의 부사 종류 (Olika adverb enligt betydelse)

7.2.1 시간부사 (Tidsadverb)

när? (언제)로 시작하는 물음에 대응하는 부사들이다.

aldrig 전혀 ~하지 않다, alltid 항상 always, då 그때 then, då och då 때때로 now and then,

efter 후에, 뒤에 after, **fortfarande** 여전히, **förr** 이전에, **först** 처음으로, **förut** 이전에 previously, **genast** 즉시 at once, **igen** 다시 again, **ibland** 때때로 sometimes, **jämt** 한결같이, **länge** 오래 for a long time, **nu** 이제 now, **nyligen** 최근에 recently, **nyss** 방금 just now, **någonsin** 일찍이 ever , **ofta** 흔히 often, **redan** 이미 already, **sedan** 그후 then, **sist** 마지막으로 finally, **snart** 곧 soon, **strax** 곧 soon, **sällan** 좀처럼 ~ 않다, **tidvis** 때때로 from time to time, **ursprungligen** 원래 originally, **vanligen** 보통 usually, **ännu** 아직도 still.

7.2.2 장소부사 (Rumsadverb)

var? /vart? (어디에/어디로)로 시작하는 물음에 대응하는 부사들이다.

här, hit 여기에, 여기로; där, dit 거기에, 거기로; inne, in 안에, 안으로; ute, ut 밖에, 밖으로; borta, bort 저편에, 저리로; hemma, hem 집에, 집으로; uppe, upp 위에, 위로; nere, ner/ned 아래에, 아래로; var, vart 어디에, 어디로; framme, fram 앞에, 앞으로, varifrån 어디에서, därborta 저쪽에.

이들 가운데 단일부사의 대다수는 모두 장소표시 부사로서 정지동사와 함께 쓰이는 것과, 동작동사와 함께 쓰이는 것으로 각각 쌍을 이루고 있다. 우리말에서는 "~에" , "~(으)로"가 붙는 장소부사에 해당한다.

〈정지〉	〈동작〉
Var är han?	**Vart** ska han åka?
그는 어디에 있느냐?	그는 어디로 가려 하느냐?
Han sitter **där**.	Han springer **dit**.
그는 저기에 앉아 있다.	그는 저쪽으로 뛰어간다.
Bussen stannar **här**.	Kan du komma **hit**?
버스는 여기에 선다.	이리 올 수 있겠니?
Jag var **hemma** hela dagen.	Jag gick **hem** tidigt.
나는 하루 종일 집에 있었다.	나는 집에 일찍 갔다.
Barnen leker **ute** idag.	De går **ut** tidigt på morgonen.
아이들은 오늘 밖에서 논다.	그들은 아침에 일찍 나간다.
Hans leker **nere** vid ån.	Hans går **ner** till ån.
한스는 개울가에서 논다.	한스는 개울가로 간다.

7.2.3 방법부사 (Sättsadverb)

hur? (어떻게)로 시작하는 물음에 대응하는 부사들이다.

bra 좋게, well, illa 나쁘게, väl 잘, 좋게, noga 조심스레, fort 빨리, gärna 기꺼이, ogärna 마지못해, sakta 천천히, långsamt 느리게.

7.2.4 정도부사 (Gradadverb)

hur mycket? (얼마큼? 어느 정도)로 시작하는 물음에 대응하는 부사들이다.

mycket 많이, lite 조금, föga 적게, endast 단지, ganska 꽤, lagom 적당히/알맞게, mest 주로/대개, särskilt 특히, lika 같게, nästan 거의, synnerligen 특히/유난히, utomordentligt 극히/비상하게, ytterst 매우/극심하게, tämligen 어지간히/꽤, ungefär 대략/대체로.

7.2.5 원인부사 (Orsaksadverb)

varför? (왜)라는 물음에 대응하는 부사들이다.

alltså 따라서/즉, därför 그래서, sålunda 이렇게/따라서, nämligen 말하자면/즉, följaktligen 결과적으로/따라서.

※ därför / därför att의 차이

därför (부사)는 "그러므로, 이런 연유로" 이고 därför att (접속사)는 "왜냐하면 ~이니까, ~때문에"의 뜻이다. därför 다음에는 어순이 바뀌고(동사+주어), därför att 다음에는 절이 이어진다.

Det är varmt. **Därför** svettas jag. 날씨가 덥다. 그래서 나는 땀이 난다.

Jag svettas, **därför att** det är varmt. 나는 땀이 난다. 왜냐하면 덥기 때문에.

7.2.6 부사의 배열 순서 (Ordningsföljd av adverb)

위에 소개한 부사들이 한 문장 내에서 여럿이 함께 쓰일 때에는 아래 순서에 따라 배열된다.

① 방법-장소-때-원인/긴 부사구

(방법) (장소) (때) (긴 부사구)

Han reste plötsligt bort igår av någon anledning. 그는 무슨 사정이 있어서 어제 갑자기 떠났다.

(방법) (장소) (때)

Vi träffade av en händelse i London förra året. 우리는 작년에 우연히 런던에서 만났다.

② **수동문에서 행위자는 다른 부사보다 앞에 나온다.**

Vi blev uppringda av Ohlssons på hotellet häromkvällen.

(행위자) (장소) (때)

우리는 요전날 밤 호텔에서 울손씨 가족으로부터 전화를 받았다.

7.3 기능상의 부사 종류(Olika adverb enligt funktion)

7.3.1 대명부사 (Pronominella adverb)

부사를 기능적 측면에서 보면 대명사와 유사한 것들이 많은데 그 부류는 다음과 같이 나뉜다. 한편 명사 대신에 대명사가 쓰이듯 대명부사 대신에 여러 가지 전치사 구가 쓰이기도 한다.

① 지시부사 (Demonstrativa adverb)

här, hit, där, dit, då, nu, sedan, därför, härmed, därefter, därom, varifrån.

Här bor de. (=**i det här huset**) 여기서 그들은 산다.

Vi vill flytta **dit**. (=**till den där staden**) 우리는 그리로 이사하려고 한다.

Du har tidigare talat **därom**. (=**om det där**) 너는 전에 그것에 대해 말했다.

Varifrån kommer du? (=**från vilken plats**) 너는 어디서 오느냐?

Jag kommer **därifrån**. (=**från denna plats**) 나는 거기서 온다.

② 관계부사 (Relativa adverb)

där (where), dit (where), vari (where in/in which), varifrån (from where), varom (of which), varav (where/of which), varuti (in which).

장소를 나타내는 관계부사 där는 정지동사와 함께, dit는 동작동사와 함께 쓰인다. 이들 부사 대신에 관계대명사 som을 사용할 수 있으나 이때는 전치사를 동반한다.

Biblioteket, **där** jag brukar läsa, har inte den nya boken.

(=Biblioteket, **som** jag brukar läsa **i**, har inte den nya boken.) 내가 늘 공부하는 도서관에는 새로 나온 그 책이 없다.

De har en sommarstuga på landet, **dit** de åker på söndagarna.

(=De har en sommarstuga på landet, **som** de åker **till** på söndagarna.) 그들은 시골에 여름집이 한 채 있는데 일요일에는 차를 몰고 그 곳으로 간다.

Den tid då jag arbetade där var mycket lycklig. 내가 거기서 일하던 시절은 매우 행복했다.

③ 의문부사 (Interrogativa adverb)

var (where?), vart (where to?), varför (why?), varifrån (where from?), när (when?), hur (how?)

의문부사는 직접의문과 간접의문에 모두 쓰인다.

Var är min bok? 내 책은 어디에 있지 ?

Jag undrar **var** min bok är. 내 책이 어디에 있는지 궁금하군.

Vart gick han? 그는 어디로 갔느냐?

Jag vet inte **vart** han gick. 나는 그가 어디로 갔는지 모른다.

Hur mycket kostar den? 그것은 얼마이냐?

Jag undrar **hur** mycket den kostar. 그것이 얼마인지 궁금하군.

När kommer du tillbaka? 너는 언제 돌아오느냐?

Jag vet inte **när** jag kommer tillbaka. 내가 언제 돌아올지 모르겠어.

위에서 든 부사들은 한가지 형태로 기능에 따라 쓰임새를 달리하는 경우도 있는데 이를 다시 정리하면 아래와 같다.

〈대명부사〉

지시부사	관계부사	의문부사(직접/간접)
där	där	var
dit	dit	vart
därifrån	varifrån	varifrån
därför	varför	varför

④ **부정부사 (不定副詞 Obestämda adverb)**

någonstans (somewhere), ingenstans (nowhere) någorlunda (to some extent), hur som helst (anyhow)

Var är boken **någonstans**? 책은 대체 어디에 있니 ?

De har **ingenstans** att bo. 그들은 살 곳(데)이 없다.

Det är **alltid** roligt att lyssna på musik. 음악을 듣는 것은 언제나 즐겁다.

7.3.2 문장부사 (Satsadverb)

문장부사는 어느 특정 단어만을 수식하지 않고 문 전체를 수식하는 부사로 문장의 내용에 대해 가망, 추측, 확실성, 부정(否定) 등을 나타낸다. 이들은 형태상으로 (a) (b) 두 가지 유형으로 나뉘며 기능상으로는 서법부사(i)와 부정사(ii)로 분류된다.

(a) **-lig로 끝나는 형용사에 어미 -en 또는 -tvis를 붙여 만든 부사**

möjligen, naturligtvis, vanligen, verkligen

Har du **möjligen** en tia? 10 크루나 한 장 있니?

Den har jag **naturligtvis**. 물론 있지

Det var **verkligen** trevligt att få träffa dig. 너를 만나니 정말 반갑다.

주의 Det var en **verkligt** svår uppgift. (정말 힘든 과제였어.)

위 문장에서 부사 verkligt는 형용사 svår만을 꾸민다.

(b) **다른 모양의 부사**

ju, nog, väl, kanske, tyvärr, gärna, absolut, eller hur, hellre, helst, visserligen, nämligen, minsann, förgäves.

이들 부사 중에는 우리말이나 영어에서 상응하는 말을 찾기 어려운 것들이 많다.

(i) **서법부사 (Modala adverb) : 진술내용에 대한 화자의 관심, 유보, 확신정도 따위의 심적자세를 나타낸다.** ju, nog, väl, sannolikt, minsann, visserligen, tyvärr, lyckligtvis, dessbättre **따위가 있다.**

Han är **nog** sjuk. 그는 아마 아픈 것 같아.

Det blir **nog** regn i morgon. 내일 어쩌면 비가 올지 몰라.

Ni går **väl** med på teatern i kväll, eller hur? 너희들도 오늘 저녁 극장에 함께 갈 거 아냐?

Ni har **väl** hört, att han har rest. 그가 떠 났다는 소식을 너희는 들었을 텐데.

Jag kan **ju** inte veta, vad han tänker på. 그가 생각하는 바를 나는 알 수 없단 말이야.

Jag har **ju** aldrig sett honom förr. 나는 전에 그를 본 일이 전혀 없다니까.

Jag kan **tyvärr** inte komma. 미안하지만 나는 올 수가 없어.

Det är **minsann** inte så lätt. 그건 정말 쉽지 않다니까.

Förgäves försökte jag övertyga honom. 그를 설득해 보려 했지만 헛일이었지.

주의1 **nog** : 어떤 일에 대해 일정한 생각이나 판단을 가지고 있지만 자신감이 없을 때 쓴다.

ju : 자신의 뜻을 상대방도 알고 있어 동의해 줄 것을 기대하며 말할 때 쓴다.

väl : nog와 비슷하게 추측을 표시하지만 약간 주저할 때 쓰이며 문장 끝에 eller hur? 또는 inte sant? (그렇지, 그렇잖아?) 등을 덧붙이어 상대방의 의중을 떠보는 그런 뉘앙스를 가진다.)

Det är **väl** inte min skuld? eller hur? 내 잘못은 아니잖아, 어때?

*이들 부사에는 정상적으로 강세가 없으나 강세를 받으면 의미는 다음과 같이 달라진다.

'nog : 충분히' , väl : 잘, 좋게

´Vi har mat ´**nog** hemma. 우리는 집에 음식이 충분히 있다.

Han är ´**väl** medveten om sina brister. 그는 자신의 결함을 잘 알고 있다.

(ii) 부정사 (否定詞 **Negationer**)

inte, icke, ej, ingalunda, knappt, knappast, omöjligen.

Jag kan **inte** tala ryska. 나는 노어를 못한다.

Det är **knappt** 15° i rummet. 방안은 15도가 채 안 된다.

Det är **ingalunda** fallet. 그것은 절대 경우가 아니다.

Jag kan **omöjligen** göra det. 나는 아무래도 그것을 할 수 없다.

*icke는 복합어에 흔히 나타나며 그 대신에 inte 는 쓸 수 없다.

en icke-rökare 비흡연자, icke-våld 비폭력

주의1 부사 **ja** (yes)와 **jo** (yes)에 관한 용법.

ja는 긍정적으로 물을 때의 대답이고, **jo**는 부정적으로 물어올 때와 상대방의 부정적 진술을 반박할 때 쓰인다.

Vill ni ha ett äpple? -**Ja**, tack. 사과 하나 드시겠어요? 예, 고맙습니다.

Vill ni inte ha ett äpple? -**Jo**, tack. 사과 하나 안 드시겠어요? 예, 좋지요.

Han kommer nog inte. -**Jo**, det gör han säkert. 그가 올 것 같지 않은데요. 아니오, 꼭 올 것입니다.

7.3.3 접속부사 (Konjunktionella adverb)

부사 중에는 접속사와 같이 앞 뒤 문장을 연결시켜주는 기능을 가진 것이 있는데 이런 부사를 **접속부사**(接續副詞)라 한다. 이들 부사는 접속사와는 달리 어순에 영향을 미쳐 주절이 접속부사로 시작하면 어순이 도치(倒置)가 되어 동사가 주어 앞에 나온다. 또한 접속부사는 접속사와는 다르게 절(sats)의 중간에도 위치할 수 있다. 이들은 다음과 같이 분류된다.

① 결과 (Följd) : alltså, således, sålunda, därför, följaktligen, fördenskull.

Han har varit sjuk länge, **följaktligen** kunde han inte klara sin examen. 그는 오래 앓았다. 그 결과 시험에 합격하지 못했다.

Olle ligger sjuk för tillfället. **Därför** kan han inte komma. 울레는 잠시 아파서 누워 있다. 그래서 올 수가 없다.

Det gäller **sålunda** att nå snabbast möjliga resultat. 따라서 그것은 어떻게 하면 가장 신속한 결과를 성취할 수 있느냐 하는 문제와 연계되어 있다.

② 반의 (Motsats) : dock, emellertid, ändå, likväl, ej heller.

Hon vill resa till Sverige. Resan till Sverige kostar **emellertid** för mycket. 그녀는 스웨덴에 여행을 하고 싶다. 그러나 스웨덴 여행은 비용이 너무 많이 든다.

Erik är stor. Han är **ändå** bara ett barn. 에릭은 크다. 그래도 그는 아직 아이에 불과하다.

③ 추가 (Sammanhang) : också, även, dessutom, likaså.

Eva har hjälpt mig att städa rummet. **Dessutom** har hon lovat att gå igenom läxan i morgon. 에바는 내 방 청소를 도와주었고 그 밖에도 내일 숙제를 보아주기로 약속했다.

Det finns en lag om bilbälten **även** i baksätet. 뒷좌석에도 안전벨트를 착용해야 하는 법이

있다.

④ **설명 (Förklaring) : ju, nämligen**

상대방이 모르는 새로운 것을 알릴 때 쓰인다.

Du måste komma idag, i morgon är jag **ju** i Uppsala. 너는 오늘 와야만 한다. 내일은 내가 웁살라에 있다니까.

Jag känner honom mycket väl. Vi var **nämligen** skolkamrater. 나는 그를 잘 아는데 우리는 동창생이었단 말이야.

*nämligen은 '즉, 말하자면'의 뜻으로 쓰이기도 한다.

Det fattas något här, **nämligen** en bra arbetsmiljö. 이곳에 무언가 부족한 것이 있는데 말하자면 좋은 작업 환경 같은 것이야.

⑤ **계속 (Fortsättning)／귀결 (följd) : slutligen, vidare, sammanfattningsvis**

Han har läst dag och natt. **Slutligen** klarade han sin examen. 그는 밤낮 공부하였다. 그리하여 마침내 시험에 합격하였다.

Vi körde **vidare** hela natten. 우리는 계속해서 밤새 차를 몰았다.

7.3.4 강조/약화 부사 (Förstärkande/förminskande adverb)

이들은 형용사나 다른 부사 앞에서 그 뜻을 강하게 하거나 약화시키는 부사들이다. mycket, helt, alldeles, oerhört, ganska, lagom, rätt, alltför, lite, inte alls, alls. 특히 allt, alltmer(a), allra는 오로지 비교급, 최상급 형용사와 함께 쓰인다.

De var **mycket** nöjda över resultatet. 그들은 결과에 대단히 만족하였다.

Det var **oerhört** svårt för mig att lösa problemet. 내가 그 문제를 해결하기는 무척 힘들었다

Hon hjälper honom **lite** grann med hans bok. 그녀는 그가 책 쓰는 일을 약간 도왔다.

Han var **ganska** full. 그는 꽤 술이 취했었다.

Vädret var **lagom** varmt. 날씨 가 알맞게 따뜻했다.

Det gick **inte alls** bra. 그 일은 아주 좋지 않게 되었다.

Problemet blir **allt** större. 문제가 더욱 더 커지고 있다

Saken blir **alltmera** invecklad. 그 사건은 점점 더 복잡해지고 있다.

Han brukar komma **allra** sist. 그는 맨 나중에 오기를 잘한다.

De **allra** flesta svenskar har teve. 스웨덴인 대다수가 텔레비전을 갖고 있다.

7.3.5 몇몇 특이한 부사의 용법

① gärna, hellre, helst, heller

(a) **gärna**

"기꺼이, 좋고 말고요".

Ska vi gå på bio? Ja, **gärna**. 우리 영화관에 갈까? 좋고 말고요.

Jag erkänner **gärna** att jag hade fel. 내가 잘못한 것을 기꺼이 시인하네.

(b) **hellre**

gärna의 비교급 : "오히려, ~보다 차라리".

Han dricker **hellre** kaffe än te. 그는 차보다는 커피를 들고 싶어하네.

Han skulle **hellre** dö än medge det. 그는 그것을 시인하기보다는 차라리 죽음을 택하고자 하네.

(c) **helst**

gärna의 최상급으로 "차라리, 되도록이면".

När vill du åka? **Helst** idag. 언제 가려고 하니? 되도록이면 오늘.

Det här vinet ska **helst** serveras kallt. 이 포도주는 되도록 차게 드시는 게 좋아요.

(d) **heller**

원래 hellre의 변이형이었으나 현재는 부정사와 함께 쓰여 "~도 역시 않다". (영어 not either와 같은 의미이다.)

Jag hade inga pengar, och det hade han inte **heller**. 나는 돈이 없다. 그도 역시 없다.

Han tycker inte om baseboll. Inte jag **heller**. 그는 야구를 좋아하지 않는다. 나도 아니야.

② **eller hur?**

화자가 말한 내용을 상대방에게 확인시키고자 되묻는 방식으로 "그렇지, 그렇잖아? " 의 뜻이다. 영어의 부가의문에 해당한다.

Du kommer hem till mig i kväll, **eller hur**? 너 오늘 저녁 우리집에 올거지, 그렇지?

Du har fått dina julklappar, **eller hur**? 너 성탄선물 받았지 그렇지?

③ först, redan

(a) **först**

(i) "우선, 먼저" (first)

Jag kommer, men **först** ska jag byta om. 나는 갈 거야. 그런데 먼저 옷을 갈아 입어야지.

(ii) "~이후 비로소" (not until)

Det var **först** sedan hon kom hem (som) hon märkte det. 그녀는 집에 돌아와서야 그것을 알아차렸다.

(iii) "바로~, 겨우~" (only)

Först då sa han något. 그때서야 그는 무언가 말을 했다.

Jag hörde det **först** igår. 바로 어제서야 그것을 들었다.

(b) **redan**

(i) "벌써"

Ska du **redan** gå? 벌써 가려고 하니?

(ii) "~조차도, ~까지도"

Redan en ytlig undersökning gav bevis. 한가지 피상적인 조사에서도 증거가 나타났다.

(iii) "일찍이"

Redan på 1500-talet blev Sverige en nationalstat. 일찍이 1500년대에 스웨덴은 단일민족 국가가 되었다.

④ långt, länge

(i) **långt** "멀리" (거리)

Hur långt är det till Göteborg? 예테보리까지는 어느 정도 먼가요?

(ii) **länge** "오래" (기간)

Hur länge bodde du i Sverige? 스웨덴에 얼마 동안 살았습니까?

7.4 부사의 비교 (Adverbets komparation)

7.4.1 형용사 파생 부사의 비교급, 최상급

형용사에서 파생한 부사의 비교급과 최상급은 형용사의 그것과 동일한 형태이다. 다만 부사 어미 -t 는 비교급과 최상급 어미 앞에서 탈락한다.

원급	비교급	최상급
billigt 값싸게	billig**are**	billig**ast**
kallt 차갑게	kall**are**	kall**ast**
sent 늦게	sen**are**	sen**ast**
långt 멀리, 장소 länge 오래, 시간	län**gre**	läng**st**

7.4.2 기타 부사들의 비교급, 최상급

원급	비교급	최상급
bra väl (잘, 좋게)	bättre	bäst
fort 빨리	fortare	fortast
illa 나쁘게	sämre värre	sämst värst
gärna 기꺼이	hellre	helst
mycket 대단히, 매우	mer(a)	mest
nära 가까이	närmare	närmast
ofta 자주	oftare	oftast

7.4.3 부사로 쓰인 현재분사, 과거분사

현재분사, 과거분사가 부사로 쓰일 때는 그 앞에 mer(a), mest를 붙여 비교급, 최상급을 만든다.

Hon är **mer** förtjusande söt. 그녀는 더 빼어나게 예쁘다.

Han arbetade **mest** hängivet för fredens sak. 그는 평화의 대의를 위해 가장 헌신적으로 일했다.

7A. LÄSNING (강독)

Oväntat möte

Det var högtidligt① i kyrkan. Prästen sa många vackra ord om Karin som hade varit hans barndomsvän. Kistan var omgiven av kransar och buketter i underbara färger. Från orgelläktaren kom vacker solosång, och tillsammans sjöng man välkända psalmer. Snyftningar hördes, och även Anette var rörd. Det var första gången② hon var på en begravning. ③ Trots att hon kände ett visst obehag inför allt det okända④ ville hon vara med och ⑤ta ett sista farväl av Karin. När slutpsalmen spelats, lämnade Karins närmaste släktingar kyrkan genom mittgången medan alla de andra begravningsgästerna stod upp.

Utanför kyrkan gick Anette fram till Karins son.

- Det är jag som är Anette och som bor i Karins lägenhet. Jag får beklaga sorgen.

Sonen tog hennes hand och nickade till tack.

- Karin var verkligen en fin människa, tillade Anette.

- Ja, det är sant. ⑥Det var snällt av dig att komma. Jag hoppas att du kan följa med till bygdegården där vi bjuder på en bit mat, sa sonen vänligt.

- Tack. Jag är hemskt ledsen, men jag måste åka tillbaka till arbetet omedelbart.

Anette ⑦gav sig iväg från kyrkan i Lennarts bil. Det snöade och var halt på vägen, så hon ⑧var tvungen att köra sakta. Hon ⑨kom att tänka på hur hon skulle ordna sitt boende i fortsättningen. Några dagar efter Karins bortgång hade sonen ringt upp Anette och berättat att Karins lägenhet måste säljas. Han hade frågat om Anette var intresserad av att överta den. Tyvärr hade hon inte råd med det, och dessutom var den alldeles för stor för henne.

Nu var hon alltså tvungen att flytta. På bostadsförmedlingen hade man inte gett henne något hopp om att snabbt få en ny bostad. Därför hade hon börjat lusläsa ⑩ hyresannonserna i tidningen. En morgon hade hon sett en annons om en tvåa på Prästgatan, bara ett kvarter från tidningsredaktionen. Anette hade ringt, och nästan omedelbart hade hon fått komma och titta på lägenheten. Hon hade blivit mycket förtjust i ⑪ den. Den här eftermiddagen skulle hon träffa hyresvärden.

도움말

① det var högtidligt : (장례)의식이 있었다
② hon 앞에 som이 생략된 것으로 första gången을 강조하기 위한 det ~som ~의 강조 구문이다.
③ trots att … ~임에도 불구하고.
④ det okända : 생소한 것, 낯선 것. (형용사 okänd가 명사화한 것이다.)
⑤ ta ett sista farväl av … : ~에게 마지막 작별을 고하다.
⑥ det var snällt av dig att … ~하다니 고맙군요.
⑦ ge sig iväg (av, ut) : 떠나다, 출발하다.
⑧ vara tvungen att … ~하지 않을 수 없다.
⑨ komma att tänka på : 우연히 (서서히) ~을 생각하게 되다.
⑩ lusläsa : 자세히 읽다.
⑪ bli förtjust i : ~을 좋아하다.

7B. GRAMMATIKÖVNING (문법연습)

1. Välj ett av adverben till vänster. (왼편에 주어진 부사 중 알맞은 것을 고르시오.)

1) bort/borta Min man är ________ hela nästa vecka.

2) upp/uppe Är hissen ________?

3) in/inne, ut/ute Kom ________ nu! Det är kallt ________.

4) bort/borta Kan du ta ________ fläcken på mina byxor?

5) fram/framme Kan du ta ________ passet?

6) hem/hemma Jag är så glad över det nya jobbet att jag dansade ________.

7) dit/där Har du varit på Island någon gång? Nej, jag har aldrig varit ________.
Men jag skulle vilja åka ________ någon gång.

8) fram/framme Ursäkta, konduktören! När är tåget ________
i Malmö? Vi är ________ om en timme drygt.

9) upp/uppe   Han är alltid ____________ klockan sex och lagar frukost.

10) hit/här   Kom ____________ och sitt ____________ brevid mig!

2. 보기에서 알맞은 형용사/부사를 골라 위에 써넣으시오.

보기 Hur stor/stort/stora … Hur hög/högt/höga …
Hur lång/långt/långa … Hur tung/tungt/tunga …
Hur gammal/gammalt/gamla … Hur länge … Hur bra ‥

1) ____________ är dina barn? 8 och 10 år.

2) ____________ är det till Goteborg? 15 mil.

3) ____________ vardagsrum har du? 25 m2.

4) ____________ är din säng? 105 cm.

5) ____________ hyra har du? 4000 kr/månad.

6) ____________ är ditt pass? 5 år.

7) ____________ var Björn Borg? Bäst i världen.

8) ____________ tid tar det att lära sig svenska? Det varierar.

9) ____________ ska vi fortsätta med den här övningen? Vi slutar nu.

10) ____________ är en elefant? 3-4000kg.

7C. ÖVERSÄTTNING (번역작문)

관계부사 där, dit 의문부사 var, vart, varifrån을 사용하여 아래 문장을 스웨덴어로 옮기시오.

1) 약국은 사람들이 약을 사러 가는 곳이다.

2) 나는 항상 따뜻한 나라에서 살고 싶다.

3) 스페인은 많은 사람들이 햇볕을 쬐러 가는 나라이다.

4) 여행사란 무엇입니까? 승차권을 살 수 있는 곳입니다.

5) 스위스는 내가 한번 가보고 싶은 나라이다.

6) 우리는 바닷가에 여름집이 한 채 있는데 여름마다 거기로 간다.

7) 기차역이 어디에 있는지 좀 가리켜 주시겠습니까?

어디로 여행을 하시는지요?

8) 내가 종종 다니던 디스코장에는 어제 사람이 하나도 없었다.

9) 웁살라는 대학이 하나 있는 중소도시이다.

10) 나는 그가 자기 돈을 모두 어디서 얻어오는지 모른다.

도움말

1) 약국 : apotek, 약 : medicin.
2) ~하고 싶다 : skulle vilja+부정법
3) 햇볕을 쬐다 : få lite sol.
4) 여행사 : resebyrå.
5) 여름집 : sommarstuga
6) ~해 주시겠습니까? : 공손한 부탁으로 var snäll och 동사(부정법)로 시작.
7) 종종 다니다 : bruka gå.
9) 중소도시 : en medelstor stad.

노벨상 시상식

MEMO

8

전치사

Prepositioner

전치사는 명사, 대명사(목적격), 부정법 앞에 와서 이들을 문장내의 다른 요소들과 연결시켜주는 구실을 한다. 따라서 관계어(relationsord)라고도 할 수 있다. 전치사는 어형변화를 하지 않으며 일반적으로 강세도 받지 않는다. 스웨덴어의 전치사 수는 무려 150여 개나 되며 그 용법도 매우 다양하기 때문에 외국인에게는 가장 어려운 품사이다 (Holmes & Hinchliffe p.364).

전치사의 종류를 형태상으로 분류하면 3가지로 크게 나눌 수 있다.

1) **단일전치사** (av, i, på, vid) 와 **복합전치사** (utanför, intill, bredvid, utanför, ovanpå)
2) **전치사구** (på grund av, i stället för, i och med, i fråga om)
3) **동사, 형용사, 명사에서 파생한 것** (beträffande, enligt, medelst)

8.1 전치사의 종류와 그 용법 (Prepositioner och deras användning)

8.1.1 Av

① 재료

Bordet är **av** trä. 책상은 나무로 되어 있다.

en ring **av** rent guld 순금 반지

② 행위자

Boken har skrivits **av** en norrman. 그 책은 노르웨이 사람에 의해 쓰여졌다.

Han hatades **av** folket. 그는 민중들에게 증오를 받았다.

③ 원인/기원

Jag grät **av** glädje/**av** rädsla. 나는 기뻐서/무서워서 울었다.

Många människor i Afrika dör **av** hunger. 아프리카의 많은 사람들이 기근으로 죽는다.

Jag fick höra historien **av** en händelse. 나는 그 이야기를 우연히 듣게 되었다.

Han röker **av** gammal vana. 그는 오랜 습관으로 담배를 피운다.

Jag gjorde ett fel **av** misstag. 나는 실수로 한가지 잘못을 저질렀다.

④ 출처/장소

Jag fick ett brev **av** henne. 나는 그녀로부터 편지 한 장을 받았다.

Du kan köpa/låna det **av** honom. 너는 그것을 그에게서 살 수/빌릴 수 있다.

⑤ **일정한 형용사 뒤에**

Min bror är mycket **intresserad av** schack. 내 형은 장기에 아주 취미가 대단하다.

Det var **snällt/vänligt/dumt av** dig att komma. 와주어서 고맙네/잘못 왔네.

Det var **typiskt av** dig att göra så. 그런 짓을 하다니 너 다운 일이야.

⑥ **소유**

Kyrkan ligger i utkanten **av** staden. 교회는 도시의 변두리에 서 있다.

Han ärvde en tavla **av** stort värde. 그는 엄청난 가치가 있는 그림을 하나 상속 받았다.

⑦ **일정한 명사 뒤에**

i egenskap **av** ~의 자격으로, frukten **av** ~의 성과 , till minnet **av** ~을 기념하여, resultatet **av** ~의 결과

8.1.2 Bakom

위치

Han står **bakom** mig i kön. 그는 차례 열에서 내 뒤에 서 있다.

Männen **bakom** bankrånet ar spårlösa. 은행 강도의 배후 사람들은 종적이 없다.

8.1.3 Bland

① **위치 (among)**

Jag är bara en **bland** många. 나는 많은 사람들 가운데 하나 일뿐이다.

Min son står **bland** de andra pojkarna på skolgården. 내 아들은 학교 운동장에서 다른 아이들 사이에 서 있다.

② **다른 것들 중에서 (among other things)**

Vi besökte flera länder, **bland annat**(= bl.a.) Österrike och Italien. 우리는 오스트리아와 이태리를 비롯하여 여러 나라를 방문했다.

※ bland andra (among others).

8.1.4 Efter

① 위치

Bussarna står i rad **efter** varandra. 버스들이 차례로 줄을 지어 서 있다.

Stäng dörren **efter** dig. 네가 나온 뒤 문을 닫아라.

② 시간

Kom någon gång **efter** klockan 10. 10시 이후 아무 때나 오너라.

efter en vecka 일주일 후, **efter** skolan 학교수업이 끝난 후

③ 일정한 동사 뒤에 비강세 전치사로서

Han har **letat efter** dig hela dagen. 그는 너를 하루 종일 찾았다.

Jag **frågade efter** honom på hans arbetsplats. 나는 그의 직장에 가서 그를 찾았다.

Vill du **ringa efter** en taxi? 전화로 택시 좀 불러 주겠니?

그 밖에 **leta/söka efter** 찾다, **längta efter** 그리워하다, **sträva efter** 추구하다

8.1.5 Enligt

주로 문어체에서 쓰임 (according to).

Enligt min åsikt har du handlat rätt. 내 의견으로는 네가 올바르게 처리했다.

8.1.6 Framför

위치/선호

Bussen stannar **framför** stationen. 버스는 정거장 앞에서 선다.

Jag föredrar kaffe **framför** te. 나는 차보다는 커피를 좋아한다.

8.1.7 Från

① 장소/출발점

Den här mattan är **från** Turkiet. 이 양탄자는 터키에서 들어온 것이다.

Han är **från** Sverige men bor sedan flera år tillbaka i Korea. 그는 스웨덴에서 왔는데 수년 전부터 한국에서 생활하고 있다.

Hur dags går tåget **från** Stockholm till Uppsala? 스톡홀름에서 웁살라로 가는 기차는 몇 시에 떠납니까?

Se det **från** min synpunkt. 그것을 내 관점에서 보세요.

② 시점

Från (=från och med) den 1 april höjs priserna på kött. 4월 1일부터 고기 값이 인상됩니다.

Han har läst en pjäs **från** 1800-talet. 그는 1800년대 작품을 하나 읽었다.

③ 일정한 동사 뒤에서

Jag kan inte **avstå från** att röka. 나는 흡연을 끊을 수가 없어요.

Kan du **översätta** meningen **från** svenska till koreanska? 이 문장을 스웨덴어에서 한국어로 번역할 수 있어요?

Man kan inte **bortse från** att narkotika förekommer även på fängelserna. 마약 사용이 교도소에서까지 행해지고 있음을 간과할 수 없습니다.

참고 전치사가 강세를 받으면 ifrån이 된다.

Alla **sprang ifrån** mig, så jag stod där ensam.

모두가 내게서 달아났다. 그래서 나는 거기에 혼자 서 있었다.

gå ifrån 떠나다, **komma ifrån** 떠나다, 달아나다, **säga ifrån** 거리낌 없이 말하다

8.1.8 För

광범한 의미로 쓰이는 영어의 för 에 해당하는 전치사이지만 시간의 길이를 표현 하는 데에는 절대로 사용되지 않는 점에 유의해야 한다. 특히 varför? '왜?' 대신에 구어체에서는 vad … för? 가 아주 자주 쓰인다.

Vad skriker du **för**? 너는 왜 소리를 지르는 거야?

Vad sa du det **för**? 너는 왜 그런 말을 했니?

① 때

en vän **för** livet 평생의 친구, **för** evigt 영원히, **för** första gången 처음으로, **för** ögonblicket 그 순간, **för** närvarande 지금은, nu **för** tiden 요즈음에는.

② 방식

Har du gjort det **för** hand? 그것을 손으로 만들었느냐?

Köp det **för** egna pengar! 그것을 네 돈으로 사라.

③ 용도

en tidning **för** barn 아동신문 , Jag har ingen användning **för** den. 그것은 나에 게 아무 소용이 없다.

참고1 동사 använda는 전치사 till 또는 자격을 나타내는 som과 함께 쓰인다.

Vad **använder** du det **till**? 너는 그것을 무엇에 사용하느냐?

Han **använder** mig **som** slav. 그는 나를 노예로 부린다.

참고2 목적을 표시하기 위해서는 **'för att+부정법'** 구문을 택한다.

Hon gick ut **för att hjälpa** sin mor. 그녀는 어머니를 돕고자 나갔다.

④ 간접목적어와 함께

Kan du berätta/beskriva/läsa/förklara något roligt **för mig**? 내게 뭐 좀 재미있는 것 얘기/서술/읽어/설명해 줄 수 있겠니?

Jag ska tala om det **för dig**. 그것에 대해 네게 얘기해 줄게.

Han presenterade sin syster **för mig**. 그는 내게 자기 누이동생을 소개했다.

⑤ 일정한 형용사 다음에

Flickan är **rädd för** min hund. 소녀는 내 개를 무서워한다.

Min mamma var **orolig för** mig. 어머니는 나 때문에 걱정을 하셨다.

Han är **känd för** sin roman. 그는 자신의 소설로 유명하다.

Det är **typiskt för** honom att alltid komma för sent. 그는 늘 맡아 놓고 지각한다니까.

Mannen är **anklagad för** stöld. 그 남자는 절도혐의로 고발되었다.

bra för ~에 좋다, **dålig för**~에 나쁘다, **berömd för** ~으로 유명하다, **glad för** ~을 기뻐하다, **ha lätt/svårt för något** ~하기 쉽다/어렵다

⑥ 일정한 동사 다음에

Du måste **akta dig för** hunden. 너는 그 개를 조심해야 한다.

Han borde **intressera sig mer för** sitt arbete. 그는 자기 일에 좀 더 관심을 가져야 한다.

그 밖에

anklaga någon för något ~으로 ~를 고소하다 , **anse någon för** något ~를 ~으로 간주하다, **misstänka någon för** något ~를 ~으로 의심하다, **tacka för** ~에 감사하다, **skämmas för** ~을 부끄러워하다, **varna för** ~을 경고하다, **dö för** ~를 위해 숙다.

8.1.9 Före

① 위치/때

Pojken gick **före** mig och visade vägen. 소년은 앞서 가며 내게 길을 안내했다.

Vi ses igen **före** jul. 우리 성탄 전에 다시 만납시다.

År 100 f.Kr.(**före** Kristus) 기원 전 100년

참고 **före detta** (이전의)는 영어 'former, one-time' 뜻으로 어형변화를 하지 않는다.
en **före detta** statsminister 전직 수상

8.1.10 För ··· sedan

영어의 'ago (~이전에)' 해당하나 두 전치사 사이에 기간을 표시하는 보충어를 집어넣어야 한다.

Han kom till Sverige **för** tio år **sedan**. 그는 10년 전에 스웨덴에 왔다.

De flyttade därifrån **för** en vecka **sedan**. 그들은 일주일전에 거기서 이사했다.

8.1.11 Genom

영어의 'through(~를 통하여)' 에 해당하며 장소, 시간, 수단을 나타내는 전치사로 쓰인다.

① 장소

Vi körde **genom** staden. 우리는 시내를 통하여 차를 몰았다.

Katten kom in **genom** fönstret och gick ut **genom** dörren. 고양이는 창문을 통해 들어와서 문으로 나갔다.

② **시간**

Genom åren har deras vänskap vuxit sig allt starkare. 그들의 우정은 해를 거듭하면서 더욱더 굳어졌다.

③ **수단/방법**

Jag fick boken **genom** en vän. 나는 그 책을 친구를 통해서 구했다.

Vi löste problemet **genom** hans hjälp. 우리는 그의 도움으로 그 문제를 해 결했다.

참고 전치사가 강세를 받으면 **igenom**이 된다.

Patienten måste gå **igenom** en svår operation. 환자는 힘든 수술을 받아야만 했다.

8.1.12 Hos

① **장소**

Han bor **hos** sin bror. 그는 형 집에서 산다.

Jag var **hos** doktorn igår. 나는 어제 의사선생한테 갔었다.

③ **작품**

Jag har läst **hos** Rousseau, att …. 나는 *루소* 저서에서 ~을 읽었다.

(i någon av hans böcker)

Det kan man läsa om **hos** Moberg. *무배리* 작품을 통해서 그것을 읽을 수 있다.

8.1.13 I

전치사 i 는 스웨덴어 단어 중에서 och 다음으로 가장 흔하게 쓰인다. 장소, 시점, 기간, 빈도, 재료, 상태 등을 나타내는 전치사로 그 용법이 매우 다양하고 광범위하다.

① **장소**

Vi bor **i en lägenhet i staden**. 우리는 이 도시의 아파트에서 산다.

i Stockholm, i Seoul, i Norge, 〈나라, 도시 이름 앞에서〉

De sitter **i gräset/i soffan**. 그들은 잔디 밭에/소파에 앉아있다.

Han är **i skolan/i kyrkan**. 그는 학교에/교회에 가 있다.

Han talar **i telefon**. 그는 전화를 하고 있다.

Jag hörde det **i TV/i radio**. 나는 그것을 텔레비전/라디오에서 들었다.

Han går **i skolan/i kyrkan/i säng**. 그는 학교에/교회에 다닌다/잠자리에 든다.

참고1 동작이나 운동의 방향을 나타낼 때는 **till**을 쓴다.

Han måste cykla **till skolan/till kyrkan**. 그는 자전거로 학교에/교회에 가야 한다.

참고2 동작의 방향을 나타낼 때는 보통 **'부사+i'**를 함께 써서 좀 더 자세히 표현하기도 한다.

Vi gick **in i** huset. 우리는 집 안으로 들어 갔다.

Katten klättrar **upp i** trädet. 고양이는 나무 위로 기어 올라간다.

De gick **ut i** trädgården. 그들은 정원으로 나갔다.

② 때/기간

시점, 기간을 나타내는 용법은 매우 복잡다단하기 때문에 여기서는 개괄적으로 소개하고 다음 절 **8.2 시간전치사**에서 자세히 다루기로 한다.

Han är född **i april**. 그는 4월에 태어났다.

Jag har bott här **i tretton år**. 나는 여기서 13년간 살았다.

Det var kallt **i början/slutet av året**. 그해 초/말은 추웠다.

Han kommer hem en gång **i veckan**. 그는 일주일에 한번 집에 온다.

Man brukar köra 100 km **i timmen** på motorväg. 고속도로에서는 보통 시속 100km를 달린다.

Vi kommer fem minuter **i tio**. 우리는 10시 5분 전에 가겠다.

i söndags 지난 일요일에, **i våras** 지난 봄에, **i påskas** 지난 부활절에, **i dag** 오늘, **i morse** 오늘 아침에, **i år** 올해에

③ 신체의 부분

Man tvättar sig **i ansiktet**, torkar sig **i pannan**, kliar sig **i huvudet**. 우리는 세수하고 이마를 닦고 머리를 긁는다.

Han skadade sig **i fingret** och gjorde sig illa **i foten**. 그는 손가락도 다치고 발도 다쳤다.

De gick **arm i arm** längs stranden. 그들은 팔짱을 끼고 해변가를 거닐었다.

Pojken drog flickan **i håret**. 사내아이는 여자애의 머리를 잡아당겼다.

④ **재료**

ett bord **i ek** 참나무 책상, en staty **i brons** 동상, måla **i olja** 유화를 그리다

⑤ **형식/모양**

Hur mycket har du **i lön**? 월급이 얼마나 되니?

Hur mycket betalar du **i skatt**? 세금을 얼마나 내느냐?

Har du 300 kronor **i kontanter**? 현찰로 300 쿠루나 있니?

Vad vill du ha **i present**? 선물로 무엇을 원하니?

⑥ **일정한 형용사와 함께**

Hon är **duktig i** språk men **dålig i** matematik. 그녀는 언어에는 재주가 있지만 수학은 못 한다.

kär i ~을 사랑하다, **förtjust/glad i** ~을 좋아하다, **sjuk i** ~병으로 아프다, **tokig i** ~에 미치다

8.1.14 Inom

① **장소**

Han kom **inom** synhåll. 그는 시야(視野)에 들어왔다.

Inom mig kände jag, att jag hade handlat rätt. 마음속으로 내가 올바르게 처리했다는 생각이 들었다.

② **기간**

Paketet måste hämtas **inom** en vecka. 소포는 일주일 내로 찾아가야 한다.

8.1.15 Längs/utmed

장소

Ett älskande par promenerar **längs** floden. 한 쌍의 연인들이 강가를 따라 거닐고 있다.

Vi rodde **utmed** kusten. 우리는 해안을 따라서 노를 저었다.

8.1.16 Med

① 도구

Ska du resa **med tåg** eller **med flyg** till Köpenhamn? 너는 코펜하겐까지 기차로 갈 거야 아니면 비행기로 갈 거야?

Han betalade notan **med en check**. 그는 계산서를 수표로 지불했다.

Skicka inga pengar **med posten**! 돈을 우편으로 보내지 마라.

② 방식 (~와 함께)

Eleverna kom till skolan **med föräldrarna**. 학생들은 학부모와 함께 학교에 왔다.

Kaffe **med grädde/dopp**. 크림을 탄/과자를 곁들인 커피

② 일정한 동사와 함께

Jag skulle vilja **prata/tala med** dig om en sak. 너 하고 한가지 상의하고 싶은데.

Vad **menar** du **med** att göra så? 너 그게 무슨 뜻이야?

Han ska **förlova sig/gifta sig med** Eva. 그는 에바와 약혼/결혼할 것이다.

③ 일정한 형용사와 함께

Är ni **bekanta/förlovade med** varandra? 너희들은 서로 아는/약혼한 사이냐?

belåten med ~으로 만족한, färdig med ~이 끝난, slarvig med ~이 부주의한, (miss)nöjd med ~이 (불)만족스런

8.1.17 Mellan

① 장소

Jag pendlar varje dag **mellan Uppsala och Stockholm**. 나는 웁살라와 스톡홀름을 매일 통근 한다.

Han cyklar **mellan bostaden och arbetsplatsen**. 그는 집에서 직장으로 자전거로 다닌다.

② 시간

Jag är upptagen **mellan 4 och 5** i eftermiddag. 나는 오후 4시와 5시 사이에 바쁘다.

③ **관계**

Det löser vi **mellan vänner**. 그 문제는 우리들 친구 사이에 해결한다.

참고 emellan은 mittemellan (~의 한가운데에)과 같은 복합 전치사에 잘 쓰인다. 그리고 특정한 목적어 뒤에 위치하는 것이 색다르다.

Det är ingen hemlighet oss vänner **emellan**. 우리들 친구 사이에 비밀이 아니다.

De talar franska **sinsemellan**. 그들은 자기들끼리는 프랑스어로 말한다.

8.1.18 Mot

① **방향**

Vi körde bilen i riktning **mot Suwon**. 우리는 수원 쪽으로 차를 몰았다.

Pojken stod och lutade sig **mot väggen**. 사내아이는 벽에 기대어 서 있었다.

② **때/시기**

Mot slutet av den här månaden kommer min pappa tillbaka från Amerika. 이 달 말경에 아빠가 미국에서 돌아오신다.

Det blir allt kallare fram **mot jul**. 성탄절 무렵에는 점차 더 추워진다.

③ **일정한 형용사와 함께**

Han är mycket **snäll/artig/elak/sträng/vänlig** mot oss. 그는 우리에게 매우 친절/공손/사악/엄격/다정하다.

kritisk mot ~에 비판적인, (o)trogen mot ~에게 (불)충실한, (o)rättvis mot ~에 대해 (불)공정한, skeptisk mot ~에 대해 회의적인, trevlig mot ~에게 유쾌한.

④ **일정한 동사와 함께**

Folket **demonstrerade/protesterade mot** valfusket. 민중들은 부정선거에 대한 항의 데모를 했다 / 항의했다.

Kan jag få **byta** den här lilla lampan **mot** en större? 이 작은 전등을 좀 더 큰 것으로 바꿔 주실 수 있어요?

Hon **log mot** mig när vi möttes. 우리가 만났을 때 그녀는 내게 미소를 지었다.

kämpa mot ~과 투쟁하다, opponera sig mot ~에 대해 반대하다, försvara sig mot ~에 대해

자신을 방어하다, **reagera mot** ~에 대해 반응하다.

참고 mot 와 emot는 구별없이 다만 문체상의 차이가 있을 뿐이다.

8.1.19 Om

① 때 (8.2.2 ③참조)

Kom **om en vecka**! 일주일 후에 오시오.

② 빈도

Vi åker dit två gånger **om dagen/om året**. 우리는 하루에/일년에 두 번 거기에 간다.

③ 장소

Han vek **om hörnet**. 그는 모퉁이를 돌았다.

Norr om Stockholm. 스톡홀름 북쪽

[신체의 부분]

Han är smutsig/kall/varm/våt **om händerna**. 그는 손이 더럽다/차다/따뜻하다/축축하다.

vrida **om armen** på någon ~의 팔을 비틀다.

Jag fryser **om fötterna**. 나는 발이 시렵다.

Du måste tvätta dig **om munnen** och **om händerna**. 너는 입과 손을 씻어야 한다.

비교 ta någon **i/vid hand(en)** (~의 손을 잡다), riva sig **på handen** (손을 긁히다), trampa någon **på tårna**(~의 발가락을 밟다)

④ 일정한 동사와 함께

Jag **ber** så mycket **om** ursäkt! 대단히 죄송합니다. [사과할 때]

Kan jag få **fråga om** en sak? 한가지 문의하고 싶은데요.

Boken **handlar om** dagens sociala problem. 그 책은 오늘의 사회문제를 다루고 있다.

Jag **drömde om** henne i natt. 나는 간밤에 그녀의 꿈을 꾸었다.

⑤ 일정한 형용사와 함께

Var **rädd om** klockan, så att den inte går sönder. 시계를 조심하라, 깨지지 않도록.

Jag är **övertygad/medveten om** att du är oskyldig. 나는 네가 결백하다는 것을 확신한다/

인지하고 있다.

8.1.20 Omkring, kring, runt

① 장소

" ~을 둘러싸고, ~에 주변에" 의 뜻으로 omkring이 kring, runt 보다 덜 둥근 인상을 준다.

Det ligger många stugor **omkring** sjön. 호수 주변에 많은 여름 별장이 서있다.

Han håller på att bygga staket **omkring/runt** huset. 그는 집 주위에 울타리를 치고 있다.

De dansade **kring** julgranen. 그들은 성탄 트리를 에워싸고 춤을 추었다 .

Vi var tolv stycken **runt** bordet. 우리들 12명이 식탁을 둘러싸고 앉았다.

참고 몇몇 구에서는 runt가 명사 다음에 온다.

resa jorden **runt** 세계 일주 여행을 하다, året **runt** 일년 내내, riket **runt** 온 나라에 걸쳐.

② 대략,약

Jag ska stanna i Tokyo **omkring** en vecka. 동경에 한 일주일 정도 머물 것이다.

Han får besök **omkring** klockan 2. 그는 2시경에 방문을 받는다.

8.1.21 På

på는 수많은 전치사들 가운데 관용어적 표현의 범위가 넓고 또 미묘한 의미차이 때문에 그 용법이 가장 어려운 것으로 알려져 있다. 그리고 그 사용 범위도 점점 더 확대되는 경향을 보이는데 vid universitet 대신에 på universitet을, i mitten av 대신에 i mitten på를 선호하고 있는 것이 그러한 사례이다.

① 시간/때 [8.2.2 참조]

(a) 요일/계절/명절 등:

på söndag 이번 일요일에, **på lördagarna** 토요일에는.

계절, 하루 중 어느 때, 세기, 10년대 :

på sommaren 여름에는, **på kvällen** 저녁에, **på 90-tale**t 90년대에.

명절, 특정한 때 :

på julen 성탄절에는, **på den tiden** 그 당시는, **på samma tid** 동일한 시점에.

(b) 지속시간 :

'시간이 얼마나 걸리느냐?' 라는 질문에 대한 대답, 그리고 동작이나 상태가 '얼마동안 ~하지 못했다' 는 표현에 på를 쓴다.

Hon lärde sig franska **på sex månader**.

그녀는 프랑스어를 6개월만에 배웠다.

Han kunde köra härifrån till Lund **på en timme**.

그는 여기서 룬드까지 차를 몰아 한시간 만에 갈 수 있었다.

Jag har inte sett henne **på länge/på flera år**.

나는 그녀를 오랫동안/몇 년 동안 보지 못했다.

(c) 척도 :

ett barn **på fyra år** 네 살배기 아이, en lägenhet **på 3 rum och kök** 방 3개에 부엌 딸린 아파트

(d) 소유관계 :

namnet på gatan/mannen 거리/그 남자 이름, **priset på bensin** 휘발유 가격, **början/slutet på något** ~의 시작/끝, **den bästa tiden på året** 일년 중 가장 좋은 시기.

(e) 방식 :

Vad heter det **på svenska**? 그것은 스웨덴어로 뭐라고 합니까?

på samma sätt 똑같은 방식으로, **på detta sätt** 이런 식으로, **på nytt** 새로이, 다시, **på förhand** 미리.

② 장소

Vasen står **på bordet**. 꽃병은 탁자 위에 있다.

Han bor **på Kungsgatan/vid Stortorget**. 그는 쿵스가탄/스투르토르옛에 산다.

Vi bor **på ett hotell/i en våning**. 우리는 호텔/아파트에 산다.

De går **på teatern/ bio/opera/konsert/sammanträde**. 그들은 극장/ 영화관/오페라/음악회/회의에 간다.

Han arbetar **på en fabrik/ett apotek/ett sjukhus/ett kontor**. 그는 공장/약국/병원/ 사무실에서 일한다.

비교 Han arbetar **i en affär/i en firma**. 그는 상점/회사에서 일한다.

Han arbetar **vid järnvägen/vid posten/hos en familj**. 그는 철도청/우체국/가정집에서 일한다.

Läs texten **på sidan** 25! 25쪽의 글월을 읽어라.

Jag har inga pengar **på mig**. 내게는 돈이 한 푼도 없다.

Vi har en halv timme **på oss** innan tåget går. 기차가 떠나기 전에 우리는 30분간 시간이 있다.

참고 **장소 표시 på 와 i의 용법상의 차이** (8.1.13 ① 참조).

på 와 i 모두 장소/위치를 나타내는 전치사이나 쓰임새가 하도 넓고 다양하여 규칙으로는 그 용법을 다 설명할 수가 없다. 따라서 스웨덴 사람들이 관용적으로 어떻게 사용하고 있는가를 예의 주시하는 길 밖에 없다. 아래에 몇 가지 대강의 기준을 제시한다.

(a) **på + 표면** (~위에)

tavlan **på väggen** 벽 그림

duken **på bordet** 식탁 보

antennen **på taket** 지붕 위 안테나

(b) **i + 공간** (~안에)

möss **i väggen** 벽안의 생쥐

duken **i lådan** 서랍 속 식탁보

hunden **i huset** 집안의 개

그러나 다음의 관용적 용례들은 그대로 외워서 쓸 수밖에 없다.

på landet 시골에

möta någon **på gatan** ~를 거리에서 만나다

inte ett moln **på himlen** 하늘가에 구름 한 점 없는

sitta **på stolen** 의자에 앉다

på åkrarna 들판에

i landet 이 나라에

ett hål **i gatan** 그 거리의 구멍 하나

i himmelen 천국에/하늘에

sitta **i fåtölj** 안락의자에 앉다

i skogen 숲 속에

③ På+공공건물/시설

biblioteket 도서관 , posten 우체국, banken 은행 , hotellet 호텔 , sjukhuset 병원, järnvägsstationen 철도역, flygplatsen 비행장, universitetet 대학, gymnasiet 고등학교 , 그러나 i skolan/i kyrkan 학교에/교회에.

Vi gick **på biblioteket/museet/bio/teater**. 〈시설 이용 목적〉

Jag åkte **bil till biblioteket**. 〈동작의 방향〉

Vi gick **till sjukhuset**. 〈동작의 방향〉

④ 교통수단

Det var nästan tomt **på bussen**, men många människor **på tåget** och ännu fler **på**

tunnelbanan. 버스는 거의 텅 비었다. 그러나 기차에는 사람이 많았고 지하철에는 훨씬 더 많았다.

Vi träffades **på båten, på färjan, på spårvagnen, på flygplanet**. 우리는 배에서/연락선/전차/비행기에서 만났다.

주의 이용하는 교통수단을 표시할 때는 **med**를 쓰며 동사 **åka** 다음에는 전치사가 필요 없다.

Jag vill helst resa **med tåg**. 나는 되도록이면 기차로 가련다.

Skicka paketet **med flyg**. 소포는 항공으로 부치시오.

Vi **åkte buss/bil/tåg/tunnelbana**. 우리는 버스/승용차/기차/지하철을 탔다.

⑤ 형용사 뒤에

Är du **säker på** att vi kör rätt väg? 우리가 제 길로 차를 모는지 확실하니?

Jag blev **trött på** att sitta och vänta. 나는 앉아서 기다리는 데 지쳤다.

Jag är **arg på** henne för att hon lurade mig. 그녀가 나를 속였기 때문에 화가 난다.

Han är **rik/fattig på** idéer. 그는 착상이 풍부/부족하다.

Han är **blind på** båda ögonen. 그는 양쪽 눈이 다 멀었다.

Han är **döv på** ena örat. 그는 한쪽 귀가 먹었다.

Jag blev **bjuden på** middag/kaffe/lunch/fest/bröllop. 나는 저녁식사/커피/점심/파티/결혼식에 초대받았다.

그 밖에 **sur på** ~에 언짢은, **avundsjuk på** ~을 부러워하는, **besviken på** ~에 실망한, **ledsen på** ~에 유감스런, **svartsjuk på** ~을 질투하는, **beredd på** ~할 준비가 된, **nyfiken på** ~에 호기심이 강한, **bra på** ~ 을 잘하는.

⑥ 동사 뒤에

Vi **väntade på** honom hela dagen. 우리는 그를 온종일 기다렸다.

Jag **tror på** vad du säger. 나는 네가 하는 말을 믿는다.

Det **beror på** vädret, om vi ska göra en utflykt i morgon. 내일 우리가 소풍을 갈지 여부는 날씨에 달려있다.

Jag **tänkte på** annat i stället för att lyssna på talaren. 연사의 말을 듣는 대신에 나는 다른 생각을 했다.

Vill du **se på** TV, eller vill du hellre **höra på** radio? TV 를 보겠니, 아니면 라디오를 듣겠니?

Han **svarar på** ett brev/en fråga. 그는 편지/질문에 답을 한다.

Jag **ropade/visslade på** hunden. 나는 개를 불렀다.

Vill du **smaka på** soppan och känna, om den är lagom salt? 국 맛 좀 보고 간이 맞았는지 봐줄래?

Eleverna **klagade på** den dåliga skolmaten. 학생들은 학교 음식이 맛없다고 불평했다.

Hon **skakade på** huvudet. 그녀는 머리를 내저었다.

⑦ 명사와 함께

명사 앞 또는 뒤에서 함께 쓰인다(① (d) 참조).

De är **på flykt(väg)**. 그들은 도피 중이다.

Jag gör det **på ett villkor**. 나는 한 가지 조건부로 그 일을 하겠다.

Ingenjören gjorde en studieresa **på uppdrag** av sin chef. 기사는 사장의 위임으로 답사 여행을 하였다.

Planet flyger **på 3000 meters höjd.** 비행기는 고도 3000 미터로 날고 있다.

Hon har en våning **på två rum** och kök. 그녀는 방 2개와 부엌이 달린 아파트가 있다.

Har du något bra **exempel på** ordföljdsproblem? 어순 문제에 대해 좋은 예를 들 수 있니?

Det finns inget **bevis på** brottet. 그 범죄에 대해서는 증거가 없다.

Har du någon bra **lösning på** problemet? 그 문제에 대해 좋은 해결방안이 있니?

그 밖에 **tanke på** ~에 대한 생각, **prov på** ~견본, **svar på** ~에 대한 대답, **anfall/attack/angrepp på** ~에 대한 공격, **efterfrågan på** ~에 대한 수요, **förväntning på** ~에 대한 기대.

⑧ 동사 + ´på(+강세)

위의 ⑥에서는 동사 다음의 på에 강세가 없으나 아래의 경우에는 강세를 주어 발음한다.

Jag har **kommit ´på** en bra idé. 좋은 생각이 하나 떠올랐어

I morgon ska jag **hitta ´på** någonting trevligt. 내일은 뭐 좀 재미있는 일을 찾아 봐야겠다.

참고 동사+ **´på**(강세)와 동사+ **på** (비강세) 사이에는 의미상의 차이가 있다.

Kom och **hälsa ´på** mig någon gång. 언제 한번 나를 찾아(방문)오시오.

Alla **hälsade** artigt **på** den gamla damen. 모든 이가 노파에게 공손히 인사했다.

Vill du **skriva ´på** den här blanketten? 이 서식에 서명을 해주시겠습니까?

En av eleverna **skriver på** svarta tavlan. 학생 하나가 칠판에 쓴다.

Hästen orkade inte dra vagnen uppför backen, utan man måste **skjuta ´på** den bakifrån. 말이 언덕 배기에서 마차를 끌지 못하여 우리는 뒤에서 밀어야 했다.

Folk **söt på** varandra på gatorna. 군중들은 거리에서 서로 총질을 했다.

8.1.22 Sedan

① 과거 시점 (~이후)

지난 때의 시작을 알리며 영어의 since (~이후)에 해당하는 전치사이다. 때로는 부사나 접속사로도 쓰인다. 구어체나 비공식 문어체에서는 축약형 **sen**을 자주 쓴다.

Vi har inte träffats **sedan mars/i julas**. 우리는 3월/지난 성탄 이후 만나지 못했다.

때로는 현재동사와 함께 쓰여 기간을 나타내기도 한다.

Hon **är** sjuk **sedan flera år**. 그녀는 수년 동안 앓고 있다.

② Sedan … tillbaka (~동안)

위와 동일한 의미로 **sedan … tillbaka** 처럼 떼어놓고 그 사이에 기간 표시 보어를 넣기도 한다. 동사는 현재형을 쓰며 기간 중 동작이나 상태가 진행 중임을 나타낸다. 그러나 **i**가 쓰이거나 전치사가 아예 없으면 동작, 상태의 지속이 불투명하다.

Han bor/är bosatt i Göteborg **sedan 20 år tillbaka**. 그는 20년 동안 예테보리에 살고 있다.

Hon undervisar i svenska **sedan flera år tillbaka**. 그녀는 수년 동안 스웨덴어를 강의하고 있다.

8.1.23 Till

① 시간/때

Kan du vänta **till i morgon**? 내일까지 기다릴 수 있니?

Vi stannar här **till den tionde**. 우리는 10일까지 여기에 머문다.

Jag har köpt teaterbiljetter **till i kväll**. 오늘 저녁 공연 연극 표를 사 놨다.

Läxan **till idag** har varit lång. 오늘 과제는 길었다.

Min son börjar skolan **till hösten** (= **i höst**). 내 아들은 이번 가을에 입학한다.

Vi ska flytta **till vintern/våren/sommaren/julen/påsken**. 우리는 이번 겨울/봄/여름/성탄/부활절에 이사할 거야.

Du kom för sent **till lunchen**. 너는 점심에 너무 늦게 왔다.

Han kom **till sist.** 그는 마침내 왔다.

Ska ni resa bort **till jul**? 너희들 이번 성탄절에 여행 떠날 거니?

② 방향

Vi ska resa **till Paris**. 우리는 파리로 여행하려 한다.

Han åkte tåg **till Malmö**. 그는 기차 편으로 말뫼로 갔다

Nästa vecka flyttar vi **till en ny våning**. 다음 주에 우리는 새 아파트로 이 사한다.

Till vem kan jag vända mig med min fråga? 내 문제를 상의하려면 누구한테 가야 되나요?

③ 동사 뒤에서

I sagan **förvandlas** den fula grodan **till** en vacker prins. 동화 속에서는 흉측스런 개구리가 아름다운 왕자로 바뀐다.

Lincoln **valdes till** Amerikas president. 링컨은 미국의 대통령으로 선출되었다.

Kan du **översätta** den här **till** koreanska? 이것을 한국어로 번역할 수 있니?

Vad **används** den här maskinen **till**? 이 기계는 무엇에 쓰는 것이냐?

Han har **utvecklats till** en stor konstnär. 그는 대 예술가로 성장했다

Barnet **döptes till** Helena. 아이는 헬레나라는 이름으로 세례를 받았다.

④ 명사 앞에서 (방법, 태도)

Detta har varit **till fördel/nackdel//hjälp/bekymmer** för mig. 이 점은 내게 유리/불리/했다//도움/걱정이 되었다.

Mannen är snickare **till yrket**. 그 남자는 직업이 목수이다.

Jag känner honom bara **till namnet/utseendet**. 나는 그를 단지 이름으로 / 외모로 안다.

Du måste klara din examen **till varje pris**. 너는 여하한 일이 있어도 시험에 꼭 합격해야 한다.

Vad får vi **till middag**? 저녁식사는 무엇으로 하나요?

En **bekant/kusin/släkting/vän till** mig kommer på besök i morgon. 내 친지/사촌/친척/친구 한 사람이 내일 방문하러 온다.

그 밖에 : **till exempel** 예를 들면, **till en början** 처음에는, **till minne av** ~을 기념하여

⑤ **명사 뒤에서**

(a) 원인, 배경

anledningen/orsaken till ~에 대 한 원인, **bakgrunden till** ~에 대한 배경, **förklaringen till** ~에 대한 설명, **skälet till** ~에 대한 사유, **inledningen till** ~의 발단/시작, **början till** ~의 시작, **förslag till** ~에 대한 제안.

(b) 비교, 대조

alternativ till ~의 대안, **motsats till** ~의 반대, **motsvarighet till** ~의 한쪽, **synonym till** ~의 동의어.

⑥ **간접목적어 앞에서**

Skriv (ett brev) **till mig**! 나에게 편지해라.

Ring **till oss** i kväll! 오늘 저녁 우리에게 전화해.

Vad sa han **till de andra**? 그가 다른 사람들에게는 무어라고 했니?

Han köpte en bok **till mig**. 그는 내게 책 한 권을 사주었다.

⑦ **옛 소유격 앞에서**

sitta **till bords** 식탁에 앉다, gå **till fots** 걸어서 가다 , gå **till sjöss** 출항하다, gå/ligga **till sängs** 잠자리에 들다

주의 이 전치사와 비슷한 **tills**는 접속사이다 (9.3.7 참조)

8.1.24 Under

① **기간**

Under dagen brukar han jobba hemma. 낮에는 그는 보통 집에서 일한다.

De levde helt isolerade där **under två månader**. 그들은 2개월간 거기서 완전히 고립된 채 살았다.

Jag ska ringa till kontoret ; **under tiden** kan du väl ta ut bilen ur garaget. 사무실에 전화를 할 테니 그 동안 차고에서 차나 끌어 내놓지 그래.

Under 1800-talet emigrerade många svenskar till Amerika. 1800 년대에 많은 스웨덴인들이 미국으로 이주했다.

Sverige förde långvariga krig **under Karl XII:s regering**. 스웨덴은 칼 12세 통치시기에 오랜 전쟁을 수행했다.

② 위치

Väskan ligger **under sängen**. 여행 가방은 침대 밑에 있다.

Båten seglade **under 15 broar**. 배는 15개의 다리 밑을 항해했다.

③ 척도

Temperaturen här är sällan **under noll**. 이곳의 기온은 좀처럼 영하로 내려가는 일이 없다.

Barnen **under 15 år** får inte komma in i lokalen. 15세 미만의 아동은 이 장소에 들어오면 안 된다.

8.1.25 Ur

① 동작 방향 (공간 : 영어 out of)

때로는 다른 부사를 덧붙이어 의미를 강화하기도 한다.

Ska jag ta ut kontakten **ur väggen**? 플러그를 벽에서 뽑을까요?

Ta händerna **ur fickan**! 호주머니에서 손을 빼라.

Han kom **fram ur** sitt gömställe. 그는 자기가 숨었던 곳에서 나왔다.

De kom **ut ur** djungeln. 그들은 정글 속에서 나왔다.

② 동작 방향 (상징적 의미)

Han målar **ur egen fantasi**. 그는 상상에서 나온 그림을 그린다.

De flesta problem måste betraktas **ur flera synpunkter**. 대다수 문제들은 여러 관점에서 관찰되어야 하겠다.

8.1.26 Utan

"~없이" 의 뜻으로 영어의 without, but for에 해당한다. utan은 접속사로도 사용 된다 (9.2.4 참조).

Utan din hjälp skulle jag aldrig ha klarat mig. 네 도움 없이는 내 일을 절대로 해내지 못했을 거야.)

Jag är alltid **utan pengar** i slutet av månaden. 나는 월말에는 언제나 돈이 떨어지거든.

Han kom till parken **utan sin hund** i dag. 그는 오늘 공원에 개를 안 데리고 왔다.

참고 고어형 förutan 이 아직도 노래 가사나 시적 표현에 더러 쓰인다.

Vem kan segla **förutan** vind? 노래가사 : 바람 없이 누가 배를 띄울 수가 있나?

8.1.27 Utom

"~을 제 외하고" 의 뜻으로 영어 except (for) 에 해당한다.

Jag har träffat alla **utom honom**. 나는 그를 제외하고는 모두 만났다

Alla **utom jag** har färg-TV. 나 말고는 모두 천연색 TV를 가지고 있다.

Alla hade kommit **utom** hedersgästen.주빈을 빼고는 모두 다 왔었다.

때로는 "~밖에" 라는 뜻으로 위치를 표시하기도 한다.

Han var **utom** synhåll. 그는 시야 밖에 있었다. [반대: inom]

참고 utom은 목적어 위치에서는 대명사의 목적격을, 주어의 위치에서는 주격을 동반한다. 또한 utan과 달리 문장의 첫머리에 오는 경우가 별로 없다. 첫 머리에서는 차라리 med undantag av와 같은 전치사구를 사용한다.

8.1.28 Vid

장소나 시간에 근접해 있는 것을 가리키는 전치사로 영어의 by, at (장소), around (시간)에 해당한다. 그러나 비유직, 관용적 의비로 쓰일 때도 낳다.

① 장소

Han mötte mig **vid stationen**. 그는 정거장에서 나를 맞이했다.

Karin läser **vid universitetet**. 카린은 그 대학에서 공부한다.

Halmstad ligger **vid havet**. 할름스타는 해안에 위치하고 있다.

Han bor **vid torget/parken/ån/gränsen/havet**. 그는 광장/공원/개울/경계/바다/곁에 산다.

② 시간/때

Gästerna ska komma hit **vid 7-tiden**(sjutiden). 손님 들은 7시경에 여기에 올 것이다.

Mannen blev professor **vid 30 års ålder**. 그 남자는 30대에 정교수가 되었다.

Båda olyckorna hände **vid samma tid**. 양쪽 사고가 거의 동시에 발생했다.

Han var sjuk **vid början/slutet av resan**. 그는 여행 출발/끝 무렵에 병이 났다.

Hon reste hem **vid ett olämpligt tillfälle**. 그녀는 부적절한 시기에 귀향했다.

③ 형용사와 함께

Vi söker hemhjälp, som är **van vid** barn. 우리는 아이들에 익숙한 파출부를 찾아요.

④ 동사와 함께

Han **står fast vid** principen. 그는 원칙에 철저하지요.

Vi **vänjer** oss snart **vid** hennes dåliga humör. 우리는 그녀의 언짢은 성미에 곧 익숙해 집니다.

8.1.29 Åt

① 동작의 방향

Han gick **åt det där hållet**. 그는 저쪽으로 갔다.

Rummet ligger **åt norr**. 방은 북쪽으로 면해 있다.

Det här går **åt skogen/helvete**. 일이 엉망으로 되어가는군.

② 간접목적 앞에

Ge den **åt/till honom**. 그것을 그에게 주어라.

Jag köpte en skjorta **åt pappa**. 나는 아버지께 셔츠를 하나 사드렸다.

주의 대개의 경우 간접목적 앞에서 åt 대신에 till 을 써도 무방하다.

③ 일정한 동사 뒤에

Skratta inte **åt** mig. 나를 보고 웃지 마라.

Hon **gladde sig åt** presenten. 그녀는 선물을 받고 기뻐했다.

Han **ägnar sig åt** studier. 그는 공부에 전심하고 있다.

8.1.30 Över

① 장소/위치

De bor i våningen **över oss**. 그들은 우리 위층에 산다.

Lampan hänger **över bordet**. 전등이 책상 위에 걸려있다.

En hop måsar kretsar **över sjön**. 한 떼의 갈매기들이 호수 위를 맴돈다.

② 방향

Han går **över gatan**. 그는 길을 건너간다.

Dra filten **över dig**, så att du inte fryser. 춥지 않도록 담요를 푹 덮어라.

③ 척도

Klockan är **över tio**. 10시가 넘었다.

Över 50 personer är närvarande. 50명 이상의 사람이 참석했다.

Huset är **över 100 år** gammalt. 그 집은 100년 이상 되었다.

Den är vacker **över all beskrivning**. 그것은 이루 형용하기 어려울 만큼 아름답다.

④ 형용사와 함께

Jag är **glad över** att se dig igen. 너를 만나서 반갑다.

Jag är **stolt/ledsen/förvånad/besviken/förtvivlad/över** ditt beteende. 나는 네 행실에 대해서 자랑스럽게/유감스럽게/놀랍게/ 실망스럽게/절망적으로 생각한다.

⑤ 동사와 함께

Han klagade över sin tandvärk hela tiden. 그는 이가 아파서 내내 투덜대었다.

Flickan gläder sig/skäms/förvånas sig/undrar/över betyget. 소녀는 성적을 보고 기뻐/창피해/놀라워/석연치 않아 한다.

8.2 시간전치사 (Tidsprepositioner)

스웨덴어에서는 시간을 표시할 때 **기간**(tidslängd)과 **시점**(tidpunkt) 을 분명히 구별한다. 따라서 전치사를 쓸 때는 이 점에 유의해야 한다.

8.2.1 기간 (Tidslängd)

① I

'얼마동안' (hur länge)이란 물음에 대답할 때 i를 쓴다. 그러나 många, flera, nära, hela 앞에서는 종종 생략되기도 하나 문장의 첫머리에 올 때는 그대로 유지된다. I 는 동사의 어느 시제와도 함께 쓰일 수 있다. (참조 : sedan ··· tillbaka 8.1.22 ②)

De har bott här **(i) fem år**. 그들은 이 곳에서 5년간 살았다.

Jag ska vara borta **i två månader**. 나는 두 달 동안 밖에 나가 있을 것이다.

I många år försökte han rymma. 그는 수년 간 탈출을 시도했다.

주의

(a) 어떤 동작을 끝내는데 소요된 시간을 표시할 때는 **på**를 쓴다. (참조 8.1.21① (b))

Du kan läsa boken **på en dag**. 너는 그 책을 하루 만에 읽을 수 있다.

Jag kan göra det **på några timmar**. 나는 그 일을 몇 시간이면 할 수 있다.

(b) '얼마동안 ~하지 않았다' 라고 부정으로 말할 때는 **inte··· på** 를 쓴다.

Jag har **inte** varit där **på** två år. 나는 2년 동안 그곳에 가보지 못했다.

Vi har **inte** träffats **på** länge. 우리는 오래 동안 만나지 못했다.

(c) 장래의 기간을 표시하는데 드물게 **för** 가 쓰이기도 한다.

för evigt/för gott/för alltid 영원히, 언제까지나

vädret **för fem dygn** framåt 앞으로 5일간의 날씨

② Under/över (일정한 기간 중)

Vi bodde där **under kriget**. 우리는 전쟁 기간 중 그곳에 살았다.

Det regnade **under hela matchen**. 경기시합 내내 비가 왔다.

Jag ska vara ledig **under tiden 10-15 januari**. 1월 10일부터 15일까지 나는 휴가다.

Vi bodde i Umeå **över sommaren**. 우리는 여름 동안 위메오에 살았다.

Du kan stanna i Stockholm **över helgen**. 너는 주말에 스톡홀름에 머물 수 있다.

③ Från (och med) ··· till (och med) (~부터 ~까지)

Vi reste i Kina **från** april **till** maj. 우리는 4월부터 5월까지 중국을 여행했다.

Åk för halva priset på tågen **från och med** 30 juni **till och med** 31 augusti. 6월 30일부터 8월 31일까지 반값으로 기차를 이용하시오.

8.2.2 시점 (Tidspunkt)

요일, 달, 계절 이름을 과거, 현재, 미래와 연관 지어 표시할 때는 i를 쓰지만 연도, 날짜 앞에는 전치사를 붙이지 않는다. 한편 일상적 의미의 '하루 중 어느 때, 명절, 계절' 앞에는 보통 **på**를 붙인다. 그러나 사용법이 복잡하니 관용적 어법을 외워두는 것이 안전하다. "언제(när) ~하느냐/했느냐?" 라는 질문에 대해서는 아래 도표에서처럼 다양하게 대답할 수 있다.

① I

Han kom till Seoul **i januari**. 그는 1월에 서울에 왔다.

Jag gifte mig **i påskas/i våras**. 나는 지난 부활절/지난 봄에 결혼했다.

Hon ska gifta sig **i vår**. 그녀는 오는 봄에 결혼한다.

Min far föddes **(år) 1917**. 나의 아버지는 1917년에 태어나셨다.

Vi får lön **den tjugofemte** varje månad. 우리는 매월 25일에 급료를 받는다.

② På

Han brukar komma **på morgonen**. 그는 보통 아침에 온다.

Mina barn kommer hem **på måndag**. 내 아이들은 월요일에 집에 온다.

På våren brukar vi måla huset. 우리는 대개 봄에 집을 칠한다.

[때 표시 전치사 일람]

	일반적 의미	지난 때	현재	미래
계절				
vår, sommar, höst, vinter	på våren, på vårarna 봄에는	i våras 지난 봄에	i vår 이 봄에	i vår 오는 봄에
명절				
jul, påsk, pingst, midsommar	på julen, på jularna 성탄에는	i julas 지난 성탄에	i jul 이번 성탄에	i jul 오는 성탄에
요일				
söndag, måndag	på söndagarna 일요일에는	i söndags 지난 일요일에		på söndag 오는 일요일에
하루의 어느때				
morgon	på morgonen, på morgnarna 아침에는, på måndags- morgonen 월요일 아침에는	i morse 오늘 아침에 i måndags morse 지난 월요일 아침에		i morgon bitti 내일 아침일찍 på måndag morgon 오는 월요일 아침에
eftermiddag, förmiddag	på efter-middagen, på ftermiddagarna 오후에는	i eftermiddags, i dag på efter- middagen 오늘 오후에	i eftermiddag 오후에	i eftermiddag 오후에
kväll	på kvällen, på kvällarna 저녁에는	i går kväll 엊저녁에	i kväll 오늘 저녁에	i kväll 오늘 저녁에
natt	på natten, på nätterna 밤에는	i natt 간밤에, i går natt, natten till i går 어제밤에	i natt 이 밤에	i natt 이 밤에
연월				
januari, februari, mars, etc.	i januari 일월에는	i fjol, förra året 작년에 i januari 지난 1월에	i år 금년에 i januari 1월에	nästa år 내년에 i januari 오는 1월에

주의1 언론 매체에서는 i måndags (지난 월요일) 대신에 på måndagen을 사용한다. 같은 방식으로

i eftermiddags 오늘 오후에 → på eftermiddagen

i måndags morse 월요일 아침에 → på måndagsmorgonen

주의2 지난 때와 관련하여 지정된 때, 요일, 계절, 명절 등을 표시할 경우 보통 **på**를 쓴다. 그리고 명사는 정형, 곧 어말관사를 붙인다.

På kvällen den dagen såg jag på TV. 그날 저녁 나는 TV를 보았다.

På förmiddagen den 5 juli reste jag på min semester. 7월 5일 오전에 나는 휴가를 떠났다.

På sommaren 1998 var vi i Sverige. 1998년 여름에 우리는 스웨덴에 있었다.

På julen det året var jag hos min farbror. 그해 성탄절에 나는 숙부 댁에 있었다.

③ Om, efter, för … sedan

"När (언제)+현재/미래 동사?" 형식의 질문에 대한 대답에는 **om**을 쓴다

Jag reser/ska resa hem **om två veckor**. 나는 2주일 있으면 집에 간다.

"När (언제)+과거/과거완료?" 형식의 질문에 대한 대답에는 **efter** 또는 **för … sedan**를 쓴다.

Han kom till oss den 10 mars och reste **efter en vecka**. 그는 3월 10일에 우리 집에 왔다가 1주일 후에 떠났다.

Han åkte/hade åkt tillbaka **för två dagar sedan**. 그는 이틀 전에 돌아갔다.

8.2.3 주기 (Periodicitet)

"얼마나 자주(hur ofta) ~하느냐?" 라는 주기 또는 빈도를 묻는 질문에 대한 대답에는 **i**와 **om**을 사용한다.

en gång/två gånger **i sekunden** 초당 한번/두 번
i minuten 분당 한번/두 번
i timmen/timman 시간당 한번/두 번
i veckan 주당 한번/두 번
i månaden 한 달에 한번/두 번
i seklet 일세기에 한번/두 번
i livet 일생에 한번/두 번

en gång/två gånger **om dagen** 하루에 한번/두 번
om året 일년에 한번/두 번
om dygnet 주야 하루에 한번/두 번

다음의 경우는 관용적으로 på를 사용하는데 특히 최상급 구문에서 흔히 그렇다.

Det är andra gången **på tio dagar** som han är sjukskriven. 그가 질병 신고를 한 것은 10일만에 두 번 째이다.

Det var det roligaste jag har hört **på länge/på många år**. 오랜만에/수년만에 듣던 중 가장 즐거운 소식이다.

8.3 전치사구 (Sammanställda prepositioner)

전치사를 중심으로 하나 이상의 단어가 모여 구를 이룬 것을 가리키며 주요 전치사구로는 다음과 같은 것들이 있다.

① för ··· sedan (~전에 ; 〈영〉 ago)

Han tog sin examen för ett par veckor sedan. 그는 2주 전 쯤에 시험에 합격했다.

② för ··· skull (~때문에/ ~을 위하여 ; 〈영〉 for one's sake)

Jag kom för Karins skull. 나는 카린 때문에 왔다.

Det var snällt av dig att komma hit bara för min skull. 나를 위해 이렇게 와주어서 고맙네.

주의 för와 skull 사이에 명사나 대명사의 소유격이 들어간다.

③ sedan ··· tillbaka (~동안/~이래 ; 〈영〉 for)

Min familj bor i Stockholm sedan tio år tillbaka. 내 가족은 10년 전부터 스톡홀름에 산다.

④ med anledning av (~연유로; 〈영〉 on account of, owing to)

Min far kom till Seoul med anledning av bröllopet. 나의 아버지는 결혼식 관계로 서울에 올라오셨다.

⑤ på grund av (~때문에 ; 〈영〉 on account of, because of)

Affären hålles stängd på grund av sjukdom. 신병으로 상점 문을 닫습니다.

⑥ tack vare (~덕택에 ; 〈영 〉 thanks to)

Han klarade provet tack vare sin stora ambition. 커다란 야망 덕택에 그는 시험에 합격했다.

⑦ **till följd av** (~의 결과로; 〈영〉 in consequence of)

Sjukhuset måste stänga en avdelning till följd av den stora bristen på personal. 인력 부족으로 병원은 병동 하나를 폐쇄해야 한다.

그 밖에 자주 쓰이는 **전치사구**는 아래와 같다.

i stället for ~대신에; 〈영〉 instead of

vid sidan av ~과 나란히, 곁에; 〈영〉 by the side of, beside

i fråga om(=angående) ~관련하여 ; 〈영〉 concerning, with regard to

med hänsyn till ~을 고려하여; 〈영〉 with regard to, considering

till höger om ~의 바른쪽에; 〈영〉 to the right of

till vänster om ~의 왼쪽에 ; 〈영〉 to the left of

med undantag av ~을 제외하고는; 〈영〉 with exception of, except

tillsammans med ~와 함께 ; 〈 영 〉 together with

med tanke på ~를 고려하여 ; 〈영〉 considering …

i och med ~(함)으로써)

från och med = fr.o.m. ~로부터

till och med = t.o.m. ~까지

8.4 복합전치사의 구조

자주 쓰이는 전치사 중의 일부는 원래 동사, 형용사, 명사에서 유래한 것으로 다음과 같은 사례가 있다.

angående/beträffande/rörande ~관하여 ; 〈영〉 concerning, regarding

oavsett ~에 상관없이 ; 〈영〉 irrespective of, apart from

enligt ~에 따라서 ; 〈영〉 according to

jämte ~와 함께, ~을 포함하여 ; 〈영〉 in addition to, together with

medelst ~에 의하여, ~으로 ; 〈영 〉 by means of

bortsett från ~에는 상관없이 ; 〈영〉 apart from

oberoende av ~에 관계없이 ; 〈영〉 independently

참고 장소부사와 전치사가 결합할 때는 전치사는 뒷자리에 온다. 이런 종류의 복합전치사는 공식적인 문어체에 쓰일 뿐 구어체에서는 별로 쓰이지 않는다.

bortifrån ~로 부터, bredvid ~의 곁에, innanför ~안쪽에 , ovanför ~위 쪽에, nedanför ~아래에, däribland 그 중에, därigenom 그것을 통하여, däremot 다른 한편으로, därutöver 그 외에도, hitåt 이쪽으로

8.5 부사+전치사 (Adverb + prepositioner)

스웨덴어 구문에서는 부사가 전치사와 함께 어울려 쓰이는 경우가 많다.

Han går **in i** affären/rummet. 〈반대 : ut ur〉 그는 가게/방으로 들어간다.

Han tittar/går **in genom** dörren. 그는 문을 통해 들여다본다/들어간다.

Han reser/ längtar **hem till** familjen. 그는 고향의 가족 곁으로 떠난다/고향의 가족을 그리워한다.

Han går **in på** apoteket. 〈반대 : ut från〉 그는 약방으로 들어간다.

주의 ör와동일한 단어가 문장 안의 구실에 따라서 부사 또는 전치사로 쓰이는 예가 있다.

Hon sitter **bakom** dig. (부) 전 그녀는 네 뒤에 앉아있다.

Hon sitter **bakom**. (부) 그녀는 뒤에 앉아 있다.

Han har varit här **sedan** påsk. (부) 전 그는 부활절 이후에 여기에 왔었다.

Han reste hem **sedan**. (부) 그는 그후 집으로 떠났다.

8.6 전치사의 위치

전치사가 나타나는 자리는 목적어 앞에 오느냐, 뒤에 오느냐, 또는 목적어를 가운데 놓느냐에 따라서 3가지로 나눌 수 있다.

① 목적어 앞

bakom huset 집 뒤에 , **framför** tv:n 텔레비전 앞에 , **i** februari 2월에, **hos** Svenssons 스벤손씨 댁에, **utan** socker 설탕없이, **trots** hennes hjälp 그녀의 도움에도 불구하고

② 목적어 뒤

året ´**om**, året ´**runt** 일년 내내

jorden ´**runt**, jorden ´**över** 전세계에

hela natten i ´**genom** 밤새껏

oss **e´mellan** 우리끼리

후치 전치사는 19세기 문헌에 많이 나타나는데 현대 스웨덴어에는 몇몇 관용적 표현에만 쓰인다. 이들 전치사에는 강세가 오는 것이 특징이다.

특히 목적어를 강조하기 위해 문장의 맨 앞에 내세울 때 전치사는 문장의 끝에 오게 되어 또 다른 형태의 후치 전치사 구문을 만든다.

Katter tycker jag **om**, men hundar har jag alltid varit rädd **för**. 나는 고양이는 좋아하지만 개는 항상 무서웠다.

③ 목적어 앞과 뒤에

소수의 복합전치사는 전치사와 다른 요소 사이에 목적어를 끼워 넣는다. 이 때 목적어는 명사, 부사, 명사구, 대명사로 제한된다.

(a) **för … sedan** (~전에 ; 〈영〉 ago)

Han blev arbetslös för ett år sedan. 그는 일년 전에 실업자가 되었다.

(b) **för … skull** (~때문에/~을 위해서; 〈영〉 for … sake)

Jag arbetade hårt for min familjs skull. 나는 가족을 위해서 힘들여 일했다

(c) **(p)å … vägnar** (~을 대신/대표하여 ; 〈 영 〉 on behalf of)

Å företagets vägnar hälsade chefen gästerna välkomna. 회사를 대표하여 사장은 손님들에게 환영 인사를 하였다.

(d) **i … ställe** (~의 입장에: 〈영〉 in one's place)

Vad skulle du göra i hans ställe? 네가 그의 입장에 있다면 어떻게 하겠느냐?

8A. LÄSNING (강독)

Skolor och högskolor

I Sverige ansvarar kommunerna för de flesta skolor. Det finns mycket få privatskolor. Den obligatoriska utbildningen - grundskolan① - är nioårig och omfattar alla barn mellan 7 och 16 år. Det finns ingen uppdelning på linjer efter begåvning eller kunskaper, och skolan är examensfri. Betyg② sätts endast i klasserna 8 och 9. På låg- och mellanstadiet ③ , d v s under de första sex åren sköts undervisningen av klasslärare④ som undervisar i de flesta ämnena. På högstadiet meddelas undervisningen av ämneslärare. Engelska är ett obligatoriskt ämne, som barn börjar läsa tidigt - ibland redan i första klass. Senare lär de sig ofta tyska och franska eller något annat språk. Over 90% av alla 16-åringar fortsätter i gymnasieskolan, där de väljer mellan 16 olika nationella program⑤. Fjorton av dessa är yrkesinriktade, t. ex estetiska programmet, handels-och administrationsprogrammet och omvårdnadsprogrammet och två är studieförberedande⑥, nämligen naturvetenskapsprogrammet och samhällsvetenskapsprogrammet. Alla programmen är treåriga och fr o m årskurs 2 väljer eleverna gren⑦.

I samhällsvetenskapliga programmet finns då möjlighet att välja ekonomisk, humanistisk, samhällsvetenskaplig eller EU-inriktning. Även en elev som läst ett yrkesinriktat program kan fortsätta med högskolestudier, eftersom alla programmen ger allmän behörighet⑧ för studier på högskola.

Det finns numera sju universitet (de två äldsta är Uppsala och Lund) och över 20 statliga högskolor. Högskoleutbildningen är avgiftsfri och de flesta studenter får ett statligt bidrag samt ett lån som utgör större delen av studiemedlen⑨. Då⑩ kurser ofta också ges på kvällstid och i långsam takt kan man studera vid sidan om⑪ förvärvsarbetet⑫. Något över hälften av antalet högskolestuderande är kvinnor, och det finns många äldre studerande.

도움말

① 기초학교: 초등학교 6년과 중학교 3년을 합친 9년제 의무교육 과정.

② betyg: 성적점수

③ lågstadiet: 초급학년(1, 2, 3학년); mellanstadiet: 중급학년(4, 5, 6학년); högstadiet: 고급학년(7, 8, 9 학년).

④ klasslärare: 담임교사/ämneslärare: 과목담당 교사

⑤ nationella program: 국가교육과정

⑥ studieförberedande: 대학준비 과정

⑦ gren: 계열

⑧ allmän behörighet; 대학입학의 일반자격 조건

⑨ studiemedel: 정부의 대여장학금

⑩ då: 이유 표시 접속사 '~이므로'.

⑪ vid sidan om (av) : ~와 나란히, ~함께(병행하여).

⑫ 생업/임금노동

8B. GRAMMATIKÖVNING (문법)

1. Välj rätt preposition. (알맞은 전치사를 고르시오.)

1) Adam och Eva har varit gifta (under, i) 15 år.

2) Mary lärde sig spanska (på, i) ett halvår.

3) Pappa var mycket sjuk (under, i) vintras.

4) Vad ska du göra (på, i) vår, Pelle?

5) Leif röker fem cigarrer (på, om, under) dagen.

6) Vi har haft semester (efter, sedan) den första juli.

7) Kommer du tillbaka nu (i, på) lördag eller (på, nästa) lördag.

8) Du, jag åker till stan och är hemma igen (efter, om) ett par timmar.

9) Skynda dig, Gustav! Bussen går (om, i) fem minuter.

10) Jag ska bara borsta tänderna. Det går (i, på) en minut.

11) Hossein har bott här (för, i) en månad.

12) Jag träffade henne inte (under, på) ett år.

13) (Efter, Enligt) läkarna måste man ta medicinen tre gånger om dygnet.

14) Jag måste söka till universitetet (om, inom) två veckor.

15) Hon arbetade hela dagen (för, trots) feber och förkylning.

2. Fyll i rätt prepositionsuttryck. (적당한 전치사구를 골라 넣으시오.)

보기 till höger om, på grund av, angående, istället för, med undantag av, för … skull, med tanke på, till och med, från och med, till vänster om

1) Benny åkte till Australien ________ en kvinnas ________.

2) ________ imorgon tänker jag promenera en timme varje dag.

3) Han vill ha öl ________ whisky.

4) ________ årstiden är det ganska varmt.

5) Vem sitter ________ kungen på Nobelfesten?

6) Bankerna är stängda ________ strejk.

7) Man brukar lägga gaffeln ________ tallriken.

8) Eva tänker stanna här ________ söndag.

9) Jag måste ringa ett samtal ________ min sjukpenning.

10) Det är inga fel på bilen ________ lite rost.

8C. ÖVERSÄTTNING (번역)

1. 의약 덕분에 그는 정상적 삶을 살 수 있다.

2. 모든 인간은 연령이나 성별, 인종에 관계없이 동등한 가치를 지닌다.

3. 숙부님은 4월말에, 숙모님은 8월초에 생일을 맞이하신다.

4. *아담*과 *에바*는 약혼식에 즈음하여 간단한 파티를 열려고 한다.

5. 담배 가게는 일요일을 제외하고는 매일 연다.

6. 겨울 방학은 12월 20일부터 1월 20일까지이다.

7. 우리는 성탄에 집에 없을 것이다.

8. 다음주 중반에 우리는 서인도(Västindien)로 간다.

9. 나의 사촌은 질병과 어려운 경제에도 불구하고 학업을 끝냈다.

10. 최근 보도에 의하면 동남아시아 재해에서 수십만 명이 죽었다.

도움말

1) ~덕분에 : tack vare ….
   정상적 삶: ett normalt liv.
2) ~에 관계없이 : oavsett ….
   동등한 가치를 지니다 : vara lika värda.
3) 숙부 : farbror, 숙모 : faster.
   4월말에 : i slutet av april, 8월초에 : i början av augusti.
   och 다음의 대등절에서는 앞에 나온 동사를 생략한다.
4) ~에 즈음하여/~연유로: med anledning av.
   (자기들의) 약혼식: sin förlovning (명사가 단수이기에 sin이 된다).
5) ~을 제외하고는 : med undantag av/utom.
6) 명절로서 '성탄절'을 가리킬 때는 'i jul', 특정한 성탄일은 'under julen'.
7) 중반에 : i mitten av.
8) ~ 에도 불구하고 : trots …
   학업을 마치다: klara sina studier
9) 최근 보도: de senaste rapporterna.
   ~에 의하면: enligt.
   수십만 명 : hundratusentals människor

9

접속사
Konjunktioner

접속사는 문장에서 단어, 구, 절을 서로 연결하는 구실을 한다. 어형은 변화하지 않고 일정하며 일반적으로 강세를 받지 않는다.

9.1 접속사의 종류 (Olika slag av konjunktioner)

9.1.1

접속사는 문장의 요소를 결합하는 방식에 따라 두 가지 종류로 나뉘는데, 하나는 단어, 구, 절 따위를 대등한 관계로 연결하는 **등위접속사**(samordnande konjunktioner)로 다음과 같은 것들이 있다. 이들 등위접속사는 어순에 영향을 미치지 않는다.

och, samt, eller, men, utan, för, ty

9.1.2

다른 하나는 종속절(bisats)을 이끌어 주절(huvudsats)에 연결하는 **종속접속사**(underordnande konjunktioner)로 의미에 따라 아래와 같이 분류할 수 있다.

① 일반적: att

② 시간: när, då, tills, (inte) förrän, innan, medan, sedan, efter det att

③ 원인 : eftersom, därför att, för att, emedan

④ 조건: om, ifall

⑤ 양보: fastän, fast, trots att, även om, ehuru

⑥ 목적 : för att, så att

⑦ 결과: så att, så ··· att

⑧ 비교: som, såsom, än , ju ··· ju(desto)

⑨ 의문: om, huruvida, ifall

9.2 등위접속사 (Samordnande konjunktioner)

등위접속사는 언제나 연결하는 단어나 구와 절 따위의 문장요소들 사이에 온다.

9.2.1 Och (~와/과)

och는 강세를 받는 일이 별로 없으며 강조하지 않을 때는 보통 'å' 로 발음한다. 같은 종류의 문장요소가 och 로 계속 연결될 때는 이 접속사는 맨 마지막 요소의 앞에만 붙인다. och는 문장의 첫머리에 위치할 때도 더러 있다.

Olle **och** Greta lyssnar på rockmusik. 울레와 그레타는 록음악을 듣고 있다.

De sitter **och** lyssnar. 그들은 앉아서 듣고 있다.

Olle är duktig **och** flitig. 울레는 머리가 좋고 부지런하다.

Han tycker om mig **och** jag tycker om honom. 그는 나를 좋아하고 나도 그를 좋아한다.

Jag hoppas att han vinner **och** att han får första priset. 나는 그가 승리하여 1등 상을 받기를 바란다.

Hon har läst engelska, tyska, franska **och** spanska. 그녀는 영어, 독어, 프랑스어, 그리고 스페인어를 공부했다.

Och jag som litade på honom! 그리고 나도 그를 믿었지!

9.2.2 Samt (~과/~함께)

의미와 기능이 och 와 비슷하지만 문어체에서, 그리고 접속어 자체를 강조할 때 쓰 인다. samt는 주어가 다른 2개의 독립절은 연결할 수 없고 2개의 종속절만 연결한다. 그리고 성격이 다른 두 가지 구성요소를 연결 짓는 점이 특히 och와 다른 점이다.

Möblerna och tavlorna **samt** bilen såldes snabbt. 가구와 그림들, 그리고 자동차가 속히 팔렸다.

Greve Atterbom var en tapper **samt** mycket erfaren och klok general. 아테르붐 백작은 용감하고도 경험이 많은 영특한 장군이었다.

Bo gick ut **och** Per blev ensam kvar i rummet 부는 나갔고 패르만 방에 혼자 남아 있었다.

9.2.3 Eller (또는)

eller는 보통 두 가지 선택 대상 사이에 위치한다.

Ska du läsa engelska **eller** svenska? 영어를 공부할 것이냐 또는 스웨덴어를 공부할 것이냐?

Vill du stanna **eller** gå? 그냥 있을 것이냐 아니면 갈 것이냐?

9.2.4 Men과 Utan (그러나/ ~이 아니고~이다)

men과 utan은 대립이나 반대를 표시한다. 그러나 men 이 utan 보다 더 보편적으로 쓰인다. utan의 앞 절에는 반드시 부정적 요소가 오고 뒤에는 반대 개념을 가진 요소가 온다.

Han är fattig **men** hederlig. 그는 가난하나 정직하다.

Pojken leker **aldrig** ute **utan** stannar bara inne. 소년은 절대로 밖에 나가 놀지 않고 집안에만 있다.

Uppsatsen är lång **men** säger inte så mycket. 논문은 길지만 내용은 별로 없다.

Uppsatsen är **inte** lång **utan** egentligen ganska kort. 논문은 길지 않고 실제는 꽤 짧다.

9.2.5 För와 Ty (왜냐하면)

för와 ty의 의미는 같으나 för는 대화체나 평이한 문체에서 주로 쓰이고, ty 는 문어체에서 특히 전문술어 체에서 쓰인다.

Jag kunde inte bjuda min vän på middag, **för** jag hade inga pengar. 나는 친구를 저녁식사에 초대할 수 없었다. 왜냐하면 돈이 없었기 때문에.

Vägen var våt, **ty** det hade nyss regnat. 길은 젖어 있었다. 왜냐하면 방금 비가 내렸기 때문에.

주의 för, ty가 이끄는 절은 분명히 독립절이지만 다른 독립절과 비교할 때 단독으로 기능하지 못하므로 종속접속사 eftersom, därför att 등으로 시작하는 종속절과 동일시하는 사람도 있다. 그러나 för와 ty의 기능은 독립절을 연결하는 것이기에 이들 접속사 다음의 어순은 정치(正置)이다.

9.2.6 Både ··· och (양쪽 모두; 〈영〉 both ··· and), Antingen ··· eller (어느 한쪽; 〈영〉 either ··· or), Varken ··· eller (양쪽 다 ~아니다; 〈영〉 neither ··· nor)

Jag vill **både** äta **och** dansa. 나는 식사도 하고 춤도 추고 싶다.

Han vill **antingen** äta **eller** dansa. 그는 식사를 하든지 춤을 추든지 한 가지만 하려 한다.

Hon vill **varken** äta **eller** dansa. 그녀는 식사도 춤도 원치 않는다.

참고 **Båda**는 부정(否定)대명사

Båda studenterna var intelligenta. 학생은 둘 다 총명하였다.

9.3 종속접속사 (Underordnande konjunktioner)

종속접속사의 형태로는 단일형(att, som, om, då, när, än, innan, medan, sedan, fast), 복합형(ehuru, emedan, enär, huruvida, såvida), 단어군(부사/전치사/전치사구+종속접속사) 등 세 가지 종류가 있다. 마지막 단어군을 구성하는 요소는 다시 세 갈래로 나뉜다.

① **부사+접속사** (så att, så … att, därför att, såsom, så … som, så snart som, även om, förrän, fastän)

② **전치사+att/som** (efter att, för att, genom att, trots att, utan att, i och med att, eftersom)

③ **전치사구+att** (efter det att, i det att, under det att, till dess att, på grund av att, av den orsaken att, under förutsättning att)

종속절을 주절에 연결시켜주는 접속사는 종속절의 맨 앞에 위치한다.

9.3.1 Att (접속 : 〈영〉 that)

흔히 전달동사 säga, berätta, tycka 다음에 와서 목적절 또는 간접문을 이끈다. att -절은 종속절의 어순을 따르는 것이 원칙이지만 평이체에서는 주절의 어순을 취하는 경우도 간혹 있다 (어순 10.3.2 참조)

Han säger, **att han inte kommer** i morgon. (종속절 어순)
그는 내일 오지 않는다고 한다.

Han säger, **att han kommer inte** i morgon. (주절 어순)

이 경우 att는 : 콜론처럼 기능하고 바로 직접화법이 연결되는 셈이다.

Han säger : "Jag **kommer inte** i morgon."

참고 주절의 동사가 säga , tro, tycka 일 때 종속접속사 att를 생략할 수 있다.

Jag **tror** han har rätt. 나는 그가 옳다고 생각해.

Hon **sa** hon hade läst brevet. 그녀는 편지를 읽었다고 말했다.

Vi **tycker** det ofta är ytterst obehagligt. 우리는 종종 그것을 아주 불쾌하게 여기고 있다.

《시간》

9.3.2 Då (~할 때에, ~하기 때문에)

då는 시간 또는 원인을 나타내는 접속사로서 부사 "그때" 로도 쓰인다.

Jag gick ut, **då/när** han kom in. 〈시간접속사〉 그가 들어올 때 나는 외출했다.

Då jag inte hade några pengar, kunde jag inte resa. 〈원인접속사〉 나는 돈이 몇 푼 없어서 여행을 할 수 없었다.

Var bodde ni **då**? 〈시간부사〉 당신들은 그때 어디에 살았지요?

주의 시간접속사로서 när와 då는 서로 바꿔 쓸 수 있지만 회화체에서는 보통 när를 선호한다. 원인접속사로서 då는 문어체에만 쓰인다.

9.3.3 Innan, förrän (~하기 전에)

innan은 접속사 기능 이외에 전치사로도 쓰이며 그때는 före와 같은 의미이고 보통 평이체에서 쓰인다.

Vi måste skynda oss, **innan** det börjar regna. (접속사) 비가 내리기 전에 우리는 서둘러야 한다.

Kan du komma hem till mig **innan** klockan fem. (전치사) 5시 전에 내 집으로 올 수 있니?

주의 **Inte … förrän** (~하기 전에는 ~하지 않다)

förrän은 주절 속에 부정어(inte)가 있을 때만 쓰이며 주절은 반드시 종속절 앞에 온다.

inte 대신에 knappt, knappast와 같은 다른 부정어가 오기도 한다.

Du kan **inte** springa **förrän** du har lärt dig att gå. 너는 걸음마를 배우기 전에 뛰기부터 할 수 없다.

Jag tror det **inte förrän** jag får se det. 나는 그것을 보기 전에는 믿지 못하겠다.

Han hade **knappt** läst boken, **förrän** skrivningen började. 그는 시험이 시작되기 전까지 그 책을 제대로 읽지 못했다.

9.3.4 Medan (~하는 동안에)

De gifte sig **medan** hon studerade. 그녀가 공부하는 중에 그들은 결혼했다.

이와 비슷한 의미로 under det att, under tiden att, så länge som, just som이 쓰인다.

9.3.5 När (~할 때에)

när는 시간접속사와 의문부사 "언제" 양쪽으로 두루 쓰인다.

När det regnade igår, stannade vi hemma. 〈접속사〉

어제 비가 올 때 우리는 집에 있었다.

Han frågade, "**När** regnade det?" 〈의문부사〉

"언제 비가 왔지?" 하고 그는 물었다.

9.3.6 Sedan (~한 후)

Sedan은 때를 표시하는 접속사 , 부사 , 전치사로 두루 쓰인다.

Sedan de ätit middag, dansade de länge. 〈접속사〉

저녁을 먹은 후에 그들은 오래 춤을 추었다.

Vi åt middag. **Sedan** dansade vi länge. 〈부사〉

우리는 저녁을 먹었다. 그리고 나서 오래 춤을 추었다.

Vi har inte hört något av honom **sedan** jul. 〈전치사〉

우리는 성탄 이후 그에게서 아무 소식도 듣지 못했다.

9.3.7 Tills (~까지)

이 접속사는 전치사구 till dess att가 축약된 것이다.

Vänta här **tills** vi kommer tillbaka! 우리가 돌아올 때까지 여기서 기다려라.

때로는 efter 하나만 가지고 접속사로 사용하기도 하는데 이것은 정확한 용법이 아니다.

Efter det att vi kom i land, åt vi lunch. 배에서 육지로 내린 뒤에 우리는 점심을 먹었다.

《원인》

9.3.9 För att, därför att, eftersom, emedan (~하기 때문에)

이들 원인 접속사가 이끄는 종속절은 주절 다음에 위치하는 것이 원칙이다. 그러나 대화체에서 varför "왜?"로 시작하는 의문문에 대한 대답으로 därför att-절이 단독으로 쓰이기도 한다. 반면에 eftersom으로 시작하는 종속절은 주절 앞이나 뒤에 와도 상관없다.

Jag vill inte gå ut **därför att (eftersom)** det är så kallt. 너무 춥기 때문에 나는 외출하지 않겠다.

Eftersom han inte kommer måste vi börja utom honom. 그가 오지 않기 때문에 우리는 그이 없이 시작해야겠다.

Varför kom du inte? - **Därför att (för att)** jag var sjuk. 너 왜 안 왔니? - 몸이 아파서.

För att는 därför att와 같은 의미이나 대화체에서 흔히 쓰인다 .

Det här ska du få, **för att** du har varit så snäll. 네가 착하게 굴었기에 이걸 네게 주는 거야.

주의 **därför att**를 원인 표시 부사 **därför** "그러므로" 와 혼동해서는 안 된다.

Han ville studera välfärdssamhället. **Därför** åkte han till Sverige. 그는 복지사회를 연구하려 했다. 그래서 그는 스웨덴으로 갔다.

Emedan은 공식 문어체에서 주로 쓰였으며 요즘에는 별로 사용되지 않는다.

Försöket misslyckades **emedan** det var dåligt förberett. 준비가 잘못되었기에 그 노력은 실패했다.

《조건》

9.3.10 Om, ifall, såvida (만일 ~한다면) såvitt (~하는 한)

이 중에서 om이 가장 많이 쓰이는 조건접속사이다.

Om jag har tid, vill jag gärna hjälpa dig. 시간만 되면 너를 기꺼이 도와주겠다.

Ifall jag hade några skulle du få en. 내게 몇 개가 있다면 네게 하나 주겠는데.

Jag följer med **såvida** ni inte har någonting emot det. 너희들이 그것에 대해 반대하지 않는다면 나도 함께 가겠다.

Det går bra **såvitt** inga problem uppstår. 아무 문제가 발생하지 않는 한 잘 될 것이다.

9.3.11 Förutsatt att(~하는 한/~의 전제하에)

Förutsatt att vi börjar i tid, så ska vi nog hinna. 우리가 제때에 시작만 한다면 해낼 수 있을 거야.

《양보》

9.3.12 Fastän, fast, trots att (비록 ~이지만)

대립되는 두 개 절은 종속접속사 fastän으로 연결할 수 있고 등위접속사 men으로도 가능하다. 평이체에서는 fastän 대신에 fast가 쓰인다.

Han blev professor **fastän** han inte hade disputerat. 그는 비록 박사 논문 발표는 안 했지만 교수가 되었다.

비교 Han hade inte disputerat, **men** han blev professor.

Trots att hon var sjuk kom hon. 그녀는 몸이 아프지만 왔다.

주의 trots att를 전치사 trots와 혼동해서는 안 된다. 즉 trots att 다음에는 절이 오고 trots 다음에는 명사나 대명사가 온다.

Trots ovädret kom vi fram i tid. 나쁜 날씨에도 불구하고 우리는 제때에 도착했다.

9.3.13 Hur···än (아무리 ~해도)

Han blir aldrig arg, **hur** mycket man **än** irriterar honom. 아무리 그를 약올려도 그는 절대로 성내지 않는다.

《목적》

9.3.14 För att (~하기 위하여)

영어의 in order to에 해당하며 가장 많이 쓰는 목적 또는 의도 표시 접속사이다.

Hon kom till Sverige **för att** hon skulle läsa svenska. 그녀는 스웨덴어를 공부하기 위해 스웨덴에 왔다.

Vi måste avskeda personal **för att** vi ska rädda företaget. 우리는 회사를 살리기 위해서 직원을 해고하지 않으면 안 된다.

《결과》

9.3.15 Så att, så … att (그래서, 아주 ~해서~했다)

Han drack **så han** blev sjuk. 그는 술을 마셔서 병이 났다.

Han arbetade **så** hårt, att **han** kunde tjäna mycket pengar. 그는 아주 열심히 일하여 돈을 많이 벌 수 있었다.

참고 접속사 **så**가 결과를 표시할 때는 두 가지 종류의 어순이 있을 수 있다.

Ta mormor i armen **så (att)** hon **inte snavar** i trappan. (종속절 어순)
외할머니가 계단에서 비틀거리지 않도록 팔을 잡아드려라.

Jag blev alldeles förvirrad, **så** jag **visste inte** vad jag skulle säga. (대등절 어순)
나는 너무 당황해서 무어라고 말해야 할지 몰랐다.

구어체에서는 위에 så att 에서 att 가 종종 생략된다.

《비교》

비교 접속사로는 동등비교의 **som**과 차등비교의 **än**이 쓰인다.

9.3.16 Lika som (~만큼/~처럼: 〈영〉 as … as), (så)som (~한 방법으로 : 〈영〉 in the way that), (lik)som (~와 같은 방법으로 : 〈영〉 in the same way that)

Du talar engelska **lika** bra **som** Johan. 너는 요한 만큼 영어를 잘 한다.

De gjorde **(så)som** de hade blivit befallda. 그들은 하라는 대로하였다.

De bor på samma våning **som** vi. 그들은 우리와 같은 층에 산다.

Han vann nu **liksom** han hade gjort så många gånger förr. 그는 전에도 여러 번 그랬듯이 이번에도 이겼다.

참고 위의 경우 liksom은 대화체에서 흔히 som으로 축약된다.

9.3.17 Än (~보다, ~이외에: 〈영〉 than)

än은 형용사, 부사의 비교급 또는 annan, annorlunda, annanstans 다음에 온다.

Lena är **vackrare än** Eva. 레나는 에바보다 더 예쁘다.

Under olympiaden tittade han mycket **mer** på TV **än** han brukade göra. 올림픽기간 중에 그는 여느 때보다 TV를 더 많이 보았다.

Jag har ingen **annan än** dig att fråga. 내게는 너 이외에 물어볼 만한 사람이 없다.

Ditt uttal är **annorlunda än** mitt. 네 발음은 내 발음과 다르다.

Jag har aldrig bott någon **annanstans än** i Seoul. 나는 서울 이외에 다른 곳에서 산 적이 없다.

9.3.18 Ju ··· desto (~하면 할수록 더욱 더 : 〈영〉 the+비교급 ··· the+비교급)

ju ··· desto에서 ju는 종속절에, desto는 주절에 위치한다. 한편 대화체에서는 주절과 종속절이 모두 ju 로 시작한다.

Ju mer man äter, **desto** tjockare blir man. 많이 먹으면 먹을수록 더욱 더 뚱뚱해 진다.

Ju tröttare man blir, **desto** långsammare tänker man. 사람은 피로할수록 더욱 느리게 생각한다.

Ju mer vi har, **ju** mer missnöjda är vi. 우리는 더 가지면 가질수록 더 만족하지 못한다.

《상황설명》

9.3.19 Genom att (~함으로써, ~한 사실에 입각하여 : 〈영〉 in that, by the fact that)

Han räddades genom att kamraterna ingrep. 그는 친구들이 개입하여 구제되었다.

9.3.20 I det att (~하는 한, ~한 사실을 고려할 때: 〈영〉 in so far as, in view of the fact that)

Den svenska ekonomin har en svaghet **i det att** makten är koncentrerad till ett fåtal koncerner. 스웨덴 경제의 취약점은 힘이 일부 계열기업에 집중되어 있다는 점에 있다.

9.3.21 Utan att (~함이 없이)

Det gäller att utöka vårt inflytande i området **utan att** någon oroas av utvecklingen.

그것은 어느 누구도 사태 변화에 불안을 느끼지 않도록 하면서 이 분야에서 우리의 영향력을 증대시키는 문제이다.

9.4 접속사의 특이한 용법

원래 종속접속사 다음에는 절이 와야 되는데 주절과 종속절의 주어가 일치하면 종속절의 주어는 생략할 수 있다. 이 경우 많은 접속사의 기능은 전치사로 바뀌면서 부정법을 지배하게 된다.

För att få veta det måste han fråga mig. 그가 그것을 알려면 나에게 물어봐야 한다.

Han svarade **utan att** se på mig. 그는 나를 쳐다보지도 않고 대답했다.

9.4.1 Efter det att (~한 이후에)

① 접속사 efter 다음에 절(주어 + 정동사)이 오면 det를 사용하여 efter det att 로 한 다.

Vi åkte till fjällen **efter det att** vi hade beslutat oss. 우리는 산악지대로 가기로 결정한 후 떠났다.

② 접속사 efter 다음에 부정법이 오면 efter att로 연결한다.

Vi åkte till fjällen **efter att** ha beslutat oss.

참고 att ha beslutat : 완료부정법

③ 전치사 efter 다음에는 명사(절)나 대명사가 연결된다.

Vi åker till Sverige **efter** jul. 우리는 성탄절 후에 스웨덴에 간다.

(Holmes & Hinchliffe 1994 : 480.)

참고 그러나 문법책에 따라서는 위와 같이 정확히 구별하지 않고 efter det att 구성에서 det 또는 att를 생략할 수 있다고 한다. (Sv. akad. gr. 2 Ord:742 ; Thorell: 235)

Hur reagerade ni omedelbart **efter (det) att** förslaget hade framförts?

Hur reagerade ni omedelbart **efter det (att)** förslaget hade framförts? 그 안건이 제출된 직후 당신들의 반응은 어떠했느냐?

9.4.2 Innan/Förrän(~하기 전에)

① 주절이 긍정문이면 **innan.**

Vi hälsade på honom innan vi kom hit. 우리는 여기에 오기 전에 그를 방문했다.

② 주절이 부정문이면 **förrän.**

Det dröjde inte länge förrän han kom. 그가 오기까지는 오래 걸리지 않았다.

9.4.3 Förr, förut, tidigare/före, innan (~전에)

① Förr, förut, tidigare (부사)

Han har aldrig varit i Sverige forr/forut/tidigare. 그는 이전에 스웨덴에 가본 적이 전혀 없다.

② Före, innan (전치사)

Vi träffade Olle före/innan jul. 우리는 성탄절 전에 울레를 만났다.

"Vad är framgång?"

Min vän Gustav Erik Karlsson är fyrtiotre år gammal. Det är vid gud① ingen ålder. Han har en liten bil och han är industriarbetare och han tjänar hyggligt med pengar② och hans hustru jobbar också fast inte stadigt och han har tre barn. Kalle den äldste som är tjugo år och skall in i lumpen③ och Ingrid som är sjutton och redan jobbar på kontor och så Gustav den yngre som kom lite efter dom andra och som är tolv år och går i skolan och läser engelska bland annat.④

Gustav Erik Karlsson som är fyrtiotre år bor i tre rum och kök i en söderförort. Han har en bra bit⑤ till jobbet men kör sin bil och slipper på det sättet tunnelbanan och byte. Han har verklig användning för sin bil. Han tjänar en halv timmes resor på morgonen. Och lika mycket på eftermiddagen. Det är en timme om dagen. Ungefär ett dygn i månaden. Tolv dagar av hemliv om året får han för sin bil. Och sen förstås har han ju glädje av den på söndagarna. Fast inte så ofta nu som förr.

Kalle äldste sonen som ännu bor hemma brukar ta den på lördag eftermiddag och sen blir det liksom inte av⑥ att han ställer tillbaks den förrän på söndagskvällen om man inte direkt sagt ifrån⑦ att hela familjen skall åka nånstans på söndagen. Men det blir inte så ofta. Och av någon anledning⑧ har det aldrig blivit av att skaffa den där sportstugan som man har talat om så mycket.

Men Gustav Erik Karlsson är nöjd. Han känner att han lyckats i livet. Tja ⑨, han har ju inte blivit generaldirektör⑩, men vad fan⑪ när han tanker på sitt eget föräldrahem och hur han hade det där och hur det var i början på trettiotalet och det där lilla sörmländska samhället⑫ han kommer ifrån och hur lortigt det var allting och dyngvatten på gården och när han först kom till stan - ja Stockholm alltså - 1939 då han blev inkallad och hur han fick ligga inne i två år och hur han sen stannade i Stockholm. Och att han var ensam här i stan och bara ägde ett par hundra hopsparade kronor för tjugo år sen. Och hur han sen jobbat och nu satt han här ute i en modern lägenhet med kylskåp och badrum och balkong och soligt var det och där nere under tallen stod hans bil och den var nytvättad.

Det är mitt allt det här. Det är väl framgång säger Gustav Erik Karlsson. Han säger det halvhögt och han kunde ha sagt det bra⑬ mycket högre. Det är i alla fall ingen som lyssnar.

도움말

이 글은 글쓴이가 1930년대를 회고하며 1970년대에 쓴 것이다.

① vid gud: 맹세코, 결코.

② tjänar hyggligt med pengar : 돈을 꽤 잘 번다.

③ skall (gå) in i lumpen: 군에 입대할 것이다 (= ligga i lumpen).

④ läser engelska bland annat: 영어를 비롯한 과목들을 공부한다.

⑤ en bra bit: 꽤 되는 (상당한) 거리.

⑥ bli av: (일이) 일어나다, 발생하다: 이루어지다.

⑦ säga ifrån: 분명히/단호히 말하다.

⑧ av någon anledning: 무슨 이유에서인지

⑨ tja: 자, 글쎄 (망설이거나 주저할 때)

⑩ generaldirektör: 기관장, 청장.

⑪ vad fan: 젠장, 제기랄.

⑫ sörmländska samhället: Södermanland (농경)사회 (스톡홀름 남부지방으로 비옥한 농경지대).

⑬ bra: 강조부사로 쓰임.

9B. GRAMMATIKÖVNING (문법연습)

1. 적당한 등위접속사를 보기에서 골라 넣으시오.

보기 eller, så, men … så, för, antingen … eller, utan, både … och, varken … eller,

1) Mamma blev sjuk, __________ vi fick åka med henne till sjukhuset.

2) Tyvärr, __________ på lördag __________ söndag är jag upptagen.

3) Det spelar ingen roll om du betalar kontant __________ skickar pengarna på posten.

4) __________ Norge __________ Finland har lika många invandrare som Sverige.

5) Jag tror vi måste lägga oss nu, __________ klockan är mycket.

6) __________ det regnar __________ snöar, joggar han en timme per dag.

7) Det var bankstrejk, ___________ folk fick inte ut sina löner.

8) Igår skulle vi gå på bio, ___________ det var utsålt, ___________ vi hyrde en video istället.

9) Jag fick inte tag i boken, ___________ biblioteket var stängt.

10) Hon orkade inte se filmen, ___________ gick och la sig.

2. 적당한 종속접속사를 보기에서 골라 넣으시오.

보기 när, innan, medan, sedan, (inte …) förrän, tills, efter det att, fastän, därför att, genom att, utan att, för att

1) Hon lyssnar alltid på radio, ___________ hon lagar mat.

2) ___________ katastrofen i Sydasien hände, bodde jag i Thailand.

3) Vi satt ute och pratade, ända ___________ solen gick ner.

4) Erik har inte skrivit hem, ___________ han kom till Sverige.

5) Hon vill inte gifta sig ___________ hon träffar den rätte.

6) Niklas blev magsjuk, ___________ han hade ätit svamp.

7) ___________ det var hemskt väder, hade vi en trevlig resa.

8) Mohamed kämpade hårt ___________ familjen skulle få komma till Sverige.

9) Anna klarade allting, ___________ någon hjälpte henne.

10) Han kom för sent, ___________ han missade bussen.

9C. ÖVERSÄTTNING (번역작문)

접속사를 이용하여 아래 문장을 스웨덴어로 옮기시오.

1. 비록 비가 온다 하더라도 내 형은 항상 매일 반 마일① 조깅을 하곤 한다.

2. 내가 이곳에 오기 전에는 스웨덴에 대해 많이 알지 못했다.

3. 내 친구는 반일제 이상② 더 일을 하지 않았음에도 불구하고 돈을 꽤 벌었다.

4. 내가 식사를 다 마칠③ 때까지 기다려 주겠니?

5. 빵을 사는 것보다 손수④ 굽는 것이 더 싸다.

6. 그녀는 될 수 있는 대로 빨리⑤ 오려고 애썼다.

7. 내가 스웨덴어를 들으면 들을수록 그것은 더 아름다워진다.⑥

8. 영수는 어학코스를⑦ 거쳐서 스웨덴어를 배웠다.

9. 그는 부산에서 20 년을 산 뒤에⑧ 서울로 이사했다.

10. 나는 주행연습을⑨ 받지 않고 운전면허⑩를 취득했다.

도움말

① 반 마일: en halvmil (스웨덴 1마일 = 10 km).
② 반일제 이상: mer än halvtid.
③ 식사를 다 마치다: äta färdigt (klart) . 시제는 완료형을 써야 함.
④ 손수: själv.
⑤ 될 수 있는 대로 빨리: så fort som … kan.
~하려고 애쓰다 : försöka 다음에는 att 없는 부정법이 온다.
⑥ ju …비교급 , desto … 비교급을 이용할 것
⑦ 어학코스: språkkurs
⑧ ~한 뒤에: efter att ha …
⑨ 주행연습: körlektion
⑩ 운전면허 : körkort

10

어순
Ordföljd

스웨덴어의 어순은 상당히 고정되어 있어서 문장 요소들간의 위치를 자유롭게 바꿀 수 없다.

그 이유는 첫째 주어, 목적어 및 다른 요소들에 있어서 그 요소의 기능을 표시해주는 어미가 없고, 둘째 술어동사가 주어의 성수에 따라 어미변화를 하지 않고 같은 형태를 취하기 때문이다.

10.1 주어의 위치 (Subjektets plats)

10.1.1 바른어순 (Rak ordföljd)

평서문에서는 보통 주어가 동사 앞에 오는데 이러한 어순을 바른어순(正置法)이라 한다. **주어**(의문대명사 포함) 또는 **대등접속사** (och, men, för, ty, utan)로 시작하는 문장의 순서는 바른어순이다. 감탄문에서 감탄어구 다음의 어순도 여기에 속한다.

〈주어〉 **Herr Gustafsson har** en gammal cykel. 구스타브손씨는 헌 자전거가 한 대 있다.

〈의문사〉 **Vem tog** min bok? 누가 내 책을 가져갔니?

〈대등접속사〉 **Jag hade** en penna **och du hade** ett papper, **men vi hade** inget kuvert. 나는 펜을, 너는 종이를 가졌지만 우리는 봉투가 없었다.

〈감탄문〉 Vilket vackert hår **hon har**! 그녀 머리카락이 참 예쁘군!

10.1.2 뒤바뀐 어순 (Omvänd ordföljd)

술어동사가 주어 앞에 나오는 어순을 뒤바뀐 어순(倒置法)이라 하며 다음의 경우에 어순은 뒤바뀐다.

① 의문문 (다만 의문대명사가 주어로 쓰인 의문문은 바른 어순에 속한다.)

Talar din fru svenska? 자네 부인 스웨덴어 할 줄 아는가?

Har han inte gått ännu? 그는 아직 안 갔니?

Varför **kommer hon** hit? 그녀가 왜 여기에 오지?

② 목적어 및 동사의 보어로 시작되는 문장.

Vad **gör du** på söndagarna? 일요일에는 무엇을 하니?

Det **har jag** aldrig hört. 그것은 전혀 듣지 못했다.

Den här boken **har min far** köpt i Stockholm. 이 책은 나의 아버지가 스톡홀름에서 사신 것이다.

Till professor i engelska **utnämndes dr Bo Ek**. 영어과 교수에 부 에크 박사가 임명되었다.

Vackert **kan man** inte kalla det. 그것을 아름답다고는 할 수 없다.

③ 부사 또는 부사구로 시작되는 문장

Nu **är våren** här. 이제 이곳에도 봄이 왔다.

I går kväll **kom hon** hem kl. 11. 그녀는 어제 밤 11시에 집에 왔다.

Sedan **gick vargen** tillbaka till skogen. 그 후 늑대는 숲 속으로 돌아갔다.

På somrarna **bor vi** på landet. 여름철에 우리는 시골에서 지낸다.

När **går tåget**? 기차가 언제 출발하지?

④ 종속절(bisats) 뒤에 오는 주절(huvudsats)의 어순

När vi kom, **var han** inte hemma. 우리가 왔을 때 그는 집에 없었다.

Om du inte är där senast kl. 7, **väntar jag** inte på dig. 늦어도 7시까지 그 곳에 있지 않으면 나는 너를 기다리지 않겠다.

⑤ 직접 인용문(direkt anföring) 다음에 오는 주절의 어순

"Hur står det till?" **frågade han**. "어떻게 지내세요?" 하고 그가 물었다.

"Tack, bra." **svarade hon**. "그저 잘 지냅니다" 라고 그녀가 대답했다.

⑥ 기원문(Optativ)

기원문의 동사에는 가정법 현재형이 쓰인다.

Tillkomme ditt rike. 주님의 나라가 임하소서.

Leve vår älskade konung. 경애하는 우리 국왕이시어 만수무강하소서.

⑦ 명령문(Imperativ)

명령문은 원래 주어를 생략하고 동사를 앞세우기 때문에 어순은 문젯거리가 되지 않지만 간혹 주어를 등장시킬 경우는 명령형 동사 다음에 놓는다.

Kom nu! 자 오너라!

Sätt du dig på stolen och lugna ner dig! 의자에 앉아서 설치지 말아라.

주의

1) 종속절의 어순은 원칙적으로 바른 어순이다.

Jag vet inte, vad **han har** gjort. 나는 그가 무슨 일을 했는지 모른다.

Hon sade, att **de skulle** komma. 그들이 오리라고 그녀는 말했다.

Jag stannar hemma, om **du vill**. 네가 원하면 나는 집에 있겠다.

Boken, som **jag läser**, är mycket tråkig. 내가 읽고 있는 책은 아주 지루하다.

2) 그러나 조건절에서 접속사 om 이 생략될 때는 어순은 뒤바뀐다.

Hade jag pengar, skulle jag köpa det. 내게 돈이 있다면 그것을 사고 싶은데.

(=Om **jag hade** pengar, skulle jag köpa det.)

Kommer han hit, så ska jag tala om det för honom.

(=Om **han kommer** hit, så ska jag tala om det för honom.)

그가 여기에 오면 그것을 얘기해 주겠다.

위와 같은 종속절의 어순은 의문문과 같기 때문에 '의문형 조건절' 이라고도 부른다. 의문형 조건절은 반드시 주절 앞에 오며 이러한 구문형식이 스웨덴어에서는 아주 흔히 쓰인다.

10.2 목적어의 위치 (Objektets plats)

10.2.1 주어+술어동사+간접목적+직접목적

Han gav **henne blommor**. 그는 그녀에게 꽃을 주었다.
(간목) (직목)

Du lovade att skicka **mig det**. 너는 그것을 내게 보내주기로 약속했다.
(간목) (직목)

10.2.2 주어+술어동사+직접목적+{전치사+간접목적}

간접목적어 앞에 전치사 (åt, till)를 붙이면 간접목적어는 직접목적어 뒤에 온다.

Han gav **blommor till henne**. 그는 꽃을 그녀에게 주었다.
(직목) (전치사+간목)

Du lovade att skicka **det till mig**. 너는 그것을 내게 보내주기로 약속했다.
(직목) (전치사+간목)

10.2.3 비강세 대명사의 위치

인칭대명사의 목적격이나 재귀대명사는 보통 강세를 받지 않는다. 단순시제(6.1 참조)에서 비강세 대명사는 정상 어순과는 달리 이동부사(10.3 참조) 앞에 온다. 아래 예문에서 honom, sig는 비강세 대명사이다.

Jag träffar **honom** aldrig. 나는 그를 절대로 만나지 않는다.

Jag gav **honom** inte pengarna igår. 나는 어제 그에게 돈을 주지 않았다.

Han tvättar **sig** sällan. 그는 별로 세수를 하지 않는다.

주의

1) 그러나 인칭대명사의 목적격과 재귀대명사가 다른 요소와 대조를 이룰 때는 강세를 받으며 위치는 정상적으로 이동부사 다음에 온다.

Jag känner inte **henne** (men honom). 나는 그녀는 모른다 〈그러나 그는 안다〉.

2) 위 규칙은 tycka om, satta på와 같은 분리동사들에는 적용되지 않는다(6.8.5 ①참조).

Hon tycker inte om **honom**. 그녀는 그를 좋아하지 않는다.

3) 비강세 대명사(목적격)는 복합시제에서는 목적어와 같은 위치에 놓인다

Jag har aldrig träffat **honom**. 나는 그를 만난 적이 전혀 없다.

10.3 이동부사 (Vandrande adverb) 의 위치

자주 쓰이는 부사들 가운데는 그 위치가 고정되어 있지 않고 주절과 종속절에서 옮겨다니는 것이 있으니 이들을 가리켜 **이동부사**라고 한다. 이들은 문 전체를 수식하는 문장부사

(satsadverb)로서 문장의 내용에 대해 가망, 추측, 확실, 부정 따위의 의미를 나타낸다.

10.3.1 주절 (huvudsats)에서 위치

① 주절 또는 독립절에서는 이들 이동부사가 문장의 맨 앞에 서지 않는 한 첫 동사 다음에 온다. 다만 복합시제에서는 조동사 다음에 온다.

Du dricker **aldrig** kaffe. 너는 커피를 통 마시지 않는다 .

Jag tror **nästan** att hon är sjuk. 내 짐작에 그녀는 아픈 것 같다.

Jag har **alltid** tyckt om henne. 나는 늘 그녀를 좋아했다.

Aldrig trodde jag det var sant. 나는 그것이 사실이라고 전혀 믿지 않았다.

② 독립절에서 어순이 뒤바뀌었을 때 문장부사는 주어 다음에 온다.

Tycker de **inte** om kaffe? 그들은 커피를 좋아하지 않나요?

Henne känner jag **inte** igen. 나는 그녀를 알아볼 수 없어요.

Nu har jag **äntligen** kastat bort den där gamla klänningen. 이제 나는 마침내 그 헌옷을 내던졌다.

10.3.2 종속절(bisats)에서 위치

종속절에서 문장부사는 첫 동사 앞에 온다. 다만 복합시제에서는 조동사 앞에 온다.

Jag tror att han **ofta** kommer hit. 나는 그가 이곳에 자주 오는 것으로 아는데

Jag undrar varför han **inte** kände igen mig. 그가 왜 나를 알아보지 못했는지 궁금하다.

Du vet att jag **sällan** kastar bort pengar. 내가 좀처럼 돈을 낭비하지 않는 것을 너는 알지.

De vill veta om ni **aldrig** har tyckt om att dansa. 너희가 춤추기를 전혀 좋아하지 않았는지 그들은 알고 싶어한다.

주의

대화체에서는 이동부사가 예외적으로 주절의 어순대로, 즉 첫 동사 다음에 오기도 한다.

Han säger, att han kommer **inte** i morgon. 그는 내일 오지 않는다고 한다.

Jag kan inte hjälpa dig, därför att jag har **inte** tid. 나는 시간이 없어서 너를 돕지 못한다.

10.3.3 동사 se…ut와 형용사, 부사의 위치

se … ut (~처럼 보이다)의 보어로 쓰이는 형용사나 분사는 se 와 ut사이에 들어 가고, mycket, oerhört 같은 의미 강세부사는 형용사 바로 앞에 온다.

Du **ser** glad **ut** idag. 너는 오늘 즐거워 보인다.

Du **såg** trött **ut** igår. 너는 어제 피로해 보였다.

Hon **ser** mycket lycklig **ut**. 그녀는 퍽 행복해 보인다.

Han har alltid **sett** frisk **ut**. 그는 항상 건강해 보였다.

10.3.4 이동부사의 종류와 기타 위치

주절(독립절)과 종속절에서 위치를 달리하는 이동부사 가운데 자주 쓰이는 것은 아래와 같다.

aldrig (never), inte (not), icke (not), ej (not), knappast (hardly);

alltid (always), ofta (often), redan (already), snart (soon), sällan (seldom);

antagligen (probably), förmodligen (presumably), möjligen (possibly), naturligtvis (of course), gärna (willingly), nog (probably), egentligen (actually), faktiskt (actually), kanske (perhaps, maybe), bara (only), blott (only), endast (only), ju (as you know).

① 부정법(infinitiv)을 부정하려면 inte (icke, ej), aldrig를 att와 원형동사 사이에 넣는다. 다른 부사는 att와 원형동사 사이에 오거나 또는 att infinitiv 다음에 오게 한다.

Han bad henne att **inte** göra det. 그는 그녀에게 그 일을 하지 말도록 당부했다.

De bad mig att komma **genast**.
De bad mig att **genast** komma.] 그들은 나에게 즉시 올 것을 당부했다.

② 이동부사들 상호간의 위치

한 문장 내에서 inte와 다른 부사가 함께 쓰일 때는 **inte**는 다른 부사 다음에 와야 한다. 즉 가장 짧은 부사가 먼저 오고 부정부사가 맨 나중에 온다.

Eva vill *kanske* **inte** komma. 에바는 어쩌면 안 올 거야.

Han säger, att Eva *kanske* **inte** vill komma. 에바가 어쩌면 안 올 거라고 그는 말한다.

Du får *naturligtvis* **inte** spotta på golvet. 너는 물론 방바닥에 침을 뱉으면 안된다.

Vi har *väl alltså antagligen* **inte** gjort det tillräckligt. 우리가 아무래도 그 일을 충분히 하지 못한 것 같아.

③ också와 inte heller

부사 också는 긍정문에, heller 는 부정문에 각각 쓰인다.

Eva kan läsa. Hon kan **också** skriva. (=Hon kan skriva **också**). *에바*는 읽을 줄 안다. 그녀는 또한 쓸 줄도 안다.

Johan kan inte läsa. Han kan **inte** skriva **heller**. 요한은 읽지 못한다. 그는 쓰지도 못 한다.

④ kanske가 문두에 올 때.

kanske가 문두에 오면 어순은 바른어순도 되고 바뀐어순도 된다.

Kanske han kommer i morgon. 그는 어쩌면 내일 올 거야.

Kanske kommer han i morgon. (" ")

⑤ 명확한 시간, 장소, 방법 등을 나타내는 부사는 영어에서처럼 동사 다음에 온다.

Jag vet att han bor **här**. 나는 그가 여기에 사는 것을 안다.

Han säger att han kommer **nästa vecka**. 그는 다음 주에 오겠다고 말한다.

Han arbetar **långsamt** men **säkert**. 그는 느리게 일 하지만 꼼꼼하게 한다.

10.3.5 장소부사와 시간부사의 위치

한 문장 안에서 장소부사(rumsadverbial)와 시간부사 (tidsadverbial)를 함께 쓸때는 보통 장소부사를 시간부사 앞에 놓는다.

Birgitta träffade Nilssons **på landet i somras**.
(장소) (시간)

비르기타는 닐손씨 가족을 지난 여름에 시골에서 만났다.

Han reser **till London i april**. 그는 4월에 런던으로 여행한다.
(장소) (시간)

그러나 장소부사가 아주 길 때는 시간 부사를 앞세운다.

Birgitta träffade Nilssons **i somras på ett underbart hotell i London**. 비르기타는 지난 여름 런던의 어느 우아한 호텔에서 닐손씨 가족을 만났다.

10.4 강조구문 (Emfatisk omskrivning)

10.4.1 어순 바꾸기

스웨덴어 문장에서 어느 부분을 강조하고자 할 때는 그 부분을 문장의 맨 앞에 내세우는데 이때는 문장의 어순이 뒤바뀌어 정동사가 주어 앞에 나온다. 아래 강조구문에서는 (a)단어, (b)구, (c)절을 각각 강조하고 있다.

〈정상 구문〉	〈강조 구문〉
(a) De kommer att göra det.	→ **Det** kommer de att göra 그들은 그것을 하리라.
(b) Det är kallt **om vintrarna**.	→ **Om vintrarna** är det kallt. 겨울에는 춥다.

(c) Det kommer att bli kallt **när vinden börjar blåsa**.

→ **När vinden börjar blåsa** kommer det att bli kallt. 바람이 불기 시작하면 추워진다.

10.4.2 비주어 요소 앞세우기 (Fronting)

주어는 대체로 문장의 맨 앞에 나오는 것이 예사이지만 주어 이외의 다른 요소를 강조할 때는 그 요소를 내세울 수 있다. 이를 가리켜 '비주어 요소 앞세우기' 라고 한다. 흔히 방법, 시간, 장소, 부사 등이 문장의 맨 앞으로 이동하며 때로는 목적어도 앞으로 나온다. 이 경우 동사가 주어 앞으로 나와 어순은 바뀐어순이 된다.

<비주어 요소 앞세우기 사례>

문두	동사(1)	(주어)	부사 (문장)	동사(2)	목적/비교형	방법/시간/장소 (부사)
Klockan 12 (시간)	Kommer	många besökare	-	-	-	hit.
Efter lunch (시간)	åker	de	-	-	-	över slätten.
I domkyrkan (장소)	kan	man	ju	se	ett astronomiskt ur.	
I Lund (장소)	finns	det	faktiskt	-	många muséer.	
Kakor (목적)	äter	ni	-	-	-	jämt.
Snaps (목적)	måste	vi	också		ha.	
Det (목적)	tycker	jag	inte.			

10.4.3 Det … som 구문 형식

문장의 어느 부분이 중요하다고 생각할 때 그 부분을 **det är/var/ … som** 사이에 끼워 넣어 강조의 효과를 얻는다. 이때 som이 주어를 받지 않으면 생략될 수 있다.

(a) **Jag** har lånat din bok. → *Det* är **jag** *som* lånat din bok.

(b) Festen är **på lördag**. → *Det* är **på lördag** (*som*) festen är.

(c) Är **du** äldst i klassen? → Är det **du** *som* är äldst i klassen?

번역

(a) 내가 네 책을 빌렸다. → 네 책을 빌린 사람은 나다.

(b) 파티는 토요일에 있다. → 파티가 있는 날은 토요일이다.

(c) 네가 반에서 나이가 제일 많니? → 반에서 나이가 제일 많은 이가 바로 너냐?

10.5 문장 꼬기 (Satsflätning)

10.5.1 의문문

스웨덴어에서는 상대방의 의견을 묻는 의문문이 보통 "tror du" 또는 "tycker du" 로 끝나는데 이 부분을 흔히 의문사(의문사 어구) 다음에 끼워 넣기도 한다. 이런 구문형식을 가리켜 **문장 꼬기**라고 하며 이들 삽입어구 다음의 어순은 정상 어순으로 이어진다.

(a) När kommer hon, **tror du**? → När **tror du** att hon kommer?

(b) Vem är bäst i klassen, **tycker du**? → Vem **tycker du** är bäst i klassen?

(c) Hur många rum har Sven, **tror du**? → Hur många rum **tror du** att Sven har?

번역

(a) 그녀가 언제 오리라고 생각하니?

(b) 반에서 누가 공부를 제일 잘 한다고 보니?

(c) 스벤이 방을 몇 개나 가지고 있을 것 같니?

10.5.2 서술문

문장 꼬기는 평서문에서도 일어나는데 이 경우는 의문사 이외의 다른 요소가 문장의 맨 앞에 나온다. 이 때의 어순은 뒤바뀐 어순이 된다. 아래 예문 (a) (b) 에서는 종속절의 주어가, (c)에서는 목적어가 각각 문장의 첫머리에 나온 것이다.

(a) Jag tycker inte (att) *den boken* är bra. → *Den boken* **tycker jag** inte är bra.

(b) Jag gissar att *priset* blir ganska högt. → *Priset* **gissar jag** blir ganska högt.

(c) Jag tror inte att du känner *Pelle*. → *Pelle* **tror jag** inte att du känner.

번역

(a) 나는 그 책이 좋지 않다고 생각해.

(b) 내 짐작에는 가격이 꽤 비쌀 텐데.

(c) 나는 네가 *펠레*를 알 것 같지 않은데.

10.6 직접화법과 간접화법 (Direkt tal och indirekt tal)

남의 말을 옮길 때는 그 사람의 말을 그대로 되풀이하는 직접화법과 인칭, 시제 등을 고쳐 그 말의 내용을 자기 말로 바꾸어 전하는 간접화법이 있다. 그 밖에 서술문을 간접화법으로 바꿀 때는 접속사 att를, 의문문을 바꿀 때는 om을 사용하는 점도 유의해야 한다.

시제의 변경에 대해서는 시제일치(6.3.7)를 참고하기 바란다.

〈직접화법〉	〈간접화법〉
(a) "**Jag** älskar fisk."	→ Han säger **att han** älskar fisk.
(b) "Kommer **Oskar**?"	→ Han vill veta **om** Oskar kommer.
(c) "**Jag** älskar inte min man."	→ Hon säger **att hon** inte älskar **sin** man.
(d) "**Jag är** sjuk."	→ Hon **sa** att **hon var** sjuk.
(e) "**Jag har** inte **varit** i Lund."	→ Hon sa att **hon** inte **hade varit** i Lund.
(f) "**Jag ska** sova lite."	→ Hon sa att **hon skulle sova** lite.

번역

(a) "나는 생선을 아주 좋아한다."	그는 생선을 아주 좋아한다고 말한다.
(b) "*오스카르*가 오느냐?"	*오스카르*가 오는지 그는 알고 싶어한다.
(c) "나는 남편을 사랑하지 않아요."	그녀는 자기 남편을 사랑하지 않는다고 말한다.
(d) "나는 아프다"	그녀는 아프다고 말했다.
(e) "나는 *룬드*에 가본 일이 없다."	그녀는 *룬드*에 가본 일이 없다고 말했다.
(f) "나는 잠을 좀 자야겠다."	그녀는 잠을 좀 자야겠다고 말했다.

10A. LÄSNING (강독)

Sverige och omvärlden①

Omvälvningarna② i Europa under åren 1989-91 förändrade i grunden förutsättningarna för den svenska utrikespolitiken. Sammanbrottet i de kommunistiska diktaturerna i Öst-och Centraleuropa och upplösningen av Sovjetunionen skapade en situation som öppnade nya vägar för Sveriges relationer med omvärlden.

Sverige hade dittills sedan andra världskriget③ bedrivit en neutralitetspolitik, som inte alltid varit alldeles lätt att förstå i utlandet. Den hade sina rötter i tidigt 1800-tal då Karl XIV Johan drog tillbaka Sverige från den europeiska stormaktspolitikens scen, där landet under knappt två sekler agerat med växlande framgång. ④

Neutraliteten blev en huvudlinje i svensk utrikespolitik under 1900talet. ⑤Att Sverige kom att stå utanför såväl första som andra världskriget hade flera orsaker - de strategiska och politiska vägde tungt. Men att neutraliteten också hade betydelse måste anses obestridligt.

Efter andra världskrigets slut blev det därför naturligt för Sverige⑥ att också i fortsättningen avstå från politiska och militära bindningar med något maktblock. Alliansfrihet i fred syftande⑦ till neutralitet i krig - det blev en doktrin, kring vilken⑧ det växte fram en stor inrikespolitisk enighet.

De historiska argumenten för detta ställningstagande förstärktes av landets geografiska och strategiska läge nära Sovjetunionen, en av de två supermakterna under det kalla kriget. Ett av den svenska politikens syften blev att minimera spänningarna i norra Europa med hänsynstagande till⑨ bland annat Finlands utsatta position.

Under åren 1948 och 1949 fordes förhandlingar mellan Sverige, Norge och Danmark om ett skandinaviskt försvarsförbund. Sverige föreslog att de tre länderna skulle enas om en säkerhets - och försvarspolitik, oberoende av alla stormaktsblock. Förbundet kom aldrig till stånd⑩ eftersom Norge och Danmark - mot bakgrund av⑪ sina erfarenheter i andra världskriget - valde att bli medlemmar i Atlantpakten (Nato)⑫.

Ett omfattande nordiskt samarbete på de flesta icke — militära områden bedrivs inom ramen för Nordiska rådet⑬ bildat 1955, och Nordiska ministerrådet⑭, bildat 1971.

Några inflytelserika tidningar, bland annat *Dagens Nyheter*, argumenterade under åren omkring 1950 för att också Sverige skulle ansluta sig till Nato. Men ett svenskt medlemskap kom aldrig riktigt på fråga⑮. Uppslutningen bakom neutralitetslinjen var stark i riksdagen.

Det rådde också stor enighet om att landet skulle hålla sig med ett starkt eget försvar - en nödvändig förutsättning för den alliansfria politiken.

도움말

① 주변세계, 국제사회.
② 변혁.
③ 'dittills sedan andra världskriget'는 조동사 hade와 본동사 bedrivit 사이 에 들어간 삽입구.
④ (hade) agerat med växlande framgång : 성공과 실패를 거듭하며 대처했다.
där가 이끄는 부사절 안에서 조동사 hade가 생략되었다.
⑤ Att Sverige … andra världskriget 까지 명사절로 된 주어.
⑥ Sverige는 att avstå … 이하 문장의 의미상의 주어.
⑦ syftande: 현재분사로서 alliansfrihet를 수식한다.
⑧ vilken: en doktrin을 받는 관계대명사.
⑨ med hänsynstagande till: ~을 고려하여
⑩ komma till stånd : 성립되다, 이루어지다.
⑪ mot bakgrund av: ~사정으로, ~이유로.
⑫ Atlantpakten (Nato) : 북대서양 조약기구.
⑬ Nordiska rådet : 북유럽 협의회.
⑭ Nordiska ministerrådet : 북유럽 각료협의회.
⑮ komma på fråga: 문제삼다, 문제로 제기되다.

10B. GRAMMATIKÖVNING (문법연습)

1. 왼편에 주어진 단어들을 사용하여 어순에 알맞게 문장을 완성하시오.

1) alla älskade	Det var en gång en liten flicka som ________.
2) hon hade fått	Av sin mor ________ en röd luva.
3) hon kallades	Därfor ________ Rödluvan.
4) Rödluvans mor sa	En dag ________ till sin dotter :
5) en kaka är	"Här ________ och en flaska vin. Gå med det till mormor. Hon

	ar sjuk och behöver livas upp!"
6) mor säger	"Ja, jag ska göra som _____".
7) flickan sa	_____.
8) hon gick	Och så _____ till sin mormor, som bodde i skogen.
9) hon hade gått	När _____
10) hon mötte	en liten stund, _____ en varg.
11) hon visste inte	Men eftersom _____
12) vargen var	hur elak _____,
13) hon blev	_____ inte rädd.
14) hon skulle	Vargen frågade vart _____ gå
15) hon hade	och vad _____ i korgen. Och Rödluvan
16) hon skulle	berättade att _____ till mormor med en kaka
17) du förstår	och vin. " Hon är sjuk, _____ ".
18) Rödluvan sa	_____.
19) mormor bodde	Vargen frågade var _____
20) han sa	och sedan _____ för sig själv:
21) jag är	Om _____,
22) jag kan	_____ få bägge två!
23) de skildes	Därefter _____.
24) vargen lurade	Men först _____ den lilla Rödluvan att plocka lite
25) hon gick	blommor, innan _____ till sin mormor.
26) flickan plockade	Och medan _____
27) vargen sprang	blommor, _____ till mormors stuga.

28) han tittade in	Först _____ genom det lilla
29) mormodern låg	sovrumsfönstret. Därinne _____ och sov
30) han steg in	i sin säng. Utan att tveka en sekund _____
31) han tog på sig	och åt upp den gamla kvinnan. Därefter _____
	hennes nattlinne och nattmössa.
32) han kröp	Och så _____ ner i hennes säng.
33) Rödluvan kom	När _____ till stugan,
34) hon kände inte igen	_____ mormor. Hon sa:
35) dina ögon är	"Vad stora _____!
36) du har	Och vilken stor mun _____!"
37) vargen sprang	Då _____ upp och åt upp Rödluvan.
38) han la sig	Och så _____ och somnade, mätt och belåten.
39) en jägare kom	Men efter en stund _____ på besök
40) han steg in	till stugan. När _____ i
41) vargen ligga	sovrummet och såg _____ i sängen,
42) han förstod	_____ genast vad som hade hänt.
43) han skar	Han tog snabbt fram sin kniv. Med den _____ upp magen
	på vargen. Och ut kom både Rödluvan och hennes mormor.
44) de fyllde	Genast _____ vargens mage med tunga stenar.
45) de sydde ihop	Sedan _____ honom.
46) vargen skulle	Och när _____ springa bort,
47) han föll ner	_____ död.
48) jag ska	Och Rödluvan tänkte: "Aldrig mer _____ låta lura mig av

en varg!"

2. 왼편에 주어진 문장부사를 이탤릭체로 쓰여진 주절 또는 종속절 속의 알맞은 자리에 넣으시오.

1) inte	Finns det någon *som kan engelska*?
2) alltid	*Vi äter frukost på balkongen*, om vädret är varmt.
3) ofta	*Det blåser på hösten*.
4) äntligen	Jag önskar *att vi var framme*!
5) nog	*Hon kommer på festen* om du ber henne.
6) antagligen	Sonja sa *att hon skulle komma före fem*.
7) aldrig	Bilen hade gått sönder *så han gick på bio*.
8) fortfarande	Jag vet inte *om hon är kvar på samma jobb*.
9) jämnt	Jag undrar *varför det är så kallt i den här lägenheten*.
10) inte	*Om du vill* behöver du inte jobba imorgon.

3. 아래 문장에서 이탤릭체 부분을 강조하는 구문으로 바꿔 쓰시오. 시제 변경에 유의 하시오.

1) Den nya läraren kommer *imorgon*.

2) *Tyskland* startade andra världskriget.

3) Mina föräldrar gifte sig *i den kyrkan*.

4) Åkte du till Göteborg *förra veckan*?

5) Anmäler man sig till utflykten *här*?

6) Hon var inte nöjd med *storleken*.

7) Var du sjuk *på nyårsdagen*?

8) *När* skulle tåget gå?

9) *Vad* hette den här filmen?

10) *Vem* ska hjälpa dig med flyttningen?

10C. ÖVERSÄTTNING (번역작문)

1. 비가 오면 우리는 집에 있어야 한다.

2. 너는 왜 그녀가 돌아올 때까지 기다릴 수 없니?

3. 의사는 그녀에게 새 약을 하나 주었는데 그것이 그녀의 건강상태를 더 좋게 만들었다.

4. 내가 스웨덴에 오기 전에는 이곳은 일년 내내 눈이 있는 것으로 생각했다.

5. 여름철이 때로는 진짜 덥기도 하다는 것을 이제는 알고 있다.

6. 이웃에 방해가 되지 않도록 나는 저녁 11시 이후에는 대개 음악소리를 줄인다.

7. 나는 어제 병원에 계신 아버지를 방문하였으나 피로하셔서 오래 머무르지 않았다.

8. 아이들이 유행성 감기에 걸렸다. 그래서 나는 오늘 집에 있어야겠다.

9. 내가 지난 토요일에 같이 춤을 추었던 남자는 컴퓨터 기사이다.

10. 우리가 떠나기 전에 나는 지하실에 있는 여행가방을 가져와야 한다.

도움말

1) ~해야한다: 조동사 böra , får를 사용할 수 있으나 여기서는 의미가 약한 får가 적절하다.
3) 건강상태 : hälsotillstånd
4) 일년 내내: året runt.
   동사시제: 주절의 동사 '생각했다' 에 맞추어 모든 동사는 과거로 일치시켜야 한다.
5) 부사 '이제' 로 문장이 시작되면 어순이 뒤바뀐다.
   진짜 덥기도 하다: kan vara riktigt varm.
   '여름철' 은 매년 찾아오는 것이므로 복수정형으로 쓰는 것이 좋다.
6) '이웃에 방해가 되다' : störa grannen .
   '음악소리를 줄이다' : dämpa musiken.
7) '피로하셔서' : eftersom han är trött.
8) '유행성 감기에 걸렸다' : har influensa.
   '그래서': därför . 그 다음 어순에 유의할 것
9) '같이 춤추다' : dansa med.
   '콤퓨터 기사' : dataingenjör.
10) '지하실' : källare

부록

참고문헌

Beckman Natanael. Svensk språklära. 9 : e uppl. Stockholm : Bonniers, 1968.

Beite, Ann-Mari et al. Basic Swedish Grammar. Stockolm, 1968.

Björkhagen, Im. Modern Swedish Grammer, Stockholm, 1966.

Boström, Sylvia. Från av till över. Stockholm 1969.

Elert, Claes-Christian. Allmän och svensk fonetik. 4 uppl. Stockholm, 1970.

Fasth Cecilia, Anita Kannermark. På god väg: svenska för invandrare. Malmö : Kursverksamhetens förlag, 1994.

Hansson Kerstin, Ulla Wallin. Övningskompendium i svenska del 3. Lund : Kursverksamhetens förlag, 1979.

Hedelin Per. Nordstedts svenska uttalslexikon. Stockholm: Nordstedts, 1997.

Hellström Gunnar. Grammatik övningar med regler och kommentar. Stockholm : A&W, 1991.

Hellström Gunnar. Första övningsboken i svensk grammatik for sfi och sv 2 med regler och kommentarer. Uppsala : A & W, 1994.

Hildeman Nils-Gustav, Ann-Mari Beite (ed.). Learn Swedish : Swedish Reader for Beginners. Stockholm: A & W, 1959.

Hjorth Agnete et. al. Leva bland människor: samtida svenska texter. Stockholm : Sveriges Radios förlag, 1973.

Nylund-Brodda Elisabeth, Britta Holm. Deskriptiv svensk grammatik. 3 :e tryckning. Stockholm : Skriptor, 1974.

Nylund-Brodda Elisabeth, Gunilla Jansson (red.). Svenskkursen: språkliga övningar i svenska del 1- 2. 7 : e uppl. Stockholm : Språkförlaget Skriptor, 1973 .

Holmes Philip, Gunilla Serin. Colloquial Swedish : the complete course for beginners. 2nd edition. London & New York : Routledge, 1996.

Holmes Philip, Ian Hinchliffe. Swedish : a comprehensive grammar. London & NewYork : Routledge, 1994.

Johnson Walter. Basic Swedish. Chicago : Convenant Press, 1983.

Maclean, R.J. Swedish. 3 ed. London, 1969.

Malmberg, Bertil. Uttalsundervisning. 2 uppl. Stockholm, 1970.

Svensk ordbok. Utarbetad vid språkdata Göteborgs universitet. Stockholm : Esselte Studium, 1986.

Teleman Ulf, Staffan Hellberg, Erik Andersson. Svenska akademiens grammatik, 1-4 . Stockholm : Nordstedts ordbok, 1999 .

Thorell Olof. Svensk grammatik. Stockholm : Nordstedt & Söner, 1973.

Wellos Seija, Gunnar Hellström. Likt och olikt : om kulturmöten i Sverige. Stockholm : LTs förlag, 1991.

Wijk-Andersson Elise. Det svenska språkets struktur [kompendium]. Uppsala universitet, Inst. för nordiska språk, 1975.

〈인터넷 자료〉

Abba the Museum bildkälla: https://www.dailyscandinavian.com/abba-goes-live-after-the-pandemics/

”Finlandssvenska” https://svenskaspraket.si.se/finlandssvenska/

”Finlandssvenskar” https://sv.wikipedia.org/wiki/Finlandssvenskar

Kungliga slottet bildkälla: https://sv.m.wikipedia.org/wiki/Fil:Kungliga_slottet_19_juni_2010.jpg

Nobelprisutdelningen bildkälla: https://www.kungahuset.se/

”Riksdagsvalet i Sverige 2018.” https://sv.wikipedia.org

”Svenska” https://sv.wikipedia.org/wiki/Svenska

Uppsala universitet bildkälla: https://www.uu.se/om-uu/

김상열, 변광수. L. Gustafsson. 스웨덴어-한국어사전, 한국외국어대 출판부1996, (개정판) 2009.

변광수. 스웨덴어 문법. 서울 : 광일문화사, 1983.

변광수, 김상열, 최선경. 한국어-스웨덴어 사전, 한국외국어대 출판부, 2004.

이현복. 국제 음성문자와 한글음성문자, 서울 : 과학사, 1981.

강변화동사 및 불규칙동사 표

부정법	현재	과거	완료분사	과거분사
be(bedja) (기원하다, 요청하다)	ber (beder)	bad	bett	-bedd
binda (잡아매다)	binder	band	bundit	bunden
bita (물다)	biter	bet	bitit	biten
bjuda (초대하다, 제공하다)	bjuder	bjöd	bjudit	bjuden
bli (bliva) (~로 되다)	blir	blev	blivit	bliven
bringa (가져오다)	bringar	bragte	bragt	bragd
brinna (불타다)	brinner	brann	brunnit	brunnen
brista (터지다)	brister	brast	brustit	brusten
bryta (깨지다)	bryter	bröt	brutit	bruten
bära (운반하다)	bär	bar	burit	buren
dra (draga) (끌다)	drar	drog	dragit	dragen
dricka (마시다)	dricker	drack	druckit	drucken
driva (몰아치다)	driver	drev	drivit	driven
duga (알맞다)	duger	dugde(dög)	dugt	-
dö (죽다)	dör	dog	dött	-
dölja (숨기다)	döljer	dolde	dolt	dold
falla (떨어지다)	faller	föll	fallit	fallen
fara (타고가다)	far	for	farit	faren
finna (발견하다)	finner	fann	funnit	funnen
flyga (날아가다)	flyger	flög	flugit	flugen
flyta (뜨다)	flyter	flöt	flutit	fluten
frysa (추워떨다)	fryser	frös	frusit	frusen
få (얻다, ~해도 좋다)	får	fick	fått	-
försvinna (사라지다)	försvinner	försvann	försvunnit	försvunnen
gala (닭이 울다)	gal	gol	galit	-
ge (giva) (주다)	ger	gav	gett(givit)	given
gjuta (주조하다)	gjuter	göt	gjutit	gjuten
glida (미끄러지다)	glider	gled	glidit	gliden
glädja (기쁘게 하다)	glädjer	gladde	glatt	-

부정법	현재	과거	완료분사	과거분사
gnida (문지르다)	gnider	gned	gnidit	gniden
gripa (꽉쥐다)	griper	grep	gripit	gripen
gråta (울다)	gråter	grät	gråtit	(be)gråten
gå (가다, 걷다)	går	gick	gått	gången
göra (하다)	gör	gjorde	gjort	gjord
ha[va] (가지다)	har	hade	haft	-havd
heta (~라 불리다)	heter	hette	hetat	-
hinna (~할 시간이 있다)	hinner	hann	hunnit	hunnen
hugga (도끼로 찍다)	hugger	högg	huggit	huggen
hålla (유지하다)	håller	höll	hållit	hållen
kliva (활보하다)	kliver	klev	klivit	-kliven
klyva (쪼개다)	klyver	klöv	kluvit	kluven
knipa (꼬집다)	kniper	knep	knipit	knipen
knyta (잡아매다)	knyter	knöt	knutit	knuten
komma (오다)	kommer	kom	kommit	kommen
krypa (기어가다)	kryper	kröp	krupit	krupen
kunna (~ 할 수 있다)	kan	kunde	kunnat	-
le (미소짓다)	ler	log	lett	-
leva (살다)	lever	levde	lev[a]t	-lev[a]d
lida (괴로워하다)	lider	led	lidit	liden
ligga (눕다)	ligger	låg	legat	-legad
ljuda (소리가 나다)	ljuder	ljöd	ljudit	-
ljuga (거짓말하다)	ljuger	ljög	ljugit	ljugen
lyda(~라고 쓰여있다, 복종하다)	lyder	lydde, löd	lytt	-lydd
låta (소리나다, ~하게하다)	låter	lät	låtit	låten
lägga (놓다)	lägger	lade	lagt	lagd
- (~해야 한다)	måste	måste	måst	-
niga (무릎을 굽혀 인사하다)	niger	neg	nigit	-
njuta (즐기다)	njuter	njöt	njutit	njuten
nypa (꼬집다)	nyper	nöp	nupit	nupen
nysa (재채기하다)	nyser	nös	nyst	-

부정법	현재	과거	완료분사	과거분사
pipa (피리를 불다)	piper	pep	pipit	-
rida (말타다)	rider	red	ridit	riden
rinna (흐르다)	rinner	rann	runnit	runnen
riva (찢다)	river	rev	rivit	riven
ryta (으르렁거리다)	ryter	röt	rutit	-
se(보다)	ser	såg	sett	sedd
sitta (앉다)	sitter	satt	suttit	-sutten
sjuda (끓어 오르다)	sjuder	sjöd	sjudit	-
sjunga (노래하다)	sjunger	sjöng	sjungit	sjungen
sjunka (가라앉다, 빠지다)	sjunker	sjönk	sjunkit	sjunken
skina(비치다)	skiner	sken	skinit	-
skjuta (쏘다)	skjuter	sköt	skjutit	skjuten
skola(~할 것이다)	ska(ll)	skulle	skolat	-
skrida (전진하다)	skrider	skred	skridit	-skriden
skrika (소리치다)	skriker	skrek	skrikit	-skriken
skriva (글쓰다)	skriver	skrev	skrivit	skriven
skryta (뽐내다)	skryter	skröt	skrutit	-skruten
skära (자르다)	skär	skar	skurit	skuren
slippa (~을 면하다)	slipper	slapp	sluppit	-sluppen
slita (닳아 없어지다)	sliter	slet	slitit	sliten
sluta (결말짓다)	sluter	slöt	slutit	sluten
smita (빠져 달아나다)	smiter	smet	smitit	-
slå (치다, 때리다)	slår	slog	slagit	slagen
slåss (싸우다)	slåss	slogs	slagits	-
smyga (몰래 들어가다)	smyger	smög	smugit	smugen
smälta (녹다)	smälter	smalt	smultit	smulten
smörja (기름치다)	smörjer	smorde	smort	smord
snyta (코풀다)	snyter	snöt	snutit	snuten
sova (자다)	sover	sov	sovit	-
spinna (실잣다)	spinner	spann	spunnit	spunnen
spricka (터지다)	spricker	sprack	spruckit	sprucken
sprida (퍼지다)	sprider	spred(spridde)	spritt	spridd

부정법	현재	과거	완료분사	과거분사
springa (뛰다)	springer	sprang	sprungit	sprungen
spörja (질문하다)	spörjer	sporde	sport	spord
sticka (찌르다)	sticker	stack	stuckit	stucken
stiga (솟아오르다)	stiger	steg	stigit	-stigen
stinga (찌르다)	stinger	stack	stungit	stungen
stjäla (훔치다)	stjäl	stal	stulit	stulen
strida (싸우다)	strider	stred	stridit	-
stryka (다림질하다)	stryker	strök	strukit	struken
stå (서있다)	står	stod	stått	-stådd
stödja (지지하다)	stöder	stödde	stött	stödd
suga (빨아들이다)	suger	sög	sugit	sugen
supa (술마시다)	super	söp	supit	-supen
svida (쓰리다(아픔))	svider	sved	svidit	-
svika (배신하다)	sviker	svek	svikit	sviken
svälta (굶주리다)	svälter	svalt	svultit	svulten
svär[j]a (맹서하다)	svär[jer]	svor	svurit	svuren
säga (말하다)	säger	sade	sagt	sagd
sälja (팔다)	säljer	sålde	sålt	såld
sätta (놓다, 두다)	sätter	satte	satt	satt
ta[ga] (가지다)	ta[ge]r	tog	tagit	tagen
tiga (침묵하다)	tiger	teg	tigit(tegat)	-tegen
tjuta (울부짖다)	tjuter	tjöt	tjutit	-
tvinga (강제하다)	tvingar	tvingade (tvang)	tvingat (tvungit)	tvingad (tvungen)
[töras] (감히~하다)	törs	tordes	torts	-
vara (~이다, 있다)	är	var	varit	-
veta (알다)	vet	visste	vetat	-
vika (접다)	viker	vek	vikit	vikt
vilja (~하기 원하다)	vill	ville	velat	-
vina (윙소리가 나다)	viner	ven	vinit	-
vinna (이기다)	vinner	vann	vunnit	vunnen
vrida (비틀다)	vrider	vred	vridit	vriden

부정법	현재	과거	완료분사	과거분사
välja (선택하다)	väljer	valde	valt	vald
vänja (익숙해지다)	vänjer	vande	vant	vand
växa (성장하다)	växer	växte	vuxit	vuxen
äta (먹다)	äter	åt	ätit	äten

해답 FACIT

제1장

1A. LÄSNING (강독)

인사말

1. 안녕하시오./ 잘 있었어.
2. 안녕하세요 (오전 10시경까지 아침인사).
3. 안녕하십니까 (오전 10경 이후 낮 인사).
4. 안녕하십니까 (오후 5시경 저녁식사 무렵 오후 인사).
5. 안녕하십니까 (초저녁 인사, 예: 7:30분 TV 저녁 뉴스 시작 인사말).
6. 안녕히 주무세요 (밤 인사).
7. 잘 가세요.／안녕! (헤어질 때 인사. 하루 중 아무 때나 사용함).
8. 안녕!／잘 가!／잘 있어! (헤어질 때 친구 사이에 나누는 인사).
9. 어서 오세요.／환영합니다.
10. 어떻게 지내십니까?
11. 고맙습니다. 잘 지냅니다. 댁은 어떠십니까?
12. 여행 잘 다녀 오세요.／즐거운 여행하세요 .
13. 또 오세요 (언제든지 환영한다는 뜻).
14. 몸조심 하세요./ 평안하시기를!
15. 다시 뵙기를 바랍니다 (주로 서간문에서 쓰임).
16. 좋은 하루 보내세요.
17. 즐거운 주말 보내세요.
18. 사업은 잘 되어갑니까?
19. 고맙습니다. 잘 되어 갑니다.
20. 잘 되길 빕니다.
21. 아주 고맙습니다.
22. 죄송합니다./실례했습니다 (실수를 했을 때).
23. 정말 죄송합니다.
24. 천만에요.

25. 별 말씀을 다하십니다.

1B. övning (연습)

1.

1) Gert [´jæʈ] 2) Göran [´jœːˋran]

3) Gösta [´jœsta] 4) Gudrun [´gʉːdˋrɵn]

5) Kerstin [´çæʂˋʈin] 6) Wallqvist [´valː ~ˋkvist]

7) Göteborg [jœtə´bɔrj] 8) Gästrikland [´jɛstrikland]

9) Kivik [´çiːvik] 10) Skänninge [´ɧɛˋnːiŋə]

11) Skövde [´ɧœvˋdə] 12) Skara [´skɑːˋra]

13) Skurup [´skʉːrɵp] 14) Växjö [´vɛkː ~ˋɧøː]

15) Kiruna [´kirːɵna] (핀란드식 지명 [´çirːɵna]로 발음하지 않음)

2.

1) lo´kalˋtåg 2) ku´pong 3) ku´vert 4) ad´ress

5) för´bjuda 6) par´kera 7) ´cykel 8) cigarr´retter

9) ´hus ˋnyckel 10) intre´ssant 11) förs´tå 12) ´samarˋbeta

13) ´tragisk 14) fri´sör 15) restau´rang

3.

1) läng-e 2) vack-ras-te 3) peng-ar 4) al-fa-be-tet

5) mi-nu-ter 6) o-syn-lig 7) för-mid-dag 8) in-flu-en-sa

9) dag-li-ga 10) ö-ver-mor-gon 11) tre-ttion-de 12) av-be-tal-ning-en

13) skol-klass 14) hjäl-per 15) ka-rla-rna

1C. ÖVERSÄTTNING (번역)

1. Vad gör han?
2. Han läser svenska på Stockholms universitet.
3. Varifrån kommer/är han?
4. Han kommer/är från England.
5. Var jobbar/arbetar du?
6. Jag arbetar på en bilverkstad.

7. Herr Bengtsson är kock.

8. Han jobbar på en kinesisk restaurang.

9. John arbetar på en restaurang, men han är inte kock.

10. Han spelar piano i en orkester.

제2장

2A. LÄSNING (강독)

"룬드스트룀 교수 댁에서"

룬드스트룀 교수는 스톡홀름의 드로트닝가탄 48번지에 산다. 그곳에 그는 방 5개와 부엌이 달린 아파트 한 채를 소유하고 있다. 응접실 하나, 식당이 하나, 침실 하나, 그리고 서재와 음악실이 하나씩 있다. 응접실에는 양탄자, 소파, 책상, 텔레비, 크리스탈 왕관이 각각 하나씩 있다. 양탄자는 아프가니스탄에서, 소파는 영국에서, 책상은 스페인에서, 텔레비는 한국에서, 그리고 크리스탈 왕관은 뵈멘에서 각각 들여온 것이다. 침실에는 물론 침대가 하나 있다. 그것은 스웨덴에서 만든 것이다. 그밖에 전기식 자명종과 뻐꾹 시계가 있다. 자명종은 홍콩 제, 뻐꾹 시계는 스위스 제이다.

서재에는 책상, 가죽 제 안락의자, 양탄자, 책장, 고흐 그림이 있다. 책상은 독일에서, 안락의자는 영국에서, 양탄자는 중국에서 들어온 것이고, 책장은 섀르홀멘에 있는 이케아(스웨덴 최대 가구회사) 제품이며, 고흐 그림은 홀란드에서 들어왔다. 그 그림은 아주 비싼 것이다.

그 교수는 음악실에 전 세계에서 들여온 악기를 보유하고 있다. 예를 들면, 피아노, 드럼, 플루트(피리), 시타르(인도의 현악기), 기타, 바이올린, 아코디언 등이다. 피아노는 독일에서, 드럼은 아르헨티나에서, 바이올린과 아코디언은 스웨덴에서 만든 것이다. 그 교수는 왜 악기들을 모으는 것일까? 그는 음악사(音樂史)교수이니까.

2B. GRAMMATIKÖVNING (문법)

1.

en	bok	boken	den
ett	bord	bordet	det
(en)	(soffa)	soffan	(den)
(en)	fåtölj	(fåtöljen)	(den)
en	säng	(sängen)	(den)

(ett)	äpple	(äpplet)	(det)
ett	kök	(köket)	(det)
(en)	tröja	(tröjan)	(den)
-	kaffe	(kaffet)	det
en	cigarett	(cigaretten)	(den)
(en)	tavla	(tavlan)	(den)
(en)	skrivmaskin	(skrivmaskinen)	(den)
ett	instrument	(instrumentet)	(det)
(en)	(flöjt)	flöjten	(den)
-	aptit	(aptiten)	den
(en)	(gata)	gatan	(den)
(en)	(dag)	dagen	(den)
(en)	gitarr	(gitarren)	(den)
(en)	(roman)	romanen	(den)
(en)	sallad	(salladen)	(den)
(en)	(bokhylla)	bokhyllan	(den)
(en)	(skjorta)	skjortan	(den)
ett	skrivbord	(skrivbordet)	(det)
(ett)	fönster	fönstret	(det)
(en)	professor	(professorn)	(han/hon)
(ett)	rum	(rummet)	(det)
(en)	vän	(vännen)	(han)
(ett)	kapitel	(kapitlet)	(det)

2.

1) en gumma, en gubbe ; gumman, gubben
2) en radio, en lampa ; radion, lampan
3) en mössa, en kappa ; mössan, kappan
4) en klocka, en tavla ; klockan, tavlan
5) en läkare, en sjuksköterska
6) ett kontor, ett sjukhus ; kontoret, sjukhuset
7) ett vykort, ett frimärke ; vykortet, frimärket

8) ett halsband, en ring ; halsbandet, ringen

9) ett piano, ett skåp ; pianot, skåpet

10) mjölk, bullar ; mjölken, bullarna

3.

1) en flickskola	2) ett trähus	3) ett universitetsbibliotek
4) en barnsäng	5) ett stadshotell	6) en tidningskiosk
7) en vänskapsförening	8) en veckohelg	9) en kvinnokamp
10) ett varulager		

2C. ÖVERSÄTTNING (번역)

1. Elisabet är student/studerande.
2. Hon är tjugo år gammal och kommer från Amerika.
3. Hon läser svenska på universitetet i Texas, men just nu bor hon i Stockholm.
4. Hon har en lägenhet mitt i Stockholm.
5. På morgonen åker hon tunnelbana till universitetet.
6. Vad gör hon där hela dagen?
7. Hon går på en föreläsning eller sitter på biblioteket och antecknar.
8. Ibland skriver hon en uppsats eller gör en översättning.
9. Ofta börjar hon arbeta klockan åtta på morgonen.
10. Väckarklockan ringer redan klockan sex och hon hatar den.

제3장

3A. LÄSNING (강독)

"룬드로 갈까 스톡홀름으로 갈까?"

*엘리사베트 룀마르크*는 *에스킬스튀*나 교외에 있는 자기 부모 집에서 산다. 그녀는 예능에 흥미가 아주 많아 건축가나 실내장식 설계사가 되려고 한다. 며칠 전 그녀는 대학 지원신청에 대한 회답을 받았다. *스톡홀름* 공과대학에는 들어가지 못했지만 대신에 *룬드*대학의 건축계열에서는 공부를 시작할 수 있게 되었다. 그녀는 또한 *스톡홀름*대학의 예능학 과정에도 입학되었다. *룬드*에서 건축학을 하든가 아니면 *스톡홀름*에서 예능학을 하든가 선택하기가 어렵다. 그녀는 그 문제를 부모님과 친구들과 상의하였다.

*스톡홀름*은 물론 룬드보다 훨씬 더 크다. 상점, 영화관, 극장, 박물관, 디스코장 등도 스톡홀름에 훨씬 더 많이 있다. 게다가 *에스킬스튀나* 집에도 더 가깝다. 반면에 스톡홀름에서는 모든 것이 아마 더 비쌀 것이고 통학거리도 더 멀 것이다. 룬드에서는 언제든지 자전거로 15분 이내에 시내 중심부에 이를 수가 있다. *룬드*(시)는 더 오래되었고, 좀더 작고 더 조용하다. 그 도시는 주민 94,000명에 학생이 약 44,000명이다. 따라서 *룬드*에서는 *스톡홀름*에서보다 학생들이 더 눈에 띄며 시내에서 아는 사람들을 더 자주 만나게 된다. 작은 도시에서는 어쩌면 고립감을 덜 느끼게 된다.

나아가 룬드는 더 남쪽에 있어서 봄이 더 일찍 오고 여름도 더 길다. 룬드같은 작은 도시에서는 생활이 때로는 지루하고 단조로울 수 있지만 그럴 때는 *코펜하겐*으로 가면 된다. 거기에는 *스톡홀름*보다 더 많은 음악회, 전시장, 향락거리들이 있다. *엘리사베트*는 유감스럽게도 룬드에 단 한사람도 아는 이가 없다. 그에 비하여 *스톡홀름*에는 아는 이가 많다.

하여간에 그녀는 *스톡홀름*에서 공부를 시작할 것 같다. 그러나 아직 확실치는 않다. 그래도 건축계열이 더 쓸모가 있지 않을까? 좀 도와주세요! 어느 누가 그녀에 게 좋은 조언을 줄 수 있을까요?

3B. GRAMMATIKÖVNING (문법)

1.

1) svarta väskan	2) nya bil	3) gamla kavaj	4) vackra flickvän
5) ung lärare	6) spanskt lexikon	7) blåa skjortor	8) nybyggda hotellet
9) snälla mamma	10) underbar villa	11) färsk fisk	12) gröna mattan
13) koreansk elev	14) bruna stolarna	15) gula husen	16) små barn
17) varm tröja	18) röda skor	19) vänliga man	20) dumma frågor

2.

1) gamla foto	2) ljusa håret	3) rutiga jackan	4) stora glasögonen
5) stora röda munnen	6) vita klänningen	7) stora kärlek	8) bästa elev

3.

1) kortare	2) längre	3) billigare	4) dyrare	5) äldre	6) yngre
7) varmare	8) kallare	9) bättre	10) sämre	11) tyngre	12) större
13) mindre	14) högre	15) lägre			

4.

1) dyrast, dyraste	2) störst, största	3) djupast, djupaste	4) yngst, yngsta
5) varmast, varmaste	6) kallast, kallaste	7) äldst, äldsta	8) högst, högsta

9) bäst, bästa	10) sämst, sämsta				

5.

1) naket	2) ruttet	3) eget	4) stulet	5) öppna	6) vuxna
7) mogna	8) vakna	9) nakna	10) stulna	11) enkelt	12) välkomna
13) egna	14) ledsna	15) vissna	16) galna	17) säkra	18) blått
19) nytt	20) grått	21) brett	22) rött	23) gott	24) vitt

6.

1) liten	2) litet	3) lilla	4) små	5) liten
6) små	7) lilla	8) lilla	9) små	10) litet

7.

1. sin	2. sina	3. hans	4. sin	5. hans
6. deras	7. sin	8. hennes	9. sina	10. sitt
11. sin	12.hans	13. deras	14. sitt	15. sin

3C. ÖVERSÄTTNING (번역)

1. Sverige är större än Norge och har fler invånare.
2. Men Norge har högre berg och mer olja.
3. Min bror och jag är mycket olika. Han är längre och kraftigare än jag.
4. Det högsta berget i Korea ligger i Nordkorea.
5. Den kallaste platsen i världen ligger i Arktis.
6. Sverige är ett av Europas största länder.
7. Det är bara Spanien, Frankrike och Tyskland som är större.
8. Olof tror att han är vackrast och bäst i klassen.
9. Flickor är snällare än pojkar och fotboll är trevligare än volleyboll.
10. Vem sjunger bäst i skolan? Oskar sjunger mycket bättre än alla andra.
11. Vem är äldst av er syskon?
12. Min storebror är äldst och han är 3 år äldre än jag.

제4장

4A. LÄSNING (강독)

국영철도역에서

빌 오슬로 행 편도 표 한 장 주세요.

역원 좌석표가 있어야 합니다. 언제 가시렵니까?

빌 내일 아침 7시 36분 차로 가려는데요. 혹시 더 싼 승차권이 있나요?

역원 아니오, 미안하지만, 그것이 제일 싼 승차권입니다.

빌 유감이군요. 그러면 7시 차를 타야겠네요.

역원 559 크루나 되겠습니다.

빌 카드로 지불해도 됩니까?

역원 그럼요. 여기에 카드 비밀번호를 입력하세요.

빌 기차는 몇 번 승강장에서 떠납니까?

역원 저쪽 표지판에 써 있는데요. 12번 승강장일 거예요.

빌 고맙습니다.

(객차 안에서)

빌 실례합니다만 제 자리가 어디지요?

차장 승차권에 표시되어 있는데요. 65호칸 37번 좌석입니다. 이 열차의 훨씬 앞쪽입니다. 오슬로로 가시는군요. 할스베리 역에서 갈아타세요.

빌 객차에 식당 칸이 있습니까?

차장 있지요. 객차의 훨씬 뒤쪽에 있습니다.

빌 할스베리 역에는 몇 시에 도착합니까?

차장 9시 25분입니다.

빌 그러면 오슬로에는 몇 시에 도착하지요?

차장 14시 05분입니다.

빌 도와주셔서 감사합니다.

4B. GRAMMATIKÖVNING (문법)

1. Klockan (Den, Hon) är tio.
2. Klockan (Den, Hon) är halv tio.
3. Det går 19:05 (nittonnollfem).

4. Bussen går tjugo (minuter) i åtta.

5. Den går en kvart över fem.

6. Det kommer 18:45 (arton och fyrtiofem).

7. Det kommer fem (minuter) över halv elva.

8. Vi är framme fem (minuter) i halv åtta.

p.337

4C. ÖVERSÄTTNING (번역)

1. Hennes klocka går tre minuter före.

2. Hans (klocka) går fyra minuter efter.

3. Deras klockor går fel.

4. Min klocka går rätt (riktigt).

5. Pelles väckarklocka har stannat. Den står.

6. Han frågar mig hur mycket klockan är.

7. Pelle ställer klockan och drar upp den.

8. Kyrkklockan slår åtta.

9. Hur dags har ni kafferast?

10. Vi har den 10:30 på förmiddagen och 2:50 på eftermiddagen.

11. Vilket datum var det i går? Den tjugofemte juni.

12. Vilket datum blir det i morgon?/Vad har vi för datum i morgon?
Det blir den tjugosjunde juni.

13. När är du född?/När föddes du?/När fyller du år? Den sextonde december.

14. Vad var det för dag i går? Det var torsdag.

15. Är det den femtonde juli i dag? Ja, det är det. Nej, det är det inte.

5-1A. LÄSNING (강독)

"스웨덴 지리"

스웨덴은 북부 유럽지역의 일부인 북유럽(Norden)에 위치하고 있다. 다른 북유럽 나라들은 노르웨이, 핀란드, 덴마크, 아이슬란드, 페로즈 제도(諸島)이다. 스웨덴은 인구가 1000만 밖에 안되지만 면적으로 보면 아주 큰 나라여서 영국의 두 배 반이나 된다. 북부와 남부 지방 사이에는 대단히 큰 차이가 있다. 스웨덴의 북부지방 전체를 일컫는 노를란드에는 사람들이 아주 적게 사는데 그들 가운데는 랍프인과 핀란드인이 많다. 스웨덴 사람 전체의 75%가 도시나 주민 200명 이상의 마을에 살 고 있다. 큰 도시로는 스톡홀름 (1, 000,000명), 예테보리 (600, 000명), 말뫼 (350,000명)가 있다. 이 도시들은 남부와 중부 스웨덴에 자리잡고 있다. 스웨덴은 길고 가느다란 나라이다. 북쪽에서는 여름이면 백야(白夜)를 구경할 수 있지만 겨울철에는 거의 왼 종일 어둡고 매우 춥다. 이곳에서는 오소리, 곰, 늑대를 볼 수 있다. 남쪽에는 기후가 온화하며 식물성장이 왕성하다. 스웨덴 북부에는 빙하와 높은 산악지대가 있는데 가장 높은 산은 케브네카이세로 2,117 미터이다. 그러나 육지는 대부분 (해발) 300미터 아래에 있다. 이 지역에 강과 호수가 많은데 그 중에 유럽 최대 호수 배네른, 배테른, 맬라렌, 세 개가 있다. 스웨덴은 또한 삼림의 나라여서 육지의 50 %가 삼림으로 덮여 있다. 많은 관광객 들은 스웨덴이 아름다운 나라라고 여긴다.

5-1B. GRAMMATIKÖVNING (문법)

1.

1) henne	2) honom	3) dem	4) mig	5) er
6) den	7) dig	8) oss	9) honom	10) mig/oss

2.

1) min cykel	2) ditt hus	3) hennes arbete	4) vår semester
5) era kläder	6) mina vänner	7) hans föräldrar	8) deras lägenhet
9) mitt jobb	10) vems barn	11) ert kök	12) ditt arbete
13) våra släktingar	14) mina kompisar	15) dina tänder	

3.

1) gifta oss	2) lära sig	3) bestämma dig	4) ta av mig
5) skynda oss	6) lägga er	7) ta på sig	8) raka sig
9) flytta sig	10) koncentrera mig	11) kamma dig	12) akta dig
13) klippa mig	14) lägga dig	15) gifta sig	

4.

1) sin	2) sina	3) hennes	4) sitt	5) hans, sitt
6) deras	7) sin	8) sina	9) hans	10) sin

5.

1) det kan jag	2) det gör jag inte	3) det har jag	4) det gör hon inte
5) det brukar jag inte	6) det gör den	7) det kan jag	8) det måste han

9) det får du inte　　10) det ska jag

6.

1) det, det, det　2) den, den　3) det　4) det, det　5) det

6) den, den　7) det, det　8) det, det　9) det, det　10) det, det, det

7.

1) Hon har en bil som kommer från Japan.

2) Han har ett frimärke som han vill sälja.

3) Jag har en hund som jag tycker om.

4) Hon har en bok som hon har skrivit.

5) De har en sommarstuga som de vill hyra ut.

6) Jag har en vän som jag brukar hjälpa.

7) Det var en fransman som hon gifte sig med.

8) Det var maten som vi betalade mest för.

9) Det är priset som han frågar om.

10) Det var Elsa som jag ringde till.

5-1C. ÖVERSÄTTNING (번역)

1. Jag ska skicka det här paketet till Johan. Han fyller år på fredag.
2. Hon skriver ett brev till sin dotter en gång i veckan.
3. Vi satt och läste i var sin bok.
4. Jag ringer ofta till honom, men han ringer aldrig till mig.
5. Du lånar pengar av mig, men jag lånar inte pengar av dig.
6. Jag lägger mig klockan elva. Men först skriver jag några rader i min dagbok.
7. Ulf bad städerskan att städa hans rum.
8. Har ni läst den berömda romanen? Ja, det har jag (gjort).
9. Min store bror som bor i Busan har två söner och en dotter.
10. Min vän blev plötsligt arbetslös, vilket förvånade mig.

5-IIA. LÄSNING (강독)

“도시와 시골”

스웨덴의 보통 가정은 방 2개와 부엌이 딸린 도시 아파트에서 산다. 이것이 가족의 영구주택임이 분명하지만 사람들은 그것을 유일한 주택으로 보려고 하지 않는다. 그들은 될 수 있으면 시골에 여름 집을 하나 갖기를 원한다. 그래서 주말에는 자연을 즐기고 전깃불과 냉장고, 욕실, 중앙난방이 없던 '좋았던 옛 시절"을 다시 체험하기 위해 그곳으로 들어간다.

거기서는 옛 옷을 걸치고 거추장스러운 장화에 몸을 무겁게 움직이며 근처에 사는 농민과 날씨와 고기잡이에 대해 느릿한 말투로 이야기를 나누며 올해 수확이며 우유가격에 대해서도 의논을 한다. 여느 때는 파이프 담배를 싫어하면서도 구부러진 오래된 파이프를 피운다. 이틀 간은 원시적으로 그리고 복잡하지 않게 보낸다.

일요일 저녁에 그들은 차를 몰고 도시로 돌아온다. 가벼운 덧신을 신고 영화 광고를 읽거나 아니면 방 두 칸짜리 현대식 아파트에서 편안한 의자에 앉아 텔레비전을 본다. 아무런 불평도 없이 그들은 스트레스에 쌓인 대도시 사람으로 다시 자기의 역할을 시작한다.

5-IIB. GRAMMATIKÖVNING (문법)

1.

1) man, man　2) ens　3) man, sina　4) en　5) man, ens

2.

1) alla　2) allt　3) all　4) helt　5) allt
6) allting　7) hel　8) hel, alla　9) hela　10) allt

3.

1) vart　2) var sitt　3) varje　4) varje　5) var sitt
6) var　7) varandra, varandras　8) var sin　9) varannan　10) vartannat

4.

1) Jag undrar varför han inte träffar några släktingar
2) Jag undrar varför han inte köper någon mat.
3) Jag undrar varför han inte skrev något brev.
4) Jag undrar varför han inte förstår någonting.
5) Jag undrar varför han inte köper något paraply.

5-IIC. ÖVERSÄTTNING (번역)

1.

1) Vad vill du ha för mat? Det spelar ingen roll. (Jag vill ha) vad som helst.

2) Oj, vad jag är törstig! Ge mig något att dricka så är du snäll.

3) Vad vill du dricka? Vad som helst om det är kallt.

4) Eva ska förlova sig med Sven i morgon. Han vill köpa vackra rosor åt henne.

Hon tar inte emot vilka blommor som helst.

5) Han älskar att vara ute på sjön och fiska. Det gör ingenting hurdant väder det är.

2.

1) Känner du någon som kan laga en datamaskin? Det finns ingen som kan laga den i den här byn.

2) Hur är det med Sveriges ekonomi nu? Jag vet ingenting om ekonomi.

3) Vilka svenska städer har du varit i? Jag har varit i två städer, Stockholm och Göteborg.

4) Ska du åka någonstans i sommar? Nej, jag har ingenstans att åka. Jag ska bara jobba.

5) Jag har huvudvärk nästan varje/varenda morgon, men jag vet inte varför.

6-I A. LÄSNING (강독)

"스웨덴은 어떻게 다스려지나/스웨덴의 통치방식"

스웨덴은 군주국이지만 국왕은 아무런 결정권이 없다. (국가)권력은 의회와 정부에 있다. 의회의 의석수는 349석으로 2010년 의회선거 이후 의회 내에는 8개 정당이 의석을 차지하고 있다. 정당의 원내진출 한계선은 총 투표수의 4%이다. 스웨덴에서는 4년마다 9월 달에 총선거가 있다. 그 때에는 18세 이상의 모든 사람이 의회, 주의회, 군지방의회의 대표자들을 선출한다. 3 년 이상 스웨덴에 거주한 외국국적 소지자들은 군지방의회와 주지방의회 선거에 참여할 권리가 있다.

의회의 정당 별 구성이 정부가 어떻게 조직되는가를 보여준다. 대략 같은 방식으로 주의회와 군의회도 구성된다. 스웨덴은 21개의 주(län)로 구획되어 있고 각 주는 일정 수의 군지방자치단체(kommun)로 구성되어 있으며 이들은 도합 290 개나 된다. 주의회와 군지방의회도 말하자면 주와 군지방자치단체를 각각 어떻게 운영해 나갈 것인가를 결정하는 정치적 집합체이다.

의회와 주의회, 군지방의회는 우리가 세금을 얼마나 내야 하며 그 돈을 어떻게 사용할 것인가를 결정한다. 예를 들어 군지방자치단체들은 탁아소, 학교, 도로, 사회복지 서비스 분야를 책임지며, 주의회는 의료, 보건(위생)관리, 대중교통을 관리하는 책임을 맡는다. 국세는 국방, 대학교육, 경찰분야, 개발도상국 원조 등의 재정을 담당한다. 그 밖에 꽤 큰 액수가 보조금 형식으로 국가로부터 군지방자치단체와 주의회로 나간다.

2018년도 현황

국왕: 칼 구스타브 배나도테 16세

정부: 사회민주당 내각

수상: 스테판 뢰벤

재무장관: 마그달레나 안데르손

외무부장관: 안 린데

2018년도 총선 결과

의회 원내정당	당수	2018년 총선 득표율	의석수
사회민주주의노동당(s)	스테판 뢰벤	28.26%	100
온건보수당 (m)	울프 크리스테르손	19.84%	70
스웨덴민주당 (sd)	임이 오케손	17.53%	62
중앙당 (c)	아니 뢰프	8.61%	31
좌익당 (v)	유나스 쉐스테트	8.00%	28
기독교민주당 (kd)	에바 부쉬 토르	6.32%	22
자유당 (L)	얀 벼르크룬드	5.49%	20
녹색환경당 (mp)	구스타브 프리돌린	4.41%	16

6-I B. GRAMMATIKÖVNING (문법)

1.

1) tvättad, tvättat, tvättade, tvättat

2) stängda, stängt, stängt, stängd

3) last, last, lasta, last

4) klätt, klädd, klätt, klädda

5) tagit, tagen, taget, tagna

6) sagt, sagda, sagt, sagd

2.

1) cyklande 2) växlande 3) rökande 4) troende 5) krävande

6) gående 7) gråtande 8) förstående 9) stigande 10) seende

3.

1) jag har duschat	2) hade dött	3) jag har jobbat	4) han har fått
5) hon har tappat	6) hon hade träffat	7) har höjt	8) jag har vunnit
9) hade stängt	10) jag hade glömt		

4.

1) köpt	2) städad	3) intresserade	4) stekta
5) försvunnen	6) har varit parkerad	7) blev, skjuten	
8) blivit bjuden	9) uppringd	10) var, täckt	

6-I C. ÖVERSÄTTNING (번역)

1. Min dotter ska bli tandläkare, när hon blir stor.
2. Hon ska lyssna på musik, när hon har badat./Hon ska lyssna på musik efter badet.
3. Olle har inte mått bra sedan han började arbeta på fabriken.
4. Bodde du hemma hos dina föräldrar innan du gifte dig?
5. Mannen svarade stammande på polisens frågor.
6. De som arbetar stillasittande måste motionera ofta.
7. Jag blev mycket glad när hon sade att hon älskade mig.
8. Sylven blev vald till ordförande i Koreanska sällskapet i Sverige för några år sedan.
9. Har du varit i New York? Nej, men jag var i Chicago 1995.
10. Johan säger att han aldrig har druckit sprit i hela sitt liv.

6-II A. LÄSNING (강독)

"크고 작은 차이점들."

우리나라에서는 여성에게 인사를 할 때 흔히들 손에 키스를 한다고 *얀 코발스키* 씨는 말한다. 그것은 존경을 표시하는 한 가지 방식이다. 그러나 내가 스웨덴 여성들에게 그렇게 했을 때 그들은 손을 즉시 뺐다. 그들 중에 한 여인은 마치 "당신은 나를 물어버리려고 하는 게 아니냐?" 고 묻기라도 하듯이 나를 노려보았다. 그 후로 나는 스웨덴 여성들의 손에 절대로 키스를 하려고 하지 않았다. 나는 대신에 그들을 끌어안았다. 그러자 그들이 항의할 위험이 사라졌다. 그렇지만 포옹은 우리나라에서는 무언가 아주 은밀하고 심각한 것이다.

*얀코발스키씨*는 문화적 차이에 대해서 이야기할 거리가 많다. 그는 23세가 되던 1977년에 폴란드에서 스웨덴으로 왔다. 그의 성년기간 전체를 거의 다 스웨덴에서 살았다. 그는 스웨덴 여인과 결혼하여 아이 둘

을 두고 *노르쉐핑*에 있는 컴퓨터 회사에서 일하고 있다.

- 초기에 나는 스웨덴 사람들은 엄청난 풍요 속에서 살고 있는 것으로만 생각했어요. 돈, 의복, 음식, 자질구레한 것들, 이 모두가 넘쳐 났어요. 나는 바로 이런 점만 보았지 다른 차이점에 대해서는 맹목이었지요.

- 예를 들어보면 어떤 것들이 있나요?

- 애들이 그렇지요. 아이를 다루는 방식과 아이들과 이야기하는 방식 말입니다. 단적으로 너무 많은 것을 허용하고 있어요. 스웨덴에서 아이들은 거의 다 하고 싶은 대로 할 수가 있어요. 폴란드에서는 아이가 싸움을 하면 부모는 단호하게 말합니다. 누가 옳았는지에 대해 토론은 전혀 없어요. 그러나 스웨덴에서는 토론하고 설명하기 시작합니다. 스웨덴 부모들은 자기 자녀에 대해서 (마음대로) 결정하는 것을 꺼리는 것 같아요. 물론 부드러운 것은 좋지요. 그러나 한계는 있어야 합니다.

- 성인들 사이의 교제에 있어서도 역시 다른 점이 있는 가요?

- 예, 그렇지요. 폴란드 사람들은 스웨덴 사람들보다 말을 더 많이 해요. 그리고 그들은 무엇인가를 듣게 되면 훨씬 더 강하게 반응을 보이지요. 그들은 갑자기 화를 내기도 하고 즐거워하기도 하지요. 그에 비하여 스웨덴인은 그리 분명하게 자기 감정을 내보이지 않아요. 자주 스웨덴 사람에게 화를 내고 거친 말을 해보지만 반응을 하지 않아요.

- 예를 좀 들 수가 있어요?

- 물론이지요. 어떤 *폴란드*인에게 화가 나서 그에게 멍청이라고 부르면 그는 곧장 성을 버럭 내며 똑같은 거친 말로 받아 치려고 하지요. 그는 즉각 스스로를 방어하지요. 그러나 스웨덴인은 여간해서 받아 치지를 않아요. 대신에 그는 이렇게 묻지요. "어제 밤에 잠을 설쳤나?" 아니면 "집에 무슨 문제라도 있는 거야?" 그는 진짜로 화를 내지 않고 이해하고 용서하려고 애써요.

- 스웨덴 사람들은 자존심도 없다는 뜻인가요?

- 글쎄요, 자존심이 너무 적은 지도 모르지요. 그런데 폴란드 사람들은 매사를 너무 심각하게 받아들이는 것도 같아요. 그들은 아무것도 아닌 일에도 성질을 부리거든요. 그래서 때로는 스웨덴 사람과 이야기를 나누는 것이 실제로 더 쉽지요. 대화가 더 부드럽고 친근해지니까요. 그리고 좀더 느릿느릿해지기도 하고요. 때로는 이 스웨덴 사람이 과연 대하에 참여하고 있는 것인가 궁금해질 정도로 느리다니까요. 그 사람은 그저 조용히 앉아서 무엇인가를 말하기 전에 생각부터 하지요. 이런 자세가 폴란드 사람에게는 약간은 무심하게 보일 수도 있지요. 그러니까 스웨덴 사람의 관심 여부를 알아보기가 어렵다는 것이지요.

- 이러한 것(풍습)에 당신 자신은 적응을 했습니까?

- 네, 꽤 많이요. 그래서 종종 말을 하고 또 하는 것을 피하는 게 좋을 때가 있어 요. 내가 매일 아침 노르쉐핑으로 타고 가는 버스 안에서 있었던 일을 예로 들어보겠어요. 처음에는 이웃사람과 마주 앉게 되어 아주 놀랐어요. 그런데 그 이웃 사람은 간단히 아는 체를 하더니 계속해서 신문을 읽고 있는 것이에요. 마치 우리가 서로 모르는 사이처럼 말입니다.

- 그 이웃 사람은 어쩜 아침 피로에서 깨어나지 못했던 게 아닐까요?

- 예, 맞습니다. 아니면 그저 이야기를 하고 싶지 않았거나 버스 출근 시간이 하루 중에서 그가 편안하고 여유 있게 신문을 읽을 수 있는 유일한 짬이었는지도 모르지요. 서로 이야기할 중요한 일도 없는데 왜 앉아서 이야기를 해야 합니까? 폴란드에서는 기차나 버스에서 사람들은 계속 떠들어대지요. 아는 사람을 만났는데 조용히 앉아서 읽기만 한다면 거의 불손에 가깝습니다. 문제는 하고 싶은 말도 별로 없는데도 말을 해야 하는 게 거의 의무처럼 되어 있다는 데 있지요. 이제는 버스에 앉아서도 내가 원치 않으면 말을 안 해도 되니 사실상 기분이 좋다고 생각해요.

- 그러니까 당신은 점점 더 스웨덴식으로 된 것이군요.

- 양쪽 다입니다. 내 생각 같아서는 양쪽의 문화가 다 내 안에 있는 것 같아요. 폴란드 사람과 만날 때는 좀 더 폴란드식으로 되고, 스웨덴 사람과는 좀 더 스웨덴식으로 되지요. 때때로 문화를 바꿀 수 있는 권리를 갖다니 그것은 대단히 흥미로운 일입니다.

- 새로운 나라에서 적응하려면 가장 힘든 것이 무엇입니까?

- 가장 힘든 것은 사소한 일들로 여느 때는 그리 많이 생각하지 않는 그런 것들이지요. 교통규칙이나 주택보조금, 질병수당 같은 것에 관한 규정을 익히는 것은 별것이 아니지요. 훨씬 더 어려운 것은 스웨덴식으로 대화를 하고 또 침묵하는 것입니다. 그리고 일부 몸짓이나 표정 같은 것들도 어렵지요. 그러나 익숙해집니다. 처음에는 무엇이든 오해를 할 수 있지요. 무엇이든 말입니다.

6-II B. GRAMMATIKÖVNING (문법)

1.

1) Kan du komma före fem?

2) Du borde lära dig svenska.

3) Elsa orkar inte arbeta mera.

4) Får man röka här?

5) Han vågade inte klappa hunden.

6) Karin brukar alltid lyssna på radio när hon diskar.

7) Jag hann inte prata med honom.

8) Det lär/ska bli regn imorgon.

9) Man behöver inte ha arbetstillstånd i Sverige om man är från Finland.

10) Vill du hjälpa mig med en sak?

2.

1) Fönstren är stängda.

2) Huset var målat.

3) Här byggs ett nytt hotell.

4) Badet öppnades i maj.

5) Han opererades igår./Han blev opererad igår.

6) Min cykel stals i natt./Min cykel blev stulen i natt.

7) Biopriserna är höjda.

8) Boken skrevs av honom på ett år.

9) Han är inlagd på sjukhus.

10) Var de anställda informerade?

3.

1) 상호	2) 상호/이태	3) 이태	4) 이태,이태	5) 수동
6) 이태	7) 상호/이태	8) 수동	9) 상호	10) 이태

4.

1) gifta oss	2) klippa mig	3) sätta oss	4) tvätta dig	5) skynda oss
6) lära sig	7) lägga er	8) klä av sig	9) ta av mig	10) koncentrera mig

5.

1) omtyckt, omtyckta, tyckt om

2) uppringd, ringt upp, uppringda

3) skrivit upp, uppskrivet, uppskrivna

4) avstängd, stängt av, avstängt, avstängda

5) tagit bort, borttagen, borttagna

6) sagt upp, uppsagda, uppsagd

7) gift om, omgift, omgifta

8) utklädda, utklädd, klätt ut, utklädda

9) lagt ned, nedlagda

10) uppätna, ätit upp, uppäten

6-II C. ÖVERSÄTTNING (번역)

1. Michael ska utbilda sig till läkare, men det blir/kommer att bli svårt.
2. Världen kommer att förändras mycket under de kommande 50 åren.

3. Stockholm har varit Sveriges huvudstad i många/flera hundra år.

4. Olle har inte mått bra sedan han började arbeta på fabriken.

5. Han läser tidningen när/medan han äter middag.

6. Om jag kunde bättre svenska, skulle jag söka ett annat jobb.

7. Filmen 'Seopyeonje' har setts av mer än en miljon koreaner.

8. Det äts mycket skinka under julen i Sverige.

9. Det dricks mycket champagne på nyårsafton.

10. Paketet kan hämtas på posten inom 30 dagar.

7A. LÄSNING (강독)

"예기치 못했던 만남"

교회에서는 장례의식이 있었다. 목사님은 어린 시절 친구였던 *카린*씨에 대해서 여러 가지 덕담을 전하였다. 관(棺)은 우아한 색깔의 화환과 꽃다발로 에워싸여 있었다. 오르간이 설치된 회랑에서 아름다운 독창곡이 흘러나왔고 다 함께 잘 알려진 찬송가들을 불렀다. 흐느끼는 소리가 들리면서 *아네테*까지 마음이 울적했다. 그녀는 처음으로 장례식에 참석했다. 이 모든 낯선 상황 앞에서 그녀는 마음이 좀 불편했지만 자리를 함께 하여 *카린*씨에게 작별인사를 하고 싶었다. 마지막 찬송이 끝나자 다른 장례식 손님들이 일어선 가운데 *카린*씨의 가까운 친척들은 중앙 통로를 통해 교회당을 나섰다. 교회당 밖에서 *아네테*는 *카린*씨의 아들 앞으로 걸어갔다.

"제가 *아네테*라는 사람이고요 *카린*씨 아파트에서 살고 있습니다. 고인의 죽음을 애도합니다." 아들은 그녀의 손을 잡고 고개 숙여 사의를 표했다.

"*카린*씨는 정말 좋은 분이시었어요." 라고 *아네테*는 말을 덧붙였다.

"예, 사실 그랬지요. 이렇게 와 주셔서 감사합니다. 함께 공회당으로 가시지요. 거기에 음식을 좀 준비했습니다." 라고 아들은 친절히 말했다.

"감사합니다. 그런데 대단히 죄송하지만 제가 직장에 바로 돌아가야 합니다."

*아네테*는 *렌나르트*의 차로 교회를 떠났다. 눈이 내려 길은 미끄러웠다. 그래서 그녀는 차를 천천히 몰지 않으면 안 되었다. 그녀는 앞으로 자기의 거처를 어떻게 정해야할지 서서히 생각하게 되었다. *카린*씨가 돌아가신 후 며칠이 지나자 그분의 아들은 *아네테*에게 전화를 걸어와 *카린*씨의 아파트를 팔아야겠다고 말했다. 그는 *아네테*씨가 그것을 인수할 의향이 있는지 물어왔다. 유감스럽게도 그녀는 그럴만한 여유가 없는데다가 아파트는 그녀에게는 너무 컸다. 그런데 이제는 이사를 하지 않을 수가 없다. 주택소개소에서는 그녀에게 새 거처를 곧 얻을 수 있으리라는 희망 섞인 언질도 주지 않았다. 그래서 그녀는 신문에 난 주택임대 광고를 자세히 읽기 시작했다. 어느 날 아침 그녀는 *프레스트가탄*에 있는 방 두 개 짜리 광고를 보았는

데 자기가 일하는 신문사 편집국에서 한 구획 밖에 떨어지지 않은 곳이었다. *아네테*는 전화를 걸고 이내 가서 아파트를 구경할 수 있었다. 그녀는 아파트가 아주 마음에 들었다. 오늘 오후에는 집주인을 만나려고 한다.

7B. GRAMMATIKÖVNING (문법)

1.

1) borta	2) uppe	3) in, ute	4) bort	5) fram
6) hemma	7) där, dit	8) framme, framme	9) uppe	10) hit, här

2.

1) Hur gamla	2) Hur långt	3) Hur stort	4) Hur lång	5) Hur hög
6) Hur gammalt	7) Hur bra	8) Hur lång	9) Hur länge	10) Hur tung

7C. ÖVERSÄTTNING (번역)

1) Ett apotek är en plats dit man går för att köpa medicin.
2) Jag skulle vilja bo i ett land där det alltid är varmt.
3) Spanien är ett land dit många människor åker för att få lite sol.
4) Vad är en resebyrå? Det är en plats där man kan köpa biljetter.
5) Schweiz är ett land dit jag skulle vilja åka någon gång.
6) Vid havet har vi en sommarstuga dit vi åker varje sommar.
(=Vid havet har vi en sommarstuga som vi åker till varje sommar.)
7) Var snäll och visa mig var stationen ligger. Vart ska du resa?
8) På diskoteket, dit jag brukade gå, var det inget folk igår.
9) Uppsala är en medelstor stad där det finns ett universitet.
10) Jag vet inte varifrån han får alla sina pengar.

8A. LÄSNING (강독)

"각급 학교와 대학"

스웨덴에서는 지방자치단체가 대다수 학교의 운영을 책임지고 있다. 사립학교는 아주 적다. 의무교육 기관인 기초학교는 9년 제로 7-16세 사이의 모든 아이들을 수용한다. 재능이나 지식에 따른 계열별 분반은 없고 학교에는 시험이 없다. 성적평가는 8학년과 9학년에만 있다. 초급학년과 중급학년 곧 처음 6년 동안에는 대다수 과목을 다 가르치는 담임교사에 의해 수업이 진행된다. 고급학년에서는 과목담당교사가 수업을 진행한다. 영어는 필수과목으로 아동들은 일찍 학습을 시작하는데 때로는 일 학년 때부터 배우기도 한다. 그 뒤에 그들은 독일어나 프랑스어 또는 다른 언어를 배운다. 16세 아동의 90% 이상이 고등학교에 진학한다. 고등학교에서는 16개의 국가교육과정 중 선택을 하게 된다. 이들 가운데 14개는 직업을 겨냥한 과정으로 예를 들면 미학계열, 상업 및 행정계열, 양호계열이 있으며 2개 계열은 대학진학 준비를 목표로 하고 있다. 즉 자연과학계열과 사회과학계열이다. 모든 계열은 3년 과정이며 2학년이 되면 학생들은 세부 분야를 선택할 수 있다. 사회계열 안에서는 경제, 인문, 사회 또는 유럽연합(EU)분야를 택할 수 있다. 직업 지향 계열에서 공부한 학생까지도 대학에 진학할 수가 있는데 이것은 모든 계열의 교육이 대학진학을 위한 일반자격을 부여하기 때문이다.

현재 7개의 종합대학과 20여 개의 국립전문대학이 있으며 가장 오래된 2개 대학은 *웁살라*대학과 *룬드*대학이다. 대학교육은 무상이며 대다수 학생들이 국가에서 주는 일부 학자보조금과 대부분 상환의무가 있는 대여장학금으로 공부한다. (참고: 대여장학금은 주로 방세, 식비, 책 대로 쓰인다). 수업이 야간에도 흔히 진행되기 때문에 생업 일을 하는 한편으로 느린 속도로 공부할 수 있다. 전체 대학생에서 약 절반이 넘는 수가 여성이고 나이든 장년학생도 많다.

8B. GRAMMATIKÖVNING (문법)

1.

1) i	2) på	3) i	4) i	5) om	6) sedan	7) på, nästa	8) om
9) om	10) på	11) i	12) på	13) enligt	14) inom	15) trots	

2.

1) för … skull	2) Från och med	3) i stället för	4) Med tanke på
5) till höger om	6) på grund av	7) till vänster om	8) till och med
9) angående	10) med undantag av		

8C. ÖVERSÄTTNING (번역)

1. Tack vare medicinen kan han leva ett normalt liv.
2. Alla människor är lika värda oavsett ålder, kön eller ras.
3. Min farbror fyller år i slutet av april och min faster i början av augusti.
4. Adam och Eva tänker ha en liten fest med anledning av sin förlovning.
5. Tobaksaffären är öppen alla dagar med undantag av (utom) söndag.
6. Vinterlovet är från och med den 20 december till och med den 20 januari.

7. Vi ska inte vara hemma i jul.

8. I mitten av nästa vecka åker vi till Västindien.

9. Min kusin klarade sina studier trots sjukdom och dålig ekonomi.

10. Enligt de senaste rapporterna har tiotusentals människor dött i katastrofen i Sydostasien.

9A. LÄSNING (강독)

"성공이 무엇인가?"

내 친구 *구스타브 에릭 칼손* 씨는 43세이다. 결코 많은 나이는 아니다. 그는 자동차 한 대가 있고 산업근로자인데 돈을 괜찮게 번다. 그리고 부인도 일을 하는데 정규직 일은 아니다. 그에게는 세 자녀가 있다. 장남 *칼레*는 20세인데 군에 입대할 것이고 *잉으리드*는 17세로 이미 사무직에 근무를 하고 있다. 다른 애들보다 약간 뒤에 나온 좀 어린 *구스타브*는 12세로 학교에 다니며 영어를 비롯해 여러 과목을 공부한다.

*구스타브 에릭 칼손*씨는 43세로 남쪽 교외 지역에서 방 세 개에 부엌이 달린 아파트에서 살고 있다. 그의 직장까지는 꽤 거리가 있지만 자기 차를 운전하는 방식으로 지하철과 갈아타기를 면하고 있다. 그는 자기 차를 정말 잘 이용하고 있다. 그는 아침에 반시간 출근길을 번다. 그리고 오후에도 그만큼 얻는다. 그러니 하루면 1시간이다. 그리고 한 달이면 대충 밤낮 24시간이 된다. 일년이면 가정생활 중 12일을 자동차 덕분에 벌게 된다. 그리고 나서 일요일에는 물론 자동차 소유의 즐거움을 갖게 된다. 요즘은 전처럼 그리 자주는 못하지만.

아직 집에서 함께 사는 장남 *칼레*는 보통 토요일 오후에 차를 가지고 나가면 일요일에 온 가족이 어딘지 갈 거라고 단호히 말하지 않는 한 일요일 밤이 되기 전에 차를 되돌려 놓는 일이 없다. 그러나 그런 일은 그리 자주 있지 않다. 그런데 어쩐 연유인지 그리도 떠들어대기만 했던 여름집을 장만하는 일은 전혀 이루어지지 않았다.

그러나 *구스타브 에릭 칼손*씨는 만족해하고 있다. 그는 자기 인생에서 성공을 거두었다고 생각한다. 글쎄요, 그 사람은 청장 같은 기관장은 되지 못했는데. 그렇지만 자기 부모가 살던 집과 거기서 자신이 어떻게 지냈으며 30년대 초는 또 어떠했던 가를 돌이켜 보면 제기랄, 엉망이었지! 또 자신의 출신 고장인 *쇠데르만란드* 농경 사회는 어떠했으며 모든 게 얼마나 지저분했던가, 농가 마당의 가축 배설물 하며. 그리고 그가 처음으로 도시란 곳 -그렇지 *스톡홀름*이었지- 으로 왔을 때, 그가 군에 입대했던 1939년, 그후 입영생활 2년을 어떻게 보냈던가, 군복무 후 *스톡홀름*에서 지냈던 시절. 그리고 이 도시에서 20년 전 혼자 생활하면서 주워 모았던 돈은 단독 1-2백 *크루나* 뿐이었지. 그 후 그는 어떻게 일해왔던가, 지금은 냉장고, 욕실 그리고 베란다가 있는 현대식 아파트에 이렇게 앉아 있지 않는가. 햇살이 내려 쬐고 저 아래 소나무 밑에는 자가용이 서 있고 막 세차가 끝난 상태이지.

이 모든 것이 내 소유란 말이야. '이 정도면 성공이잖아' 라고 *구스타브 에릭 칼손* 씨는 말한다. 그는 목소리를 반쯤 낮춰서 말한다. 그는 훨씬 더 크게 말할 수도 있었다. 어쨌거나 그의 말을 귀담아듣는 사람은 하나도 없다.

9B. GRAMMATIKÖVNING (문법)

1.

1) så	2) både…och	3) eller	4) varken…eller
5) för	6) antingen…eller	7) så	8) men…så
9) för	10) utan		

2.

1) medan	2) när	3) tills	4) sedan
5) förrän	6) när/efter det att	7) fastän	8) för att
9) utan att	10) därför att/genom att		

9C. ÖVERSÄTTNING (번역)

1. Min store bror brukar alltid jogga en halvmil varje dag, även om det regnar.
2. Jag visste inte så mycket om Sverige innan jag kom hit.
3. Min vän tjänade ganska mycket pengar trots att han inte arbetade mer än halvtid.
4. Kan du vänta tills jag har ätit klart?
5. Det är billigare att baka själv än att köpa bröd.
6. Hon försökte komma så fort som hon kunde.
7. Ju mer svenska jag hör, desto vackrare blir det!
8. Yeongsu lärde sig svenska genom att gå på en språkkurs.
9. Efter att ha bott i Busan i 20 år flyttade han till Seoul.
10. Jag tog körkort utan att ta körlektioner.

10A. LÄSNING (강독)

스웨덴과 국제사회

1989년에서 1991년 사이에 유럽에서 일어난 격변은 스웨덴 외교정책의 여건들을 근본적으로 변화시켰다. 동부유럽과 중부유럽에서 발생한 공산주의 독재체제 몰락과 소비에트연방의 해체는 스웨덴의 대국제사회 관계에 새로운 길을 터놓는 상황을 조성하였다.

2차 세계대전 이후 동부유럽의 변화가 일어난 그때까지 스웨덴은 중립정책을 유지해왔는데 이런 정책은 외국에선 언제나 그리 쉽게 이해되지 않았다. 그것은 칼 요한 14세가 유럽의 강대국정책의 무대로부터 스웨덴을 철수시킨 1800년대 초기에 뿌리를 두고 있는데 그 무대현장에서 스웨덴은 근 2세기에 가까운 기간 중 성공과 실패를 거듭하며 대처해왔었다.

중립주의는 1900년대 스웨덴 주요 외교 노선의 주축이 되었다. 스웨덴을 1차 대전은 물론 2차대전의 영향권 밖에 있게 한데는 여러 가지 이유가 있었으며 그 중 에서도 전략적, 정치적 이유가 큰 비중을 차지했다. 그리고 중립주의 역시 중요한 의미를 지녔던 사실은 논란의 여지없이 인정되어야 한다.

그러므로 2차 대전 종식 후 스웨덴은 앞으로 어느 세력권과도 정치적, 군사적인 결속을 단념한다는 것이 당연시되었다. 전시에 중립성을 지향하는 평화시의 비동맹은 하나의 독트린이 되었다. 그리고 이 독트린을 둘러싸고 대내적 정치적 합의가 크게 증대되었다.

이러한 입장표명을 위한 역사적 논거는 냉전시대에 양대 강대국의 하나인 소비에트연방과 스웨덴이 지리적, 전략적으로 근접해 있다는 사실 때문에 강화되었다. 스웨덴의 정치적 목적의 하나는 핀란드가 처해 있는 상황을 고려하여 북부유럽에서 긴장을 최소화하는 것이었다.

1948년과 1949년에 스웨덴, 노르웨이, 덴마크 사이에는 스칸디나비아 연합방위 체제에 관한 협상이 진행되었다. 스웨덴은 이들 3개국이 모든 강대국 세력에 의존하지 않고 단일한 안보, 방위 정책을 수립하는 데 합의할 것을 제안하였다. 동 연합체제는 전혀 성립되지 못하였는데 그 이유는 노르웨이와 덴마크가 2차 대전의 경험을 배경으로 북대서양조약기구의 회원국이 되는 길을 택했기 때문이다.

대부분 비군사적 분야에서 북유럽간에 광범위한 협력관계가 1955년에 결성된 북유럽협의회와 1971년에 결성된 북유럽각료협의회의 테두리 안에서 이루어지고 있다.

*다겐스 뉘헤테르*를 비롯한 몇몇 영향력 있는 신문들이 1950년경에 스웨덴도 *나토*에 가입할 것을 주장했다. 그러나 스웨덴 가입문제는 제대로 쟁점화 되지도 못하였다. 중립노선에 대한 연대세력이 의회 내에서 강했기 때문이었다. 국가가 강력한 자체 방위력을 유지해야 한다는 데에 커다란 합의가 이루어졌다. 그것은 비동맹정책을 유지하기 위한 필요한 전제 조건이었다.

10B. GRAMMATIKÖVNING (문법)

1.

1) alla älskade	2) hade hon fått	3) kallades hon
4) sa Rödluvans mor	5) är en kaka	6) mor säger
7) sa flickan	8) gick hon	9) hon hade gått
10) mötte hon	11) hon inte visste	12) vargen var

13) blev hon
14) hon skulle
15) hon hade
16) hon skulle
17) förstår du
18) sa Rödluvan
19) mormor bodde
20) sa han
21) jag är
22) kan jag
23) skildes de
24) lurade vargen
25) hon gick
26) flickan plockade
27) sprang vargen
28) tittade han in
29) låg mormodern
30) steg han in
31) tog han på sig
32) kröp han
33) Rödluvan kom
34) kände hon inte igen
35) dina ögon är
36) du har
37) sprang vargen
38) la han sig
39) kom en jägare
40) han steg in
41) vargen ligga
42) förstod han
43) skar han
44) fyllde de
45) sydde de ihop
46) vargen skulle
47) föll han ner
48) ska jag

2.

1) som inte kan engelska
2) Vi äter alltid frukost
3) Det blåser ofta på hösten.
4) att vi äntligen var framme!
5) Hon kommer nog på festen.
6) att hon antagligen skulle komma före fem.
7) han gick aldrig på bio.
8) om hon fortfarande är kvar på samma jobb.
9) varför det jämnt är så kallt i den här lägenheten.
10) Om du inte vill

3.

1) Det är imorgon (som) den nya läraren kommer.
2) Det var Tyskland som startade andra världskriget.
3) Det var i den kyrkan (som) mina föräldrar gifte sig.
4) Var det förra veckan (som) du åkte till Göteborg?
5) Är det här (som) man anmäler sig till utflykten?
6) Det var storleken (som) hon inte var nöjd med.
7) Var det på nyårsdagen (som) du var sjuk?
8) När var det tåget skulle gå?
9) Vad var det den där filmen hette?
10) Vem är det som ska hjälpa dig med flyttningen?

10C. ÖVERSÄTTNING (번역)

1. Om det regnar får vi stanna hemma.
2. Varför kan du inte vänta tills hon kommer tillbaka?
3. Läkaren gav henne en ny medicin och den gjorde hennes hälsotillstånd bättre.
4. Innan jag kom till Sverige trodde jag att det var snö året runt här.
5. Nu vet jag att somrarna kan vara riktigt varma ibland.
6. För att inte störa grannen brukar jag dämpa musiken efter elva på kvällen.
7. Igår besökte jag min far på sjukhuset men eftersom han var trött stannade jag inte så länge.
8. Barnen har influensa. Därför ska jag stanna hemma idag.
9. Killen som jag dansade med i lördags är dataingenjör.
10. Innan vi åker måste jag hämta en väska som står i källaren.

300년간 바다 속에 잠겨 있던 17세기 바사 전함 출항 전 모습. 인양된 선체가 전시되어 있다.

찾아보기

INDEX

종합 스웨덴어

문법·강독·작문

초판 인쇄 2022년 4월 11일
초판 발행 2022년 4월 18일

지은이 변광수
발행인 고윤성 Director, University Knowledge Press
편집장 신선호 Executive Knowledge Contents Creator
도서편집 이근영 Contents Creator
장혜정 Contents Creator
디자인 우승민 Designer
한 지 Designer
재무관리 조아라 Managing Creator
정예찬 Managing Creator
사진·홍보물 장지혜 Contents Creator
발행처 한국외국어대학교 지식출판콘텐츠원
02450 서울특별시 동대문구 이문로 107
전화 02)2173-2493-7
FAX 02)2173-3363
홈페이지 http://press.hufs.ac.kr
전자우편 press@hufs.ac.kr
출판등록 제6-6호(1969. 4. 30)
인쇄·제본 (주)트윈벨미디어 02)2088-1810

ISBN 979-11-5901-897-8 [13750] 정가 25,000원

* 잘못된 책은 교환하여 드립니다.

HUINE은 한국외국어대학교출판부의 어학도서, 사회과학도서, 지역학 도서 Sub Brand 이다. 한국외대의 영문명인 HUFS, 현명한 국제전문가 양성(International+Intelligent)의 의미를 담고 있으며, 휴인(携引)의 뜻인 '이끌다, 끌고 나가다'라는 의미처럼 출판계를 이끄는 리더로서, 혁신의 이미지를 담고 있다.

이 책의 음원(mp3)은 한국외국어대학교 지식출판콘텐츠원 홈페이지(press.hufs.ac.kr) 게시판-자료실에서 다운받아 사용하시기 바랍니다.